Inhalt

W0279044

Rezepte

Gesund und optimal leistungsfähig bleibt unser Körper mit seinen vielfältigen von Natur aus raffiniert ausgeklügelten Funktionen nur, wenn wir ihm die richtige Energie in ausreichender Menge zuteilen. Diese Energie, das sind die Nährstoffe, die der Körper ständig verbraucht und die daher regelmäßig wieder ergänzt werden müssen.

Nährstoffe – Power für Körper und Geist

Die Nährstoffe, die wir verzehren, unterteilen sich in Kohlenhydrate, Eiweiß, Fett, Vitamine, Mineralstoffe und Spurenelemente. Sie sind Bestandteile unserer verschiedenen Nahrungsmittel und damit enthalten in Getreide, Müsli, Brot und Reis, in Gemüse und Obst, Fleisch, Fisch und Molkereiprodukten wie Milch, Joghurt und Käse, in Butter und Ölen, Zucker und Süßigkeiten. Von den einzelnen Nährstoffen benötigt der Organismus unterschiedliche Mengen, um gesund und funktionstüchtig zu bleiben.

Unsere tägliche Ration

Der tägliche Energiebedarf des Körpers sowie der Energiegehalt der verschiedenen Lebensmittel wird in kcal, Kürzel für Kilokalorie beziehungsweise kJ, Kürzel für Kilojoule bemessen.

Die Faustregel: ein Erwachsener benötigt pro Tag 2000 kcal, Frauen etwas weniger, Männer etwas mehr. Je nach Körpergröße oder körperlicher Tätigkeit kann der Bedarf erheblich schwanken. So ist nicht nur die Wahl der Nahrungsmittel, sondern auch Bewegung in der Freizeit vor allem für alle, die hauptsächlich mit dem Kopf arbeiten, besonders wichtig.

Vollkornbrot, Naturreis und Kartoffeln

Welche Mengen der verschiedenen Nahrungsmittel der Mensch täglich benötigt, kann man sich leicht am Bild der Ernährungspyramide merken.

Das Fundament dieser Pyramide bilden die Kohlenhydrate mit hohem und lange anhaltendem Brennwert.

40 Prozent, also fast die Hälfte des Tagesbedarfs an Kalorien, sollten nach den Empfehlungen der Ernährungsexperten aus kohlenhydratreichen, möglichst naturbelassenen Lebensmitteln wie Vollkornbrot und -nudeln, ungeschältem Reis, geschrotetem, geflocktem oder gegartem Getreide und Kartoffeln bestehen.

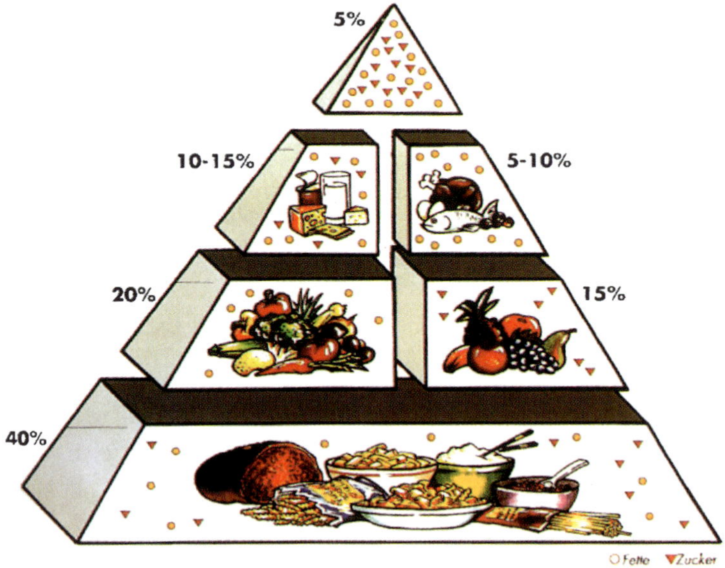

Tag für Tag diese Einteilung exakt einzuhalten ist kaum möglich, deshalb sollten über mehrere Tage gesehen, die Prozente durchschnittlich erreicht werden.

Frisches Obst und Gemüse

Sie stehen auf der sich nach oben zuspitzenden zweiten Stufe der Ernährungspyramide. 20 Prozent der täglichen Nahrung soll aus Gemüse bestehen, aus Salaten und Rohkost, 15 Prozent aus frischem Obst.

Fisch, Fleisch, Eier und Milchprodukte

Diese Nahrungsmittel liefern uns vor allem tierisches Eiweiß. Davon benötigt der Körper weniger, als lange angenommen wurde. Daher reicht an Fleisch und Fisch ein Anteil von 5 bis 10 Prozent in der täglichen Nahrung aus. Das entspricht zum Beispiel einer täglichen Fleischportion von 125 Gramm, bereits mitgerechnet die Wurst oder der Schinken auf dem Brot. Die Fischportion fällt ebenso groß aus. Nicht zuletzt wegen ihres hohen Cholesteringehalts sollten wöchentlich nicht mehr als 2 Eier verzehrt werden, möglichst eingerechnet der Eier, die sich im Auflauf oder im Kuchen verstecken. Wer den Bedarf an tierischem Eiweiß ausschließlich über Molkereiprodukte wie Milch, Joghurt, Quark und Käse deckt, rechnet mit 10 bis 15 Prozent der täglichen Essensmenge. Es darf etwas reichlicher sein, wenn fettarme Produkte eingekauft werden. Vegetarier, die weder Fleisch und Fisch, noch Eier und Milchprodukte essen, decken ihren Eiweißbedarf durch reichlichen Verzehr der verschiedenen Hülsenfrüchte und von Sojaprodukten. Diese Lebensmittel sind reich an pflanzlichem Eiweiß.

Fett und Zucker

Sie bilden die kleine Spitze der Pyramide und ihr Anteil am täglichen Nahrungsbedarf beträgt lediglich 5 Prozent. Denn Fett beziehungsweise Öl und reiner Zucker besitzen den höchsten Kaloriengehalt aller Nahrungsmittel. Bei den Ölen für die kalte Küche kaltgepreßte Sorten, zum Beispiel Olivenöl, Sonnenblumen- oder Distelöl wählen, da diese jede Menge hochwertiger gesunder Fettsäuren enthalten. Doch auch damit sparsam umgehen, denn Fett bleibt Fett. Und wer ständig Süßes nascht oder den Hunger mit Pommes und Mayonnaise stillt, versorgt höchstens die Fettreserven an Po, Bauch und Hüften.

Die Vitamine

Vieles, was man in Hast kauft und schnell verzehrt, wie Fast Food und Knabberzeug, sind »leere« Nahrungsmittel. Leer deshalb, weil sie außer Fett, Zucker und minderwertigen Sorten von Kohlenhydraten keine wichtigen Nährstoffe wie Vitamine oder Mineralstoffe enthalten. Doch die braucht jede Zelle unseres Körpers. Unterschieden werden fettlösliche und wasserlösliche Vitamine. Zu beachten ist, daß die fettlöslichen Vitamine A, D, E und K vom Körper nur dann aufgenommen werden, wenn sie gleichzeitig beziehungsweise in Verbindung mit Fett in den Magen gelangen. Zum Möhrensaft oder -salat mit Beta Carotin, das der Körper in Vitamin A umwandelt (wichtig für Sehkraft, Haut und Schleimhäute) gehört deshalb unbedingt die kleine Dosis Öl. Das Vitamin D findet sich ohnehin in Fetthaltigem, etwa in Streichfetten und Ölen, in Innereien, Fisch, Eigelb, Milch und Käse und wird vor allem für den Aufbau der Knochen und der Knorpel benötigt. Vitamin E steckt in Weizenkeim- und Sonnenblumenöl, in Nüssen, Fisch, Innereien und Eiern. Es schützt die Zellen vor dem Angriff von zerstörerischen freien Radikalen. Für die Energiegewinnung und zur Entgiftung sind die wasserlöslichen Vitamine der B-Gruppe wichtig, enthalten in Fleisch, Innereien, Fisch, Milch, Käse und Joghurt. Das, ebenfalls wasserlösliche, Vitamin C schützt vor Infektionen, stärkt das Immunsystem und das Bindegewebe und wehrt wie das Vitamin E freie Radikale ab. Wichtige Vitamin-C-Lieferanten sind Obst wie Kiwis, Zitrusfrüchte, sowie Paprikaschoten, Kartoffeln und andere Gemüse.

Genießen mit Verstand

Wer sich richtig ernähren möchte, braucht sich eigentlich nur eine Regel zu merken: abwechslungsreich, vollwertig und nicht zu viel essen. Abwechslungsreich und vollwertig deshalb, weil der Körper so die ganze Vielfalt der benötigten Nährstoffe bekommt, dazu zählen auch die Ballaststoffe, die ihn gesund und leistungsfähig erhalten. Nicht zu viel essen – gemeint ist vor allem nicht zu viel Fett, versteckt in Sahnesaucen, Nüssen, Chips und Wurst, sowie nicht zu viel Zucker, enthalten in süßen Riegeln, Eis und Knabberzeug. Beachten Sie dies, entstehen keine Gewichtsprobleme. Selbstverständlich dürfen Sie ab und zu auch richtig schlemmen.

Mit fünf Mahlzeiten fit durch den Tag

Mit vollem Bauch studiert es sich schlecht, so heißt es, und das stimmt. Wer nur einmal am Tag richtig und damit zu reichlich und zu schwer ißt, wird müde und braucht erst einmal eine richtige Siesta, um wieder aufmerksam zuhören und konzentriert arbeiten zu können. Deshalb ist es besser, die Tageskalorienmenge auf drei Hauptmahlzeiten und zwei bis drei kleine Zwischenmahlzeiten zu verteilen.

Doch wie sollen die Mahlzeiten aussehen? Den guten Start in den Tag garantiert ein ausgewogenes Frühstück mit einem frisch gepreßten Fruchtsaft oder Früchten, mit Müsli oder Vollkornbrötchen, magerer Wurst und Käse. Für die Zwischenmahlzeit am Vormittag etwas Obst einpacken oder einen fettarmen Joghurt mit Früchten. Für das Mittagessen kann man sich schon am Morgen einen der leckeren Snacks vorbereiten. Auch ein Salat und eine nicht zu üppige Portion Pasta machen wieder fit für den Nachmittag. Aufkeimender Appetit am Nachmittag wird wieder mit einer kleinen Mahlzeit gestillt, und es darf auch einmal ein Stück Obstkuchen zum Kaffee sein. Den Hunger am Abend stillt ein kleines Hauptgericht mit einem leckeren Gemüse, einem mageren Stück Fisch oder einer kleinen Fleischportion. Wer mittags warm gegessen hat, macht jetzt Brotzeit. Dazu gibt's etwas Salat.

Tips für alle die abnehmen möchten

Diäten sind out, nicht nur wegen des bekannten Yo-Yo-Effektes. Besser: zwei bis drei Wochen lang

Preiswerter und oft vitaminreicher als das gekaufte, ist das rasch selbst zubereitete Thunfischsandwich mit Rohkost.

alles aufschreiben, was man den Tag über ißt, wieviel man sich bewegt und sich in regelmäßigen, nicht zu häufigen Abständen wiegen. Anschließend überlegen, wo Kalorien eingespart werden können, ohne auf den Genuß und die Lust beim Essen verzichten zu müssen. Vielleicht einfach Butter und Süßigkeiten reduzieren, magere Wurst- und Käsesorten kaufen, weniger Öl zum Salat und zum Kochen verwenden und die Gemüseportionen vergrößern.
Auf diese Weise kann man seinen ganz persönlichen Abnehme-Plan auf lange Sicht aufstellen. Denn die Devise sollte lauten: besser langsam, dafür dauerhaft abnehmen, mindestens so langsam, wie man auch zugenommen hat. So muß dann auch nicht auf alles, was man gerne ißt, verzichtet werden.

Ausgleich zum Sitzen und vielen Lernen

Bewegung an frischer Luft, aber auch Freundschaften und soziale Kontakte sind wichtiger Ausgleich zur vielen Kopfarbeit im Sitzen. Ein Jazztanzkurs zum Beispiel, mit Freunden wandern oder mit dem Mountainbike in die Berge fahren, ein Sonntagvormittag im Schwimmbad oder ein Nachmittag im Museum, ein Bummel über den Flohmarkt oder auch einmal ein Sonntag im Bett, nur mit ausgeglichener Seele läßt es sich richtig lernen und leben, wird der Kopf frei und wieder aufnahmefähig. Das vergißt man besonders gern in stressigen Prüfungszeiten, in denen ein Ausgleich besonders wichtig ist. Deshalb am besten entsprechende Aktivitäten vorplanen und mit anderen verabreden.

Mit Schwung in die Prüfung

Nicht nur das zugelegte Wissen entscheidet über den Erfolg einer Prüfung. Auch Körper, Kopf und Nerven müssen in Topform sein. Und dafür ist wieder die richtige Ernährung verantwortlich. Was sollte also vor einer Prüfung gegessen werden, damit die Konzentration nicht nachläßt? Ein Müsli mit Nüssen, mit Trockenfrüchten oder frischem Obst bringt dauerhafte Energie für die erste Tageshälfte und hält lange satt. Für die schnelle Mahlzeit zwischendurch sind ein Snack aus Vollkornbrot und ein frischer Obstsaft, die den Organismus nicht belasten und die Konzentration erhalten, die richtige Wahl. Zur Aufmunterung etwas Kaffee, besser noch schwarzen Tee trinken. Übrigens: Viel Milch, Buttermilch oder Joghurt machen eher müde.
Schnelle, gute Energielieferanten, die man leicht in die Tasche stekken oder kaufen kann: Studentenfutter (heißt nicht umsonst so), eine Banane oder ein Apfel, ein wenig gesüßter Müsliriegel, ein paar Trockenfrüchte wie Aprikosen oder Datteln, nicht zu süße Vollkornkekse oder -kräcker oder auch ein frisch gepreßter Möhren-Orangensaft aus der nahegelegenen Saftbar.

Apropos Trinken

So lästig es fallen mag, so wichtig ist es doch, regelmäßig und reichlich zu trinken, und zwar bevor man Durst verspürt. 2 bis 3 Liter Flüssigkeit, am besten in Form von Wasser oder leichten Fruchtsaftschorlen, Kräuter- und Früchtetees sollten die tägliche Regel sein. Kaffee und Tee regen die Nierentätigkeit so sehr an, daß man diese nicht in die tägliche Flüssigkeitsration einrechnen sollte, sondern eher im Gegenteil, den gesteigerten Flüssigkeitsverlust durch die gleiche Menge Wasser ausgleichen sollte. Alkoholisches sollte man ebenfalls nicht ins tägliche Flüssigkeitspensum einrechnen, sondern nur hin und wieder bewußt genießen.

Walnüsse enthalten reichlich Vitamin B, Magnesium und Calcium.

Eine aufwendige Küchenausstattung macht noch lange keine gute Köchin oder einen hervorragenden Koch. Denn diese können in der einfachsten Küche Köstliches zaubern. Wer sich mit Lust und Kreativität an den Herd stellt, wird auch mit wenigen Hilfsmitteln ein gelungenes Mahl zustande bringen. Ein paar Küchenkenntnisse schaden allerdings nicht. In Zeiten, wo die Töchter oder Söhne kaum Zeit finden, ihren Müttern und Vätern die Grundlagen der Kochkunst abzuschauen, hilft vielleicht ein Wochenendkurs in der Volkshochschule ein wenig nach. Ganz abgesehen davon, daß so ein Kurs viel Spaß machen kann und sich bestens eignet, neue Leute kennenzulernen. Eine solide Basis an Grundbegriffen und Kniffen der Kochkunst vermitteln darüber hinaus auch die Rezepte und Tips in diesem Buch.

Was zur Grundausstattung gehört

So mancher fängt mit einer kleinen improvisierten Küche an und kocht auf zwei Platten, bevor der erste richtige Herd mit einem großen Backofen deren Stelle einnimmt. Vorher kann sich dieser durch einen Minibackofen vertreten lassen, den man preiswert kaufen oder sich auch schenken lassen kann. Wer die Inserate in den Stadtteilzeitungen beachtet, findet vielleicht auch unter der Rubrik »Zu verschenken« oder »Zu verkaufen« einen gebrauchten, doch noch voll funktionierenden Herd und den unverzichtbaren Kühlschrank, möglichst mit Gefrierfach. Doch Vorsicht! Handelt es sich beim Kühlschrank um einen Oldtimer, kann sich sein hoher Stromverbrauch unangenehm bemerkbar machen. Manchmal werden neue, moderne Geräte auch in Großanzeigen unter Neupreis angeboten. Da läßt sich Erspartes sinnvoll anlegen.

Nützliche Helfer für den kleinen Haushalt

Zur Grundausstattung auch der Studentenküche gehören einige kleine Helfer, die man sich nach und nach anschaffen kann. Dabei sollte man auf Qualität achten, die sich im langen Gebrauch bezahlt macht.

An erster Stelle stehen gute Messer, ein kleines kurzes oder etwas längeres Gemüsemesser, auch Officemesser genannt, das zum Gemüseputzen und Schneiden verwendet wird. Ein großes Kochmesser mit breiter Klinge macht sich beim Schneiden größerer und festerer Gemüsesorten nützlich, zum Beispiel bei Kohl und Rettich, großen Zwiebeln, Kürbis und Melone. Ebenfalls lassen sich mit dem großen Messer Kräuter und Zwiebeln hacken.

Das dritte wichtige Messer ist für Fleisch und Fisch gedacht, zum Aufschneiden von Braten und Schinken. Es besitzt eine scharfe, lange und schmälere Schneide als das vorgenannte Messer. Als letzte im Messerbund fehlen noch das große Brotmesser mit starrer Klinge und Wellenschliff und der Sparschäler, mit dem sich Kartoffeln, Spargel, Gurken, Möhren und andere Gemüse dünn, gleichmäßig und rasch schälen lassen. Außerdem wichtig: eine stabile Küchenschere, mit der sich auch Geflügel einfach zerteilen läßt.

Zu den Messern gehört natürlich ein Wetzstahl, um sie nachzuschärfen, und zwei Schneidebretter, ein kleines und ein großes mit Saftrinne zum Aufschneiden von Braten. Am besten sind solche aus Spezialkunststoff, sie lassen sich leicht reinigen, nehmen kaum Gerüche an und machen die Messer nicht stumpf.

Keine Küche ohne Topf und Pfanne

Töpfe in verschiedenen Größen lassen sich nach und nach zusammenkaufen. Lieber mit drei Töpfen von guter Qualität beginnen, als mit einem kompletten Sortiment allzu billiger Ware. Ein kleiner Topf oder eine Kasserolle (Stieltopf) für Saucen und Reis, ein Schmortopf für Gemüse und Fleisch und ein großer Topf zum Nudelkochen und für Eintöpfe bilden eine solide Basis. Bewährt haben sich Edelstahltöpfe mit dickem Thermoboden, die sich schnell und gleichmäßig aufheizen und die – mit dicht schließendem Deckel – energiesparend garen.

Eine beschichtete Pfanne mit Deckel zum fettarmen Braten und eine schwere Pfanne mit ofenfestem Griff, die sich stark erhitzen läßt und zum Braten von Koteletts und Steaks bestens geeignet ist, runden das Topfsortiment ab.

Was sonst noch gebraucht wird

Ein Rührbecher und zwei verschieden große Teigschüsseln, eine große Schüssel zum Salat- und Gemüsewaschen, ein Abtropf- und ein Haarsieb, ein Meßbecher und eine Gemüsereibe mit grober und feiner Raspel, eine Knoblauchpresse und ein kleiner Mörser zum Zerstoßen von Gewürzen, Kochlöffel und Saucen- sowie Suppenkelle, Schaumlöffel und Schneebesen, auch darauf kann man auf Dauer nicht verzichten.

Weiteres für die Wunschliste

Dazu zählen einige praktische kleine Elektrogeräte: ein Handrührer mit Quirlen für Sahne und Eischnee, mit Knethaken für Teig, mit Passierstab und Stabmixer als Zusatz für Saucen und Suppen. Auch der elektrische Blitzzerkleinerer macht sich sehr nützlich, sei es zum Zerkleinern von Gemüse und Kräutern oder von Nüssen und Käse. Diese Geräte nehmen wenig Platz ein und lassen sich auch in Kleinstküchen gut verstauen. Der Kaffeeautomat und der Toaster, ein Stövchen für die Teekanne stehen ebenfalls auf der Wunschliste. Sie machen das Leben angenehm und behaglich. Zum Kauf weiterer Geräte sollte man sich nicht spontan hinreißen lassen, sondern erst überlegen, ob sie wirklich gebraucht werden oder nur Platz wegnehmen.

Es lohnt sich, bei Haushaltsgeräten Qualität zu kaufen.

Grundkurs Haushalts-management

Wer mit einem kleinen Haushaltsbudget auskommen muß, der kauft nicht einfach drauflos. Gerade hier ist es wichtig, sich genau zu überlegen, was für die nächsten zwei bis drei Tage für die Mahlzeiten benötigt wird. Da kann man sich entweder vor dem Einkauf einen Kochplan ausdenken, oder auf dem Markt erst einmal schauen, was es an frischem und preiswertem Saisongemüse gibt und dementsprechend schnell kreativ planen und einkaufen. Wer nicht nur für sich allein, sondern für den Partner, die eigene Familie oder die WG mit einkauft, ist auch gut beraten, die Anzeigenblätter zu studieren und auf Sonderangebote zu achten. Nur Vorsicht: Lange Wege in Spezialgeschäfte machen den finanziellen Vorteil oftmals wett und lassen Sie sich durch günstige Lockangebote nicht zum Kauf von weniger Günstigem, was womöglich noch nicht einmal auf Ihrem Einkaufszettel stand verführen.

Speiseplan für eine Woche

Obwohl am Montag noch niemand sagen kann, auf was er am Mittwoch oder Donnerstag Appetit haben wird, lohnt es sich, vorauszudenken. Vor allem, wenn Streß bevorsteht, sollte man sich ein paar Gedanken über den Speiseplan der nächsten Tage oder der kommenden Woche machen. Da sind vor allem Schnellgerichte gefragt. Gute Ideen dafür finden sich im Rezeptteil.

Nicht zu viel einkaufen

Schauen Sie vor Beginn der kleinen Einkaufstour erst einmal in den Kühlschrank und in den Vorrat und schreiben Sie auf, was wirklich gebraucht wird. Nehmen Sie sich für den Einkauf ein- bis zweimal in der Woche ausreichend Zeit. Kaufen Sie möglichst nicht in den Stoßzeiten oder kurz vor Ladenschluß. Dann läßt sich Streß vermeiden und Sie müssen nicht das kaufen, was vom Tagesangebot übrig geblieben ist. Greifen Sie nicht zu abgepackter Ware in der Kühltheke. Da wird häufig zu viel gekauft, verdirbt später im Kühlschrank und belastet damit unnötig die Haushaltskasse. Lassen Sie sich die benötigte Portion an der Frischtheke genau abwiegen. Im folgenden finden Sie ein paar Anhaltspunkte für die durchschnittlichen Portionsmengen, an die man sich beim Einkaufen halten kann. Wer für mehrere Personen kochen möchte, multipliziert die Menge einfach mit der Anzahl der Gäste.

Wieviel eine Portion wiegt

Gemüse und Kartoffeln als Beilage, ungeputzt	250 g
Gemüse und Kartoffeln als Hauptgericht, ungeputzt	400 g
Gemüsesalat	200–250 g
Blattsalat als Beilage, ungeputzt	50–70 g
Nudeln und Reis als Beilage	50–75 g
Nudeln und Reis als Hauptgericht	100–125 g
Fisch im Ganzen	300–350 g
Fischfilet oder Krustentiere	180–200 g
Fleisch und Geflügel mit Knochen	250 g
Fleisch und Geflügel ohne Knochen	150–180 g
Hackfleisch	125–150 g
Suppe als Vorspeise	250 ml
Suppe oder Eintopf als Hauptgericht	500 ml
Obst- und Cremedesserts	150 g
Eiscreme	100 g
Käse als Dessert	80–100 g
Käse auf einem Buffet für Gäste	60 g
Brot und Brötchen als Beilage	100 g
Brot als Hauptmahlzeit	150 g

Frische Lebensmittel richtig lagern

Nach dem Einkauf Salat, Gemüse und Kräuter nicht länger in der Küche liegen lassen. Denn durch Wärme und Licht verringert sich auch in kurzer Zeit ihr Vitamingehalt. Deshalb sollte Frisches sofort versorgt werden. Dazu

- Kräuter kalt abspülen, das Wasser abschütteln und die Kräuter in einem Frischhaltebeutel oder in einer Frischebox in das Gemüsefach legen. So bleiben sie 2 bis 3 Tage frisch. Steckt man sie wie Blumen ins Glas, werden sie dagegen schnell gelb und welk.

- Gemüse – außer Tomaten und Auberginen, die keine Kälte vertragen – sowie auch Salat, alles nach Sorten getrennt, luftig verpackt in das Gemüsefach des Kühlschrankes legen.

- Das Grün von Radieschen, Bundmöhren, Kohlrabi und Rettich abschneiden, denn die Stiele zehren an der Energie der Wurzeln und Knollen.

- Reifes, empfindliches Obst wie Beeren, Kirschen, Pfirsiche, Pflaumen, Mangos, Papayas und Melonen möglichst sofort verzehren, denn auch im Gemüsefach altern sie schnell.

- Auberginen, Tomaten, Äpfel, Birnen und Zitrusfrüchte außerhalb des Kühlschrankes kühl und luftig lagern und möglichst bald verbrauchen.

- Milch und Milchprodukte sofort nach dem Einkauf in den Kühlschrank stellen. Das Haltbarkeitsdatum gilt für ungeöffnete Flaschen und Packungen, geöffnet sollte man den Inhalt innerhalb von 2 Tagen verbrauchen.

- Frisches Fleisch, Wurst und Fisch ebenfalls gleich nach dem Einkauf im kältesten, unteren Bereich des Kühlschranks unterbringen, Käse im Gemüsefach. Daran denken: Käse und Wurstwaren 1 Stunde vor dem Essen aus dem Kühlschrank nehmen, damit sich ihre Aromen bei Zimmertemperatur entfalten können.

Welcher Vorrat sinnvoll ist

Keine Gelegenheit zum Einkaufen durch Überstunden in der Uni oder im Job, durch einen langen Lerntag oder auch, weil man krank ist, da ist man froh über den klug angelegten Vorrat.

Zu einem sinnvollen Vorrat zählen zum Beispiel Nudeln und Reis, Zwiebeln und Knoblauch, luftig im Körbchen aufbewahrt, Tomaten in der Dose für einen schnellen Sugo, dem Pesto aus dem Glas die Würze verleiht. Hartkäse wie Parmesan oder Pecorino halten sich im Kühlschrank, noch besser im Gefrierfach, mehrere Wochen und geben, frisch gerieben, Pasta oder Risotto den guten Geschmack. Die luftig aufbewahrte Salami und luftgetrockneter Schinken am Stück sind sowohl für die Brotmahlzeit, als auch als Zutat für den Eintopf ein sinnvoller Vorrat. Mit Hülsenfrüchten, Linsen, Bohnen oder Kichererbsen aus der Dose läßt sich – zum Beispiel mit Dosentomaten oder Tomatenmark und Schinken – schnell ein leckerer Eintopf zubereiten.
Sollte einmal frisches Brot ausgegangen sein, ist man dankbar für den Notvorrat an Knäckebrot, Zwieback oder Vollkornbrot aus der Dose. Wer ein großes Gefrierfach besitzt, friert für diesen Fall einige Brötchen oder Brotschnitten ein, die auf dem Toaster oder im Backofen schnell aufgetaut und knusprig aufgebacken sind.

Nudeln und Reis lassen sich gut im Vorrat halten und sind schnell zubereitet.

Der Vorrat aus dem Kälteschlaf

Wer glücklicher Besitzer eines Kühlschrankes mit mehreren Gefrierfächern ist, kann hier natürlich reichlich frisches Gemüse horten. Es gibt zum Beispiel große und preiswerte Tüten mit Blumenkohl oder Broccoli, Spinat in Portionsstücken, Möhren, Erbsen, Bohnen und Suppengemüse. Diese Tüten sind praktisch, weil immer nur die benötigte Menge entnommen werden kann. Der Rest wartet im Kälteschlaf auf die spätere Verwendung. Ebenfalls praktisch sind eingefrorene Kräuter sowie kleine Portionen Fisch oder Fleisch. Doch auch Tiefgekühltes hält nicht ewig und sollte innerhalb einer bestimmten Zeit verbraucht werden. Dazu die Angaben auf den Packungen beachten. Auch lohnt es sich, beispielsweise Brühen und Auflaufgerichte, Ragouts und andere herzhafte Hausmannskost gleich in großen Mengen zu kochen und portionsweise einzufrieren. Damit läßt sich später schnell eine wärmende Suppe oder eine ganze Hauptmahlzeit bestreiten.

Fertiggerichte

Ob aus der Tiefkühltruhe oder aus der Dose, aus Tüte oder Frischepack, Fertiggerichte machen sich in den Regalen der Supermärkte breit. Doch so praktisch sie zu sein scheinen, so schnell man mit ihnen ein komplettes Menü zaubern kann, so umstritten sind fertige Ravioli, Bratkartoffeln, Pizza und Königsberger Klopse auch. Denn sie enthalten neben reichlich Fett, weißem Mehl, minderwertigem Fleisch, Konservierungs- und Farbstoffen meistens auch als natürliche Aromen deklarierte künstlich hergestellte Aromastoffe, die bis heute noch nicht ausreichend in ihren Nebenwirkungen erforscht sind und im Verdacht stehen, auf gewisse Weise süchtig zu machen. Wer also auf Nummer sicher gehen möchte, kauft so wenig wie möglich Fertiges, und verlegt sich lieber aufs flinke Selbermachen. Mit Käse, Tomaten und Thunfisch überbackener Toast oder Fladenbrot statt der Tiefkühlpizza, Spaghetti mit Olivenöl, Knoblauch und Basilikum statt Ravioli aus der Dose, Tomaten mit Mozzarella und Basililkum statt dem Salat aus dem Frischepack oder einfach Gemüse und Kartoffeln, in mundgerechte Stücke geschnitten, in 15 Minuten im Dampf gegart und mit Crème fraîche und Kräutern verfeinert, dazu ein kurzgebratenes Hähnchenbrustfilet, viel schneller geht es da mit den Fertiggerichten auch nicht.

Die Gewürzpalette fürs kreative Kochen

So nach und nach sollte man sich eine Grundausstattung an wichtigen Gewürzen und Kräutern, an aromatischen Ölen, verschiedenen Essigsorten und Würzpasten zulegen. Denn mit ihnen bekommen Gerichte ihre individuelle Note und Raffinesse.

Die Basis jeder Gewürz- und Kräutersammlung besteht aus:

- schwarzem oder weißem Pfeffer aus der Mühle
- Kräutersalz
- edelsüßem Paprikapulver
- einer guten Currymischung, möglichst aus dem indischen Lebensmittelgeschäft
- Muskatnuß und -reibe
- gemahlenem Zimt und Zimtstangen
- Gewürznelken
- Vanilleschoten aus dem Reformhaus
- natürlichem Zitronenöl aus dem Naturkostgeschäft oder der Apotheke
- gekörnter Gemüsebrühe
- Cayennepfeffer oder Sambal Oelek
- getrockneten Dillspitzen
- gerebeltem Majoran
- getrocknetem Thymian
- getrocknetem Oregano
- je einem Töpfchen frischem Basilikum und frischem Schnittlauch auf der Fensterbank

Mit diesem Gewürz- und Kräutersortiment kommen Sie gut durch den kulinarischen Alltag. Wer gerne Exotisches kocht, wird aber um die Anschaffung spezieller Gewürze nicht herumkommen. Achten Sie darauf, nur kleine Mengen davon zu kaufen und die Gewürze und Kräuter in lichtgeschützten, gut verschließbaren Gefäßen aufzubewahren. Übrigens: Ungemahlene Gewürze halten sich wesentlich länger als die pulverisierten. Und im Mörser, in der Mühle oder im Blitzzerkleinerer sind sie im Handumdrehen küchenfertig zerkleinert.

Ein gutes, aromatisches Öl, etwa kaltgepreßtes Olivenöl oder Walnußöl, verfeinert Salate und kalte Speisen, ebenso der spezielle Essig, wie ein guter Balsamico-Essig oder ein Himbeeressig. Tabasco und Worchestersauce, Weinreste zum Kochen und Rum zum Backen, Dijonsenf und Pesto aus dem Glas, Anchovis und Kapern, wer mit Leidenschaft in der Küche steht und Neues ausprobiert, hat schnell eine stattliche Sammlung an würzenden Saucen, Spirituosen und anderen Zutaten in Regal und Kühlschrank. Bedenken Sie aber bei aller Kochfreude, daß auch Öle und Pasten verderben können und innerhalb einer gewissen Zeitspanne aufgebraucht werden sollten.

Reste sinnvoll verwerten

Manchmal sind die Augen größer als der Bauch, der Appetit kleiner, als die zubereitete Portion. Immer wieder bleibt mal ein Rest übrig, den man nicht wegwerfen möchte. Geben Sie ihn gleich in einen kleineren Topf oder in eine Kunststoffbox, die dann im Kühlschrank nicht viel Platz einnimmt. Stellen Sie den Rest so in den Kühlschrank, daß sie ihn am nächsten Tag nicht übersehen. Mit ein wenig Flüssigkeit, je nach Gericht Wasser oder Milch, kann er schnell erhitzt werden. Aus manchen Resten läßt sich auch ein neues Gericht komponieren. Aus einem Gemüserest und Kartoffelpüree läßt sich mit Sahne und Kräutern mit Hilfe des Pürierstabes eine cremige Suppe herstellen; aus einem Rest gekochtem Rindfleisch, sauren Gürkchen, Zwiebeln, Kräutern, Essig und Öl ein herzhafter Fleischsalat; aus einem Bratenrest und gekochten Kartoffeln mit Zwiebeln und Ei ein deftiges Bauernfrühstück.

Einen Rest einzufrieren – das lohnt sich hingegen kaum. Meist wartet er vergeblich im Tiefkühlfach darauf, wieder aufgetaut und verbraucht zu werden.

Neutrale und damit vielfach verwendbare Öle und Essige bilden die Basis. Mit der Lust am Kochen erweitert sich das Sortiment schnell um spezielle Sorten.

	Jan	Febr	März	April	Mai	Juni	Juli	Aug	Sept	Okt	Nov	Dez
Ananas	•	•	•	•	•	•	•	•	••	••	••	••
Aprikosen					•	••	••	••	•			
Avocados	••	••	•	••	•	•	•	•	••	••	••	••
Birnen	••	•	•	•	•	•	•	••	••	••	••	••
Brombeeren						•	•	••	••	•		
Datteln (frisch)	••	•	•	•	•	•	•	•	•	••	••	••
Erdbeeren	•	•	•	••	••	••	••	•			•	•
Feigen (frisch)	•	•	•	•	•	••	••	•	••	••	••	•
Heidelbeeren						•	••	••	•			
Himbeeren						•	••	••	•			
Holunderbeeren									•	••	•	
Johannisbeeren						•	••	••				
Kirschen					•	••	••	••				
Kiwis	•	•	•	•	•	••	••	••	••	•	•	•
Mandarinen	••	••	•							•	••	••
Mangos	•	•	•	•	••	••	•	•	•	•	•	•
Orangen	••	••	••	••	•	•	•	•	•	•	••	••
Pfirsiche	•	•	•	•	•	••	••	••	•			
Pflaumen	•	•	•	•	•	•	••	••	••	•		
Quitten								•	••	•		
Stachelbeeren					•	••	••	••				
Weintrauben	•	•					•	••	••	••	••	•

Erläuterung: Die Punkte geben die Monate an, in denen das Obst oder das Gemüse verfügbar ist. Zwei Punkte (••) kennzeichnen die Hauptsaison des Angebotes.

Jan	Febr	März	April	Mai	Juni	Juli	Aug	Sept	Okt	Nov	Dez	
		•	•	••	•	•	•	••	••	•	•	Artischocken
•	•	•	•	•	•	••	••	••	••	•	•	Auberginen
•	•	•	•	•	••	••	••	••	••	••	••	Blumenkohl
•	•	•	•	••	••	••	••	••	•	•	•	Bohnen, grün
•	•	•	•	•	•	••	••	••	••	•	•	Broccoli
••	••	••	••	•	•			•	••	••	••	Chicorée
•	•			•	•	•	•	•	••	••	••	Endiviensalat
•	•				••	••	••	•	•	•	•	Erbsen, grün
••	••	•							•	••	••	Feldsalat
•	•	•	•	•	•		•	••	••	••	•	Fenchel
•	•	•	•	•	•	••	••	••	•	•	•	Gurken
••	••	••	•		•	•	•	••	••	••	••	Knollensellerie
	•	•	••	••	••	•	••	••	••	•		Kohlrabi
•	•	•	•	••	••	••	••	••	••	•	•	Kopfsalat
•	•	•	•	•	•	••	••	••	••	••	•	Paprikaschoten
•	•	•	•				•	••	••	••	••	Rosenkohl
•	•	•	•	•	••	••	•	••	••	••	•	Rote Bete
•		•	••	••	••	•				•	•	Spargel
•	•	•	•	••	••	••	••	••	••	••	•	Spinat
•	•	•	•	•	•	•	••	••	••	••	•	Staudensellerie
•	••	••	•	•	•	••	••	••	••	••	•	Tomaten
•	•	•	•	•	•	••	••	••	••	••	••	Weiß-/Rotkohl
•	•				•	•	••	••	••	••	•	Wirsing

Allgemeines

Bei den Rezepten finden Sie die Nährwertangaben als »E« (Eiweiß), »F« (Fett) und »Kh« (Kohlenhydrate) abgekürzt. Die Bedeutung dieser Angaben wird auf den Seiten 6 bis 7 erklärt.

Die Sternchen (*) im Rezepttext verweisen auf die folgenden Stichworte, in denen ein spezieller Garvorgang oder auch ein Handgriff ausführlicher erklärt wird und in denen Tips fürs leichte Gelingen zu finden sind.

Die Backofentemperaturen sind für normale Elektroherde angegeben. Die Temperaturstufen bei Gasherden variieren von Hersteller zu Hersteller. Sehen Sie bitte in der Bedienungsanleitung Ihres Herdes nach, welche Stufe der jeweils angegebenen Temperatur entspricht. Bei Umluftherden kann die Temperatur niedriger als angegeben eingestellt werden – meist 10 % niedriger. Faustregel: Etwa 20° unter der angegebenen Backtemperatur genügen. Sollten Sie generelle Zweifel an der richtigen Temperatur Ihres Elektroherdes haben, etwa weil Sie ein recht altes Modell besitzen, so können Sie die Temperatur des Backofens mit einem separaten Backofenthermometer prüfen. Dieses Spezialthermometer bekommen Sie im gut sortierten Haushaltsfachhandel.

Ablöschen:
Bei hoher Temperatur Angebratenes wird mit Brühe, Wein oder einem anderen aromatisierenden alkoholischen Getränk begossen, um den Bratensatz zu lösen. Zugefügter Alkohol sollte gut einkochen, damit er nicht vorschmeckt und eine feine Basis für die Sauce bilden kann.

Abschäumen:
Beim Kochen von Brühe und Fond, beim Garen von Hülsenfrüchten und beim Konfitürekochen bildet sich Schaum an der Oberfläche des Garguts. Diesen hebt man mit dem Schaumlöffel vorsichtig ab, damit die Flüssigkeiten nicht trüb werden und Konfitüren nicht so schnell schimmeln.

Abschmecken:
Gekochtes nach Ende der Garzeit nochmals probieren und gegebenenfalls beispielsweise mit Salz, Pfeffer oder auch Kräutern nachwürzen, um dem Gericht den letzten Schliff zu geben.

Abschrecken:
Kochendheißes mit kaltem Wasser überspülen, beispielsweise gekochte Eier oder Pellkartoffeln, die sich dadurch leichter pellen lassen. Blanchiertes kurz in Eiswasser tauchen, um den Garprozeß zu unterbrechen und die Farbe zu erhalten.

Al dente:
siehe bißfest kochen

Anbraten:
siehe Braten

Angebranntes:
Läßt sich oft noch retten, wenn der Topf sofort von der heißen Herdplatte gezogen und der Inhalt ohne Umrühren in einen anderen Topf geschüttet oder vorsichtig abgeschöpft wird, ohne das Angebrannte vom Topfboden zu lösen. Mit kaltem Wasser eingeweicht läßt sich die angebrannte Kruste aus dem ersten Topf lösen und rückstandslos entfernen. Hartnäckige Krusten mit etwas Geschirrspülmaschinen-Reiniger oder Salz und wenig Wasser bedeckt solange aufkochen, bis auch sie sich lösen lassen. Von angebranntem Fleisch die Kruste abschneiden. Angebranntes, zu hoch erhitztes Fett kann schädliche Stoffe enthalten, deshalb abkühlen lassen und entsorgen - nicht in den Ausguß schütten sondern in einer leeren Konservendose oder ähnlichem in den Restmüll geben.

Andünsten:
siehe Dünsten

Anrösten:
siehe Rösten

Ausbacken, fritieren:
Fleisch, Geflügel, Fisch, Gemüse oder Kartoffeln in Stücken, entweder pur oder in Teig getaucht, in siedend heißem Fett braten. Geschmacksneutrales Öl oder spezielles Bratfett, das sich stark erhitzen läßt, sollte mindestens 10 cm hoch im Topf oder in der hohen Pfanne stehen, damit das Ausbackgut schwimmend fritiert werden kann, ohne anzusetzen.

Das Fett besitzt die richtige Temperatur, wenn an einem hineingehaltenen Holzlöffelstiel kleine Bläschen hochsteigen.

Achtung: Ist das Fett nicht heiß genug, saugt sich das Ausbackgut damit voll, bleibt weich und wird zu fetthaltig und schwer verdaulich.

In heißem Fett Ausgebackenes sollte generell anschließend entfettet werden. Dafür mehrere Lagen Küchenpapier übereinander auf einen entsprechend großen Teller legen und das Ausgebackene sofort aus dem Fettbad auf das Papier legen und einige Male wenden. Hat sich das Küchenpapier mit Fett vollgesaugt, sollte es durch frisches ersetzt werden.

Ausbraten, auslassen:
Würfelchen von Speck oder fettem Fleisch ohne oder mit nur wenig Fett bei mittlerer Hitze langsam braten, so daß das Fett austritt und Speck und Fleisch leicht bräunen.

Ausquellen lassen:
Reis, Getreidekörner und -erzeugnisse in Wasser, Brühe oder Milch bei kleinster Hitze oder auf der ausgeschalteten Kochplatte fest zugedeckt ohne Umrühren garen, bis sie die Flüssigkeit aufgesogen haben und weich sind.

Backen:
Kuchen, Gebäck und Auflaufgerichte im Backofen garen, Pfannkuchen und Waffeln in der Pfanne bzw. im Waffeleisen garen.

Bißfest kochen, al dente:
Nudeln, Reis, Getreidekörner oder Gemüse so garen, daß sie zwar nicht mehr roh sind, aber bei der Bißprobe noch einen festen, zwischen den Zähnen spürbaren Kern besitzen.

Beim Kochen von Nudeln die Kochzeit auf der Packung beachten und kurz vor Garzeitende die erste Probe entnehmen. Ist der Kern noch zu hart, weiterkochen, ist er gerade nicht mehr roh, also »al dente«, die Nudeln in ein Sieb abgießen und servieren.

Blanchieren:
Gewaschenes, geputztes und nach Bedarf zerkleinertes Gemüse wird kurz im offenen Topf in kochendem, gesalzenem Wasser vorgegart und anschließend in Eiswasser abgeschreckt.

Man rechnet 5 Liter Wasser mit 2 1/2 Teelöffeln Salz auf 500 Gramm Gemüse. Größere Mengen portionsweise nach und nach blanchieren. Die Blanchierzeit richtet sich nach der Sorte, der Frische, der Struktur und der Größe des jeweiligen Gemüses.

Braten:
Fleisch, Geflügel, Fisch, Eier, Gemüse und mehr werden in sehr heißem Fett im Ofen oder auf dem Herd, in der Pfanne, im Topf oder in der Kasserolle ohne Beigabe von Flüssigkeit brutzelnd gegart. Die Poren des Bratgutes schließen sich dabei sehr rasch, Fleisch, Fisch und Geflügel bleiben dadurch innen schön saftig. Beim Braten entwickeln sich würzige Röststoffe, die für den Wohlgeschmack des jeweiligen Gerichts von großer Bedeutung sind. Kleingeschnittenes beim Braten ständig rühren, damit nichts anbrennt und alles rundum anbräunen kann.

Bratensatz, Bratfond:
Setzt sich beim Braten auf dem Pfannenboden ab und ergibt, mit Wasser, Wein, Brühe oder ähnlichem aufgegossen eine köstliche Saucenbasis.

Dampfgaren:
Besonders schonend und ganz ohne Fett lassen sich knackig frisches Gemüse, Kartoffeln, Fisch, Fleisch, Geflügel und sogar Hefeklöße über Dampf garen. Dafür wird ein Siebeinsatz in einen entsprechend großen, gut verschließbaren Topf gesetzt, so daß zwischen Einsatz und Topfboden mindestens 3 cm Abstand bestehen. In diesen Freiraum wird soviel Wasser oder eine andere Flüssigkeit gefüllt, daß das in den Siebeinsatz geschichtete Gargut nicht damit in Berührung kommt. Wird das Wasser nun erhitzt, garen Gemüse und anderes im so entstandenen Dampf.

Dünsten:
Wasserhaltige Lebensmittel, wie Gemüse und Obst, im eigenen Saft oder in ganz wenig Flüssigkeit garen. Dafür einen möglichst breiten Topf mit gut schließendem Deckel verwenden. Gemüse wird besonders fein im Aroma, wenn es zuerst in etwas Butter bei mäßiger Hitze angebraten wird, ohne es zu bräunen. Dann etwas Brühe, Fond, Wasser oder Wein angießen und alles fest zugedeckt bei schwacher Mittehitze garen.

Einkochen lassen, reduzieren:
Flüssigkeit, zum Beispiel Schmorsud oder verdünnten Bratensatz offen bei starker Hitze einkochen lassen, bis die im Rezept angegebene Menge übrigbleibt. Eignet sich für würzige Saucen, für konzentrierte Brühen und Suppen.

Einweichen:
Getrocknete Hülsenfrüchte und Getreide mindestens einige Stunden, wenn nicht über Nacht einweichen, damit sie nicht zu lange garen müssen. Getrocknete Pilze einige Stunden in anfänglich warmem Wasser einweichen. Den Pilzsud anschließend durch eine Kaffeefiltertüte gießen, um Sand auszuscheiden, den aromatischen Sud zum Kochen mitverwenden.

Fische ausnehmen:
Die Fische mit der Küchenschere am Bauch entlang aufschneiden, die Eingeweide vorsichtig herausnehmen, wo sie festsitzen, abreißen. Die Bauchhöhle gründlich mit fließenden kalten Wasser ausspülen, dabei alle dunklen Häute entfernen. Die Fische nach Bedarf schuppen, nochmals abspülen und anschließend mit Küchenpapier trockentupfen.

Filetieren:
Bei Zitrusfrüchten zunächst die Schale mit einem scharfen Messer so dick abschneiden, daß die

dünne Haut um das Fruchtfleisch mit entfernt wird. Dann die Fruchtspalten links und rechts aus den Trennhäuten schneiden und vorsichtig herausheben. Während des gesamten Vorgangs über einem Teller arbeiten, um den austretenden Fruchtsaft aufzufangen, der für die jeweilige Speise meist mitverwendet werden kann.

Flambieren:
Herzhafte oder süße, heiße oder kalte Gerichte mit hochprozentigen Spirituosen übergießen. Den Alkohol sofort mit einem langen Streichholz entzünden und abbrennen lassen – am effektvollsten bei ausgeschalteter Zimmerbeleuchtung. Werden kalte Gerichte, vornehmlich Eisdesserts, flambiert, muß der Alkohol vorher erwärmt werden. Das Flambieren verleiht den Gerichten ein zartes, nicht vorschmeckendes Aroma der verwendeten Spirituose. Flambierte Speisen sind für Kinder und alle, die auf Alkohol verzichten müssen/möchten nicht geeignet.

Fritieren:
siehe Ausbacken

Geflügel zerteilen:
Wer ein Hähnchen mit Gemüsen und Kräutern schmoren möchte, sollte es zuvor fachgerecht zerteilen. Dafür ein frisches oder vollständig aufgetautes Hähnchen, eine Poularde oder ein ähnlich großes Geflügel mit der Geflügelschere längs halbieren. Dann die Flügelstücke mit etwas Brustfleisch abtrennen und die Flügelspitzen abschneiden und wegwerfen. Zum Schluß die Schenkel auslösen und in Unter- und Oberschenkel teilen.

Gehen lassen:
Angesetzten Hefeteig in einer Schüssel gut zugedeckt – mit einem sauberen Küchentuch oder Klarsichtfolie – an einem warmen und zugfreien Ort, beispielsweise auf einer mäßig heißen Heizung oder im auf 40° vorgeheizten Backofen, so lange ruhen lassen, bis sich sein Volumen gut verdoppelt hat.

Gelieren:
Blattgelatine in kaltem Wasser 5 bis 10 Minuten einweichen, ausdrücken und tropfnaß in einem kleinen Topf bei schwacher Hitze schmelzen. Dann flüssige Cremes, Säfte und ähnliches damit binden. Die Speise muß einige Stunden gekühlt werden, damit die Gelatine fest wird. Steifgeschlagene Sahne oder Eischnee erst unterheben, wenn der Rührlöffel Spuren in der Flüssigkeit hinterläßt, die sich aber noch langsam wieder auflösen.

Glasig dünsten:
Kleingeschnittene Zwiebeln und Reiskörner bei Mittelhitze in Fett, Butter, Oliven- oder anderem Öl, dünsten, bis sie glasig-transparent sind. Zwiebeln werden beispielsweise für ein Ragout vor allen anderen Zutaten glasig gedünstet, Reis wird hauptsächlich für ein Risotto glasig gedünstet.

Grillen:
Fleisch, Fisch und Gemüse über glühendheißer Holzkohle oder unter dem Elektrogrill garen.
Die starke Hitzeeinwirkung verschließt dabei sofort die Poren des Gargutes und gibt ihm, besonders über Holzkohle gegrillt, einen typischen Geschmack. Vorsicht beim Holzkohlengrill: Nur mit speziellen Grillanzündern anfachen, erst grillen, wenn sich eine Ascheschicht auf der Holzkohle gebildet hat und kein Fett in die Glut tropfen lassen. (Deshalb Alufolie oder Grillschalen aus Alufolie für Fettes verwenden.) Gepökelte Fleisch- und Wurstwaren generell nicht grillen.

Karamelisieren:
Zucker mit wenig Wasser solange erhitzen, bis er duftet und eine mehr oder weniger dunkle Honigfarbe annimmt. Vorsicht, der Zucker wird hierbei sehr heiß und kann, wenn er spritzt, zu schlimmen Verbrennungen führen, außerdem kann er schnell zu dunkel und bitter werden.

Köcheln:
Mit wenig Flüssigkeit bei schwacher bis mäßiger Hitze garen, die Flüssigkeit wirft dabei nur wenig Blasen.

Kochen:
Methode vornehmlich für Eier, Nudeln, Kartoffeln und Hülsenfrüchte, die in reichlich kräftig Blasen werfender Flüssigkeit, wie Wasser oder Brühe garen und meist anschließend abgegossen werden.

Legieren:
Brühen und Saucen werden mit verquirltem Ei oder Eigelb, nach Rezept unter Zugabe von Sahne gebunden. Dabei nicht mehr aufkochen, da das Ei sonst ausflockt.

Marinieren:
Fleisch, Fisch, Tofu, Gemüse und anderes in würzender Flüssigkeit (Marinade) für einige Zeit einlegen, bevor sie weiterverarbeitet werden.

Passieren:
Gekochtes Gemüse oder Obst und Saucen durch ein feines Haarsieb streichen, um eine homogene Masse zu erhalten und eventuelle harte Partikel, wie Kerne, Gewürze und ähnliches zu entfernen.

Pürieren:
Gekochte, manchmal auch rohe Zutaten mit dem Stabmixer, im Blitzzerkleinerer oder im Mixer zu einer feinen Paste verarbeiten. Für Kartoffelpüree die gekochten Kartoffeln durch die Kartoffelpresse drücken, damit es locker und nicht klebrig wird.

Rösten:
Fleisch, Zwiebeln, Gemüse und anderes bei starker Hitze in wenig Fett unter Rühren scharf anbraten, so daß das Gargut bräunt. Nüsse in der trockenen Pfanne oder auf dem Blech im Backofen rösten. Vorsicht, sie verbrennen schnell.

Schmoren:
Fleisch, Geflügel, Gemüse und anderes erst anbraten, dann mit wenig Flüssigkeit bei schwacher Hitze zugedeckt garen. Eignet sich besonders für Gulasch, Rouladen und Ragouts, aber auch für Geflügel- und Gemüseeintöpfe. Als Flüssigkeit Wasser, Brühe, Wein, Gemüse- oder auch Obstsaft verwenden.

Sieden, simmern:
Bei schwacher Hitze garen, so daß die Flüssigkeit nicht aufwallt, sondern sich unter dem Siedepunkt nur ein wenig bewegt. Geeignet für alle Speisen, die garziehen müssen (siehe »Ziehen lassen«).

Steif schlagen:
Gut gekühlte süße Sahne oder zimmerwarmes Eiweiß mit dem Schneebesen oder dem elektrischen Handmixer so lange und kräftig aufschlagen, bis eine duftige, steife Masse entstanden ist. Eiweiß ist steif genug, wenn ein Messerschnitt darin sichtbar bleibt ohne zu verlaufen.

Achtung: Eiweiß wird nicht steif, wenn auch nur die geringste Spur Eigelb mit hinein gerät.

Tomaten häuten:
Die Tomaten mit kochendheißem Wasser übergießen, 1/2 Minute stehen lassen, dann das Wasser abgießen. Jetzt läßt sich die Haut mühelos abziehen. Anschließend die Tomaten halbieren, Stielansätze herausschneiden und je nach Rezept eventuell die Kerne mit einem Löffelchen herausheben.

Überbacken:
Meist fertig Gegartes bei starker Hitze im Backofen oder unter dem Elektrogrill backen, bis die Oberfläche bräunt und knusprig wird. Gerne wird die Krustenbildung noch mit geriebenem Käse, mit Semmelbröseln, Sahne und Butterflöckchen unterstützt.

Überbrühen:
Gemüse, Obst und anderes mit kochendem Wasser übergießen

und kurz stehen lassen, meist um das Überbrühte zu häuten (siehe »Tomaten häuten«).

Unterheben, unterziehen:
Steif geschlagene Sahne, Eischnee oder eine andere lockere Masse unter eine feste Masse arbeiten, um dieser mehr Luftigkeit zu geben. Am besten mit einem großen Schneebesen arbeiten und die leichte Masse vorsichtig, damit sie nicht zusammenfällt, mit kreisenden Bewegungen von oben nach unten unter die feste Masse mischen.

Unterschlagen:
Eine cremige Masse oder weiche Butter unter eine andere Masse ähnlicher Konsistenz mischen. Dabei mit dem Schneebesen kräftig unterrühren.

Versalzenes retten:
Ist die Suppe versalzen, hilft entweder ein guter Schuß Wasser zusätzlich oder eine rohe geschälte, grob gewürfelte Kartoffel, die man gut 20 Minuten mitkocht und anschließend entfernt, denn sie nimmt überschüssiges Salz auf. Saucen und Gemüse lassen sich mit Sahne oder Crème fraîche mildern, oder einfach mit etwas Wasser oder Wein verdünnen. Wer es gerne cremig mag, dickt die Sauce mit etwas in Wasser verrührtem Mehl oder Speisestärke an.

Vorheizen:
Bei kürzeren Backzeiten einen Ofen mit Ober- und Unterhitze etwa 10 Minuten lang vorheizen. Bei Backzeiten ab etwa 45 Minuten kann auf das Vorheizen verzichtet werden, jedoch verlängert sich die Backzeit dann um 5 bis 10 Minuten. Gas- und Umluftöfen nur bei sehr kurzen Backzeiten vorheizen, beispielsweise zum Überbacken.

Wasserbad:
Empfindliche Saucen und Cremes, meist mit Eiern und Sahne,

werden in einer Metallschüssel über dem siedenden Wasserbad oder im speziellen Wasserbadtopf aufgeschlagen. So können sie nicht gerinnen, werden nicht zu heiß und doch schön dick und cremig. Schokolade und Kuvertüre über dem heißen, aber nicht kochenden Wasserbad schmelzen, damit sie nicht verbrennen und einen samtigen Glanz erhalten.

Ziehen lassen:
Empfindliches, wie Knödel oder Tafelspitz in heißer Flüssigkeit unter dem Siedepunkt garen. Knödel ziehen im offenen Topf in etwa 15 bis 20 Minuten, Tafelspitz und Fisch ziehen je nach Gewicht, dazu die Angaben im Rezept beachten.

Mittelmeerküche

Fernöstliches und Exotisches

Gelingt leicht

Gut vorzubereiten

Preiswert

Für Gäste

Raffiniert

Geht schnell

Frühstück

Um Körper und Geist in Schwung zu bringen und zu halten, ist ein ausgewogenes Frühstück wichtig. Mit nur einer Tasse Kaffee im Magen studiert es sich schlecht. Das Koffein putscht zwar schnell auf, doch sinkt die Leistungskurve rasch wieder ab.

Ob süß oder herzhaft - jedes Frühstück läßt sich abwechslungsreich zusammenstellen mit fruchtigem Müsli oder Kräuterquark, mit Vollkornbrot, Muffins oder frischen Quarkbrötchen, die sich vorbereiten lassen, damit der Morgen ohne Streß beginnt.

Power mit drei Komponenten

Die erste Mahlzeit des Tages sollte aus Vollkornbrot oder -brötchen oder aus einem leckeren Müsli bestehen. Diese vollwertigen Kohlenhydrate werden vom Körper langsam in eine dauerhafte Energie umgewandelt, so daß der Blutzuckerspiegel weder zu rasch ansteigt, noch zu schnell absinkt, mit Müdigkeit und Nachlassen der Konzentration als Folge.

Der zweite wichtige Energielieferant besteht aus leicht verdaulichem Eiweiß, von dem besonders in Milchprodukten wie Joghurt, Dickmilch, Quark und Käse mit wenig Fett, reichlich enthalten ist. Sind Sie ein Wurstfan, wählen Sie fettarme Sorten oder mageren Schinken. Fett macht nicht nur dick sondern auch träge.

Zur Basis einer ausgewogenen Morgenmahlzeit gehören natürlich auch unsere Fitmacher, die Vitamine aus frischem Obst - das dem Müsli, Quark oder Joghurt beigemischt werden kann, oder Tomaten, Gurken und Radieschen, die zum Brot lecker schmecken. Ein frisch gepreßter Fruchtsaft bringt ebenfalls in Schwung und sorgt mit dafür, die Energie für die erste Tageshälfte zu sichern.

Auf das Timing kommt es an

Ganz gleich, ob Sie ein ausgiebiges oder ein kleines Frühstück bevorzugen, es lohnt sich, dafür eine halbe Stunde früher aufzustehen und vor allem zu planen. Ideen und Rezepte für ein Frühstück, das Sie nach ihren Wünschen zusammenstellen können – auch für ein Riesenfrühstück am Sonntag mit Freunden – finden Sie auf den folgenden Seiten.

Den Tisch decken, die Kaffeemaschine vorbereiten – das sind die kleinen Tätigkeiten am Vorabend, die jedoch den Spurt am Morgen beschleunigen. Als nützliche Helfer in der Küche erweisen sich der Toaster mit Brötchenaufsatz, eine Warmhaltekanne und die elektrische Zitruspresse für den Vitamindrink.

Wie wär's mit einem Snack für später?

Gehören Sie trotz überzeugender Frühstücks-Argumente weiter zu den Nicht-Frühstückern, denken Sie an die Pause am Vormittag. Einige Scheiben Brot belegt mit Käse, Schinken und etwas Frischem, etwa Paprikaringen, machen mehr an und sättigen länger als ein süßer Riegel. Auch ein Müsli mit Früchten und Joghurt läßt sich im gut verschlossenen Gefäß sicher transportieren.

Das leichte, schnelle Frühstück

Das rasch auf dem Toaster knusprig aufgebackene Brötchen, nach Geschmack belegt, Cornflakes mit Milch, Sesam oder Sonnenblumenkernen und einem Löffelchen Honig, Quark, Joghurt oder Dickmilch, angereichert mit Getreideflocken, gesunden Kernen und gewürfelten frischen Früchten – ein solches Frühstück vorzubereiten kostet höchstens zehn Minuten. Die Kaffeemaschine oder das Teewasser werden während der Morgentoilette angestellt.

Das ausgiebigere Frühstück

Dafür gleich nach dem Aufstehen Müsli mit Fruchtsaft oder Milch einweichen, dann lassen sich die Körner leichter verdauen. Zum Vollkornbrot oder -brötchen wird nach der Morgentoilette schnell ein herzhaftes Rührei oder ein Omelett mit ein wenig Frühstücksspeck auf amerikanische Art zubereitet. Mit ein bißchen Vorplanung lassen sich dann im Backofen sogar frische Muffins oder Quarkbrötchen zaubern. Und nicht vergessen: die Vitamine in Form eines frischen Fruchtsalates oder eines Drinks aus Buttermilch mit Sanddornsaft oder frisch gepreßtem Orangen- oder Grapefruitsaft.

Fix gemacht: Konfitüre

Kleine Portionen Konfitüre aus 250 g zerkleinerten Erdbeeren oder Aprikosen, Pfirsichen, Kirschen oder Pflaumen sind schnell gemacht. Auch Tiefkühlfrüchte können verwendet werden. Man gibt 5 bis 6 Eßlöffel Apfel- oder Birnendicksaft mit den zerkleinerten oder mit dem Mixer pürierten frischen oder auch mit ganzen gefrorenen Früchten in einen Topf

und bringt sie unter gelegentlichem Rühren zum Kochen. Den Topf von der Kochstelle nehmen, zum Gelieren 1/2 Teelöffel Agar-Agar (aus dem Reformhaus oder Naturkostladen) überstreuen und hineinrühren. Dann die Früchte 5 Minuten unter Rühren kochen, fertig! Die Konfitüre in ein Schälchen oder in ein Glas mit Twist-off-Deckel füllen und erkalten lassen.

Die Getränkeauswahl

Da hat jeder seine besonderen Vorlieben. Eine bis zwei Tassen Kaffee mit wenig oder viel Milch oder Zucker, oder schwarzer Tee – wer einen niedrigen Blutdruck hat, braucht diesen kleinen Coffein-Schub. Doch zu reichlich Milch dazu macht schon wieder ein wenig müde. Wie sich das eine oder andere Getränk auf den Organismus auswirkt, das hängt von der persönlichen körperlichen Verfassung ab. Schwarzer Tee wird mit Recht von vielen bevorzugt, weil das darin enthaltene Coffein im Vergleich zum Kaffee-Coffein langsamer und anhaltender im Körper wirksam wird. Wer einen nervösen Magen hat, sollte einen der vielen angebotenen leckeren Kräuter- oder Früchtetees zum Einstieg in den Tag genießen und ein Löffelchen Honig unterrühren.

Ein frisch gepreßter Fuchtsaft bewährt sich als besonderer Vitaminlieferant und Wachmacher. Genießen Sie ihn vor dem eigentlichen Frühstück. Bei fertig gekauften Säften auf die Aufschrift »Ohne Zuckerzusatz« achten.

Die notwendigen Vitamine holt man sich jedoch am besten aus frischen Zutaten, Früchten und Gemüsen, oder selbst daraus hergestellten Säften, die sich leicht und lecker in den Frühstücksplan einbauen lassen.

Kerniges Müsli

Für Ungeübte

Zutaten für 2 Personen
25 g Haselnußkerne, gehackt
2 Teelöffel ungeschälte Sesamsamen
2 gestrichene Eßlöffel Leinsamen
30 g kleine Rosinen
1 Eßlöffel Apfelkraut
knapp 1 Eßlöffel Butter
5 Eßlöffel gemischte Vollkornflocken
1 kleine Banane
1/8 l Kefir
1/2 Päckchen Vanillinzucker
1/2 kleiner rotschaliger Apfel

Pro Portion: 1600 kJ/ 380 kcal
9 g E · 19 g F · 46 g Kh
Zubereitungszeit: 30 Minuten

Die Haselnußkerne und den Sesam in einer trockenen Pfanne unter Rühren goldbraun rösten, dann in eine Schüssel umfüllen, mit den Leinsamen und den Rosinen mischen.

Das Apfelkraut und die Butter in eine Pfanne geben, bei schwacher Hitze verrühren und schmelzen lassen. Die Vollkornflocken einrühren und einige Minuten unter Rühren rösten, dann in die Schüssel mit den Nüssen, Sesam, Leinsamen und Rosinen umfüllen.

Die Banane schälen, zusammen mit dem Kefir und dem Vanillinzucker pürieren*. Den Apfel vor dem Halbieren gründlich waschen und die Hälfte ohne das Kerngehäuse direkt in den Kefir reiben. Den Kefir zum Servieren über das Müsli geben.

Schokomüsli mit Äpfeln

Gelingt leicht

Zutaten für 2 Personen
25 g Zartbitter-Schokolade
25 g weiße Schokolade
5 Eßlöffel gemischte Vollkornflocken
50 g getrocknete Aprikosen
2 feste säuerliche Äpfel (z. B. Boskop, Cox Orange)
1 Eßlöffel Zitronensaft
etwa 1/4 l Milch

Pro Portion: 1700 kJ/ 410 kcal
10 g E · 14 g F · 63 g Kh
Zubereitungszeit: 40 Minuten

Von beiden Schokoladensorten zuerst mit einem Sparschäler einige Späne abziehen und diese zum Garnieren beiseite legen.

Die übrige Schokolade fein hakken und mit den Vollkornflocken mischen. Die Aprikosen in feine Streifen schneiden und dazugeben.

Die Äpfel gründlich waschen und abreiben. Den Zitronensaft in einer weiten Schale bereitstellen.

Eine Apfelhälfte vierteln, entkernen und in Spalten schneiden. In dem Zitronensaft wenden, wieder herausnehmen.

Eine zweite Apfelhälfte vierteln, entkernen und klein würfeln. Den übrigen Apfel auf der Haushaltsreibe grob raspeln. Ebenfalls im Zitronensaft wenden, dann mit dem gewürfelten Apfel zu den Vollkornflocken geben.

Das Müsli in Schälchen geben, mit den Apfelspalten garnieren, die Schokoladenspäne aufstreuen. Zum Servieren die Milch darüber gießen.

Tip!

Zum Schokomüsli passen auch Bananen und Nüsse aller Art. Im Sommer kann man die getrockneten Aprikosen auch durch 4 frische gewürfelte Aprikosen ersetzen.

Im Bild: Schokomüsli mit Äpfeln

Frischkornmüsli mit Beeren

Für Ungeübte

Zutaten für 2 Personen
50 g Weizenschrot
75 g Vollmilch-Joghurt
2 Eßlöffel Apfeldicksaft
60 g Himbeeren
einige Rispen rote Johannisbeeren
75 g Erdbeeren

Pro Portion: 680 kJ/ 160 kcal
5 g E · 2 g F · 31 g Kh
Quellzeit: 12 Stunden
Zubereitungszeit: 20 Minuten

Den Weizenschrot in eine Schüssel geben, mit etwa 100 ml Wasser verrühren und zugedeckt über Nacht in den Kühlschrank stellen.

Am nächsten Morgen den Joghurt und den Apfeldicksaft unter den Weizenschrot rühren.

Die Himbeeren verlesen, die Johannisbeeren waschen und von den Rispen streifen. Die Erdbeeren waschen, putzen und kleinschneiden. Alle Beeren mischen und zusammen mit dem Müsli anrichten.

Haferquark mit Grapefruit

Preiswert

Zutaten für 2 Personen
175 ml Milch
60 g kernige Haferflocken
2 rosa Grapefruits
100 g Speisequark (20 % Fett i. Tr.)
2 Eßlöffel Birnendicksaft

Pro Portion: 1300 kJ/ 310 kcal
14 g E · 8 g F · 46 g Kh
Zubereitungszeit: 40 Minuten

Die Milch aufkochen, die Haferflocken einrühren und etwa 5 Minuten bei schwacher Hitze durchkochen, dann vom Herd ziehen und in eine Schüssel umfüllen, abkühlen lassen.

Die Grapefruits filetieren*, abtropfenden Saft dabei auffangen. Die Hälfte der Filets klein würfeln.

Den Quark und den Birnendicksaft, dann auch die gewürfelten Grapefruitfilets unter die Hafercreme ziehen. Soviel abgetropften Grapefruitsaft unterrühren, bis die Mischung cremig ist. In eine Schale umfüllen, mit den übrigen Grapefruitfilets garnieren.

Pistazien-Honig-Quark

Schnell

Zutaten für 2 Personen
250 g Speisequark (20 % Fett i. Tr.)
2 Eßlöffel Orangensaft
2 Eßlöffel heller, flüssiger Honig (z. B. Akazienhonig)
Zimtpulver
40 g Pistazienkerne
25 g Walnußkerne

Pro Portion: 1700 kJ/ 410 kcal
22 g E · 24 g F · 23 g Kh
Zubereitungszeit: 30 Minuten

Den Quark in eine Schüssel geben und mit dem Orangensaft, dem Honig und etwas Zimtpulver verrühren.

Einige Pistazien- und Walnußkerne zum Garnieren beiseite legen.

Die Hälfte der übrigen Pistazien durch die Mandelmühle drehen oder in der Küchenmaschine fein mahlen, den Rest grob hacken. Die Walnußkerne ebenfalls hacken.

Die gemahlenen und die gehackten Kerne unter den Quark rühren. Mit den ganzen Kernen garnieren.

Joghurt selbstgemacht

Grundrezept

Zutaten für 1 1/8 Liter Joghurt
1 l Milch (Rohmilch vorher abkochen)
1 Tasse Magermilchpulver nach Belieben
1 Becher Naturjoghurt, nicht wärmebehandelt, alternativ Joghurt-Ferment (Reformhaus, Bioladen)

Enthält: 2700 kJ/ 650 kcal
33 g E · 35 g F · 48 g Kh
Zubereitungszeit: 15 Minuten
Ruhezeit: 20 Stunden

Die Milch auf 40° erwärmen – das geht auch ohne Thermometer, sie soll gerade gut warm sein.

Mit der Milch nach Belieben das Milchpulver (der Joghurt wird damit fester) und den Naturjoghurt verquirlen, oder statt des Joghurts das Joghurt-Ferment nach Vorschrift zugeben. Der Joghurt darf nicht wärmebehandelt sein, sonst sind die Säuerungsbakterien nicht mehr aktiv.

Den Topf zudecken, am besten in ein Handtuch wickeln und an einer warmen, dunklen Stelle sich selbst überlassen. Die warme Stelle kann im Winter die Heizung sein, im Sommer ein Platz unter dem Fenster. Sonst kann man den Topf in den Backofen stellen und den Thermostat auf 40° schalten.

Je nach Temperatur ist der Joghurt nach 5–8 Stunden fertig. Wer ihn säuerlich liebt, kann ihn auch 12 Stunden und länger reifen lassen, aber nicht zu lange, sonst wird er bitter.

Danach muß der Joghurt mindestens einen Tag in den Kühlschrank, damit er seinen Geschmack entwickeln und nachdicken kann. Nun ist er fertig zum Essen oder zum Kochen.

Tips!

Zum Kochen ist ein Sahnejoghurt besser geeignet: 1 Becher Sahne mit 3 Becherfüllungen voll Milch und 1–2 Eßlöffel Magermilchpulver verrühren und erwärmen, Naturjoghurt zugeben, Temperatur und Reifezeit wie oben beschrieben beachten.
Bei der Milch kann man von der frischen Vorzugsmilch bis zur haltbar gemachten Magermilch alles verwenden. Allerdings muß Frischmilch vom Bauern, aber auch die Vorzugsmilch aus dem Kühlregal, immer vorher abgekocht werden. Bei pasteurisierter oder H-Milch ist das nicht notwendig. Es gibt auch elektrisch beheizte Joghurtbereiter, die selbständig die Temperatur regeln und deren Anschaffung sich durchaus lohnt, wenn man sehr oft Joghurt selbst machen will.

Kefir selbstgemacht

Grundrezept

Zutaten für 1 Liter Kefir
1 l Milch
Kefir-Ferment (Reformhaus, Bioladen)

Enthält: 2700 kJ/ 600 kcal
33 g E · 35 g F · 40 g Kh
Zubereitungszeit: 15 Minuten
Ruhezeit: 1 1/2–2 Tage

Die Milch aufkochen, dann zugedeckt auf Zimmertemperatur abkühlen lassen. Das Kefir-Ferment nach Vorschrift in die Milch rühren, alles in ein Gefäß mit Deckel füllen (am besten in eine Milchflasche mit weitem Hals), den Deckel auflegen, aber nicht fest verschließen (die entstehende Kohlensäure muß entweichen können, sonst platzt die Flasche).

An einem warmen Ort (22–27°) 1 1/2–2 Tage reifen lassen. Nach dieser Zeit sollte der Kefir fertig sein, er kann aber auch noch länger bis zur pikanten Reife benötigen.

Bis zum Verzehr gut durchkühlen lassen.

Vollkorn-Nußbrot

Vollwertig

Zutaten für 1 Brot (etwa 12 Scheiben)
500 g Weizenvollkornmehl
1 Würfel Hefe (42 g)
1 Messerspitze Zucker
250 ml Buttermilch
2 Teelöffel Salz
1 Teelöffel gemahlener Koriander
75 g Walnußkerne
Backpapier

Pro Scheibe: 750 kJ/ 180 kcal
7 g E · 5 g F · 27 g Kh
Zubereitungszeit: 45 Minuten
Ruhezeit: 12 Stunden
Backzeit: 1 Stunde

Das Mehl in eine Schüssel geben, in die Mitte eine Mulde drücken. Die Hefe hineinbröckeln, mit ganz wenig lauwarmem Wasser und dem Zucker verrühren, mit etwas Mehl bestäuben und zugedeckt an einem warmen Ort etwa 15 Minuten gehen lassen.

Die Buttermilch, das Salz und den Koriander dazugeben. Den Teig mit den Händen oder den Knethaken des Handrührgerätes kräftig verkneten, bis er sich als Kugel vom Schüsselrand löst.

Die Walnußkerne fein hacken und unter den Teig kneten. Diesen in eine Schüssel geben und zugedeckt über Nacht in den Kühlschrank stellen.

Am nächsten Morgen den Teig nochmals kurz durchkneten. Einen länglichen Laib formen, quer mehrfach etwa 1 cm tief einschneiden und den Laib mit Wasser bepinseln.

Ein Backblech mit Backpapier auslegen und das Brot darauf legen.

Das Blech in den kalten Backofen (unten) schieben. Eine feuerfeste Schüssel mit Wasser füllen und ebenfalls in den Backofen stellen. Das Brot bei 175° etwa 1 Stunde backen, bis es sich, wenn man an die Unterseite klopft, hohl anhört.

Quarkbrötchen

Für Gäste

Zutaten für 12 Stück
500 g Mehl
1 Päckchen Backpulver
2 große Eier
150 g weiche Butter
2 Eßlöffel Zucker
250 g Magerquark
1 Prise Salz
Mehl zum Kneten
Für die Form: Backpapier
Zum Bestreichen und Bestreuen:
1 Eigelb
je 1 Eßlöffel Sesamsamen, Leinsamen und Mohnsamen

Pro Stück: 1300 kJ/ 310 kcal
10 g E · 14 g F · 38 g Kh
Zubereitungszeit: 15 Minuten
Ruhezeit: 8 Stunden
Backzeit: 20 Minuten

Das Mehl mit dem Backpulver, den Eiern, der Butter, dem Zucker, dem Quark und dem Salz erst verrühren, dann zu einem glatten Teig verkneten. Zudecken und über Nacht in den Kühlschrank stellen.

Am nächsten Morgen den Backofen auf 175° vorheizen*.

Den Teig mit bemehlten Händen nochmals kurz durchkneten. In 12 gleichgroße Portionen teilen und diese zu länglichen Brötchen formen.

Ein Backblech mit Backpapier auslegen, die Brötchen darauf setzen und jedes Brötchen zweimal schräg einschneiden.

Das Eigelb mit 2 Eßlöffeln warmem Wasser verquirlen, die Brötchen damit bestreichen.
Je 4 Brötchen mit dem Sesam, dem Leinsamen beziehungsweise dem Mohn bestreuen. Im Backofen (Mitte) in etwa 20 Minuten goldbraun backen.

Im Bild hinten: Vollkorn-Nußbrot
Im Bild vorne: Quarkbrötchen

Brötchen

Grundrezept

Zutaten für 12 Stück
400 g Weizenmehl
1 Würfel Hefe (42 g)
250 ml lauwarmes Wasser
1 Eßlöffel Öl · 1 Teelöffel Salz
Für das Backblech: Butter
Zum Bestreuen:
je 1 Teelöffel Mohnsamen, Sesamsamen, Kümmelsamen und Leinsamen

---

Pro Stück: 560 kJ/ 130 kcal
4 g E · 2 g F · 25 g Kh
Ruhezeit: 40 Minuten
Zubereitungszeit: 30 Minuten
Backzeit: 40 Minuten

Das Mehl in eine Rührschüssel geben, die Hefe an eine Seite am Rand bröckeln, den Zucker über die Hefe streuen. Das Wasser dazugießen und mit der Hefe, dem Zucker und etwas Mehl zu einem dünnen Brei verrühren. Die Schüssel zugedeckt etwa 15 Minuten an einen warmen Ort stellen.

Das restliche Mehl, das Öl und das Salz nach und nach gründlich unter den Vorteig kneten. Den Teig zugedeckt etwa 15 Minuten ruhen lassen. Das Blech fetten.

Den Teig noch einmal gründlich kneten, dann in 12 gleich große Stücke teilen. Jedes Stück mit nassen Händen zu einer Kugel formen. Die Teigkugeln auf dem Blech verteilen und flachdrücken. Mit Wasser bestreichen, mit den Samen bestreuen und diese etwas andrücken.

Die Brötchen mit einem Tuch zudecken und etwa 10 Minuten an einem warmen Ort gehen lassen, bis sich das Teigvolumen um etwa ein Drittel vergrößert hat.

Den Boden und die Seitenwände des kalten Backofens mit Wasser besprühen. Die Brötchen in 30–35 Minuten im Backofen (Mitte) bei 250° goldbraun backen. Noch etwa 5 Minuten im ausgeschalteten Ofen lassen.

Die Brötchen dann auf ein Kuchengitter legen und auf allen Seiten mit kaltem Wasser bestreichen.

Haferkeimwecken

Gelingt leicht

Zutaten für 16 Stück
300 g helles Weizenmehl mit Weizenkeimen
50 g Haferkleie (Reformhaus)
1 Päckchen Vanillinzucker
30 g Hefe (3/4 Würfel)
1 Eßlöffel flüssiger Honig
250 ml Milch
1 Messerspitze Salz
Für das Backblech: Butter
Zum Formen: 3 Eßlöffel Mehl
Zum Bestreichen: 1 Eßlöffel Milch

Pro Stück: 380 kJ/ 90 kcal
4 g E · 1 g F · 16 g Kh
Zubereitungszeit: 20 Minuten
Ruhezeit: 45 Minuten
Backzeit: 35 Minuten

Das Mehl in einer großen Rührschüssel mit der Haferkleie und dem Vanillinzucker mischen, aus Hefe, Honig und Milch einen Vorteig, wie im nebenstehenden Grundrezept beschrieben, bereiten, 15 Minuten warm stellen.

Das restliche Mehl und das Salz gründlich unterkneten und den Teig nochmals zugedeckt etwa 15 Minuten ruhen lassen. Das Blech fetten.

Den Teig noch einmal gründlich kneten, bis er geschmeidig ist. Das Mehl auf eine Arbeitsfläche schütten. Den Teig als Kloß auf das Mehl geben, darin wälzen und zu einer etwa 40 cm langen gleichmäßig dicken Rolle formen. Die Teigrolle in 16 gleich große Stücke teilen. Jedes nochmals im Mehl wenden und rasch zur Rolle formen. Je 8 Rollen quer aneinander auf das Blech legen. Zudecken und nochmals etwa 10 Minuten gehen lassen, bis sich das Volumen um etwa ein Drittel vergrößert hat. Die Oberseite mit Milch bepinseln.

Die Wecken backen und fertigstellen, wie im nebenstehenden Grundrezept beschrieben. Nach dem Abkühlen einzeln abbrechen.

Heidelbeer-Muffins

Klassiker

Zutaten für etwa 12 Stück
200 g Mehl
60 g feine Haferflocken
2 Teelöffel Backpulver
1/2 Teelöffel Natron
200 g Heidelbeeren (aus dem Glas, frisch oder tiefgekühlt, nicht aufgetaut)
2 Eier
180 g brauner Zucker
150 g weiche Butter
1 Päckchen Bourbon-Vanillezucker
300 g saure Sahne
Für das Muffinblech:
Öl oder 12 Papier-Backförmchen

Pro Stück: 1200 kJ/ 280 kcal
4 g E · 14 g F · 34 g Kh
Zubereitungszeit: 15 Minuten
Backzeit: 25 Minuten

Den Backofen auf 180° vorheizen. Die Vertiefungen des Muffinblechs einfetten oder Papier-Backförmchen hineinsetzen.

Das Mehl in eine Schüssel sieben und mit den Haferflocken, dem Backpulver und dem Natron sorgfältig vermischen.

Heidelbeeren aus dem Glas in einem Sieb abtropfen lassen, frische Beeren verlesen.

In einer weiteren, großen Schüssel die Eier aufschlagen und leicht verquirlen. Dann den Zucker, die Butter, den Vanillezucker und die saure Sahne dazugeben und gut verrühren. Die Mehlmischung unterrühren. Zuletzt die Heidelbeeren sehr vorsichtig unter den Teig heben.

Den Teig sofort in die Blech-Vertiefungen einfüllen. Im Backofen (Mitte) in 20–25 Minuten goldgelb backen.

Die Muffins im Backblech etwa 5 Minuten ruhen lassen, dann aus den Förmchen nehmen und noch warm servieren.

Zitronen-Kokos-Muffins

Gelingt leicht

Zutaten für etwa 12 Stück
250 g Mehl
2 Teelöffel Backpulver
1/2 Teelöffel Natron
1 Messerspitze Muskatnuß, frisch gerieben
abgeriebene Schale von 1 unbehandelten Zitrone
50 g Kokosflocken
1 Ei
160 g brauner Zucker
100 ml neutrales Öl
350 g Buttermilch
1 Eßlöffel Zitronensaft
Für die Backform:
Öl oder 12 Papier-Backförmchen
Für die Verzierung:
150 g Puderzucker
2 1/2 Eßlöffel Zitronensaft
4 Eßlöffel Kokosflocken

Pro Stück: 1120 kJ/ 265 kcal
9 g E · 9 g F · 42 g Kh
Zubereitungszeit: 15 Minuten
Backzeit: 25 Minuten

Den Backofen auf 180° vorheizen. Die Vertiefungen des Muffinblechs einfetten oder Papier-Backförmchen hineinsetzen.

Das Mehl in eine Schüssel sieben und mit Backpulver, Natron, Muskat, Zitronenschale und Kokosflocken sorgfältig vermischen.

In einer weiteren großen Schüssel das Ei aufschlagen und kurz verquirlen. Den Zucker, das Öl, die Buttermilch und den Zitronensaft hinzufügen und alles gut verrühren. Die Mehlmischung vorsichtig unterheben.

Den Teig sofort in die Blech-Vertiefungen einfüllen. Im Backofen (Mitte) in 20–25 Minuten goldgelb backen.

Die Muffins im Backblech etwa 5 Minuten ruhen lassen, aus den Förmchen nehmen und auf einem Kuchengitter auskühlen lassen.

Für die Verzierung den Puderzucker mit dem Zitronensaft zu einem glatten Guß verrühren. Die Muffins mit einem Backpinsel mit dem Puderzuckerguß bestreichen und mit den Kokosflocken bestreuen.

Kaltgerührte Mangokonfitüre

Schnell

Zutaten für 3 Gläser à 150 ml
1 große reife Mango (etwa 400 g)
250 g Gelierzucker
1 Eßlöffel Limettensaft
1 Eßlöffel weißer Rum
1 große Kiwi

Pro Glas: 1700 kJ/ 410 kcal
1 g E · 0 g F · 98 g Kh
Zubereitungszeit: 20 Minuten

Die Mango schälen, längs an einer Seite des flachen Steins entlang mit einem scharfen Messer halbieren, den Stein vorsichtig aus der anderen Mangohälfte lösen. Vom Fruchtfleisch genau 250 g abwiegen.

Das Mangofruchtfleisch zusammen mit dem Gelierzucker in der Küchenmaschine oder mit den Schneebesen des Handrührgerätes etwa 10 Minuten verrühren.

Den Limettensaft und den Rum unterrühren. Die Kiwi mit einem scharfen Messer oder mit dem Sparschäler dünn schälen, klein würfeln und zuletzt noch untermischen.

Die Konfitüre in saubere Gläser füllen, verschließen und in den Kühlschrank stellen.

Tip!

Kaltgerührte Konfitüren rasch verbrauchen, sie verderben schneller als gekochte. Daher ist es bei diesen Konfitüren besonders wichtig, daß nur einwandfreie Früchte verwendet werden. Für einen kurzzeitigen Vorrat die Konfitüre in kleine, gut gesäuberte Gläschen mit Twist-off-Deckeln füllen und die Gläser sofort verschließen. Mindestens 3 Stunden in den Kühlschrank stellen.

Rhabarber-Aprikosen-Konfitüre

Für Ungeübte

Zutaten für 3 Gläser à 200 ml
300 g Rhabarber
1 Stück frischer Ingwer (etwa 5 cm)
1 unbehandelte Zitrone
250 g reife Aprikosen
500 g Gelierzucker

Pro Glas: 3000 kJ/ 720 kcal
1 g E · 0 g F · 180 g Kh
Zubereitungszeit: 40 Minuten

Den Rhabarber schälen, waschen und in etwa 2 cm lange Stücke schneiden. Den Ingwer schälen und sehr klein hacken, die Zitrone heiß abwaschen, die Schale fein abreiben, den Saft auspressen.

Die Aprikosen waschen, entsteinen und würfeln. Zusammen mit dem Rhabarber, dem Ingwer, der Zitronenschale und dem Zitronensaft in einem breiten Topf mit dem Gelierzucker verrühren.

Die Mischung nach der Packungsbeschreibung auf der Gelierzuckertüte durchkochen. Eine Gelierprobe machen, dann die Konfitüre sofort randvoll in kleine Gläser abfüllen und diese verschließen.

Tip!

Damit Konfitüren lange aufbewahrt werden können, müssen Sie darauf achten, sehr sauber gespülte – am besten ausgekochte Gläser mit einem fest schließenden Deckel zu verwenden. Twist-off-Gläser eignen sich besonders gut. Nach dem Einfüllen und Verschließen die Gläser auf den Kopf stellen. Dies desinfiziert die Deckel zusätzlich durch die heiße Konfitüre.

Im Bild vorne:
Kaltgerührte Mangokonfitüre
Im Bild hinten:
Rhabarber-Aprikosen-Konfitüre

Möhren-Mascarpone-Creme

Raffiniert

Zutaten für 3 Personen
100 g Möhren
1 Eßlöffel Honig
125 g Mascarpone
1 Eßlöffel Zitronensaft
1/2 säuerlicher fester Apfel

Pro Portion: 770 kJ/ 180 kcal
5 g E · 13 g F · 9 g Kh
Zubereitungszeit: 30 Minuten

Die Möhren waschen, putzen und schälen, dann die Möhren klein würfeln. Den Honig in einem Topf erwärmen, die Möhren darin wenden. 4–5 Eßlöffel Wasser angießen, die Möhren gut zugedeckt etwa 15 Minuten dünsten*, bis sie weich sind.

Die Möhren dann in ein Sieb abgießen, gut abtropfen lassen und im Mixer oder mit dem Pürierstab pürieren. Mit dem Mascarpone verrühren. Mit dem Zitronensaft abschmecken.

Die Apfelhälfte schälen, vom Kernhaus befreien und auf der Rohkostreibe grob reiben. Den geriebenen Apfel unter die Mascarponecreme rühren. Die Möhren-Mascarpone-Creme bis zum Servieren in den Kühlschrank stellen.

Bananen-Schoko-Creme

Für Gäste

Zutaten für 3 Personen
1 reife Banane
1 Eßlöffel Zitronensaft
60 g Speisequark (20 % Fett i. Tr.)
25 g Pistazienkerne (etwa 3 Eßlöffel)
1 Eßlöffel Kakaopulver

Pro Portion: 520 kJ/ 120 kcal
5 g E · 5 g F · 12 g Kh
Zubereitungszeit: 20 Minuten

Die Banane schälen, dann sofort zusammen mit dem Zitronensaft und dem Quark im Mixer oder mit dem Pürierstab pürieren.

Einige Pistazienkerne beiseite legen, die übrigen fein hacken.

Eine Hälfte der Bananenmasse mit den gehackten Pistazien, die andere Hälfte mit dem Kakaopulver verrühren.

Die Bananen-Pistazien-Mischung zusammen mit der Bananen-Kakao-Mischung in eine Schüssel geben, nur ganz leicht vermischen und dadurch marmorieren. Mit den beiseitegelegten Pistazien bestreuen und servieren.

Nuß-Rosinen-Creme

Raffiniert

Zutaten für 3 Personen
50 g kernlose Rosinen
3–4 Eßlöffel Orangensaft
50 g Haselnußkerne
25 g Walnußkerne
1 gehäufter Eßlöffel Pinienkerne
50 g Doppelrahm-Frischkäse

Pro Portion: 1200 kJ/ 290 kcal
6 g E · 22 g F · 15 g Kh
Zubereitungszeit: 30 Minuten

Die Rosinen heiß abwaschen, abtropfen lassen und in dem Orangensaft einweichen.

Haselnuß-, Walnuß- und Pinienkerne in einer trockenen Pfanne einige Minuten unter Rühren rösten. Anschließend fein mahlen. Die Rosinen pürieren*, den Frischkäse unterschlagen. Dann die gemahlenen Nüsse zugeben, rühren, bis eine dickcremige Paste entstanden ist.

Variante:

Weichen Sie statt der Rosinen getrocknete Pflaumen in Wasser ein und pürieren Sie sie. Rösten Sie 75 g Walnußkerne und mahlen Sie sie anschließend fein. Pflaumenmus und gemahlene Nüsse mit dem Frischkäse verrühren und mit etwas Zimt würzen.

Kräuterquark aus Kärnten

Gelingt leicht

Zutaten für 2 Personen
125 g Quark (20 % Fett i. Tr.)
25 g weiche Butter
1 Teelöffel saure Sahne
1/2 kleine Zwiebel (etwa 25 g)
1/2 Knoblauchzehe
1/2 Bund gemischte frische Kräuter (z. B. Petersilie, Dill, Kerbel, Estragon, Minze und Kresse)
1 Messerspitze gemahlener Kümmel
Salz
schwarzer Pfeffer, frisch gemahlen

Pro Portion: 760 kJ/ 180 kcal
9 g E · 14 g F · 5 g Kh
Zubereitungszeit: 15 Minuten

Den Quark mit der Butter und der sauren Sahne in einer Schüssel verrühren.

Die Zwiebel fein hacken und hinzufügen. Die halbe Knoblauchzehe durch die Presse dazudrücken.

Die Kräuter waschen, trockenschwenken, von den groben Stielen befreien, fein hacken und unterrühren.

Den Kräutertopfen mit dem Kümmel, Salz und Pfeffer pikant abschmecken. Er paßt zu Vollkornbrot oder Bauernbrot.

Waldviertler Erdäpfelkas

Preiswert

Zutaten für 2 Personen
100 g mehligkochende Erdäpfel (Kartoffeln)
Salz
1 kleines Ei
25 g weiche Butter
1/2 Teelöffel scharfer Senf
1/2 kleine Zwiebel (etwa 25 g)
1/2 Sardellenfilet (aus der Dose)
1/2 kleine Gewürzgurke
1/2 Bund Schnittlauch
1/2 Teelöffel edelsüßes Paprikapulver
gemahlener Kümmel
1 Eßlöffel saure Sahne (eventuell)

Pro Portion: 730 kJ/ 170 kcal
5 g E · 13 g F · 10 g Kh
Zubereitungszeit: 50 Minuten

Die Erdäpfel gründlich waschen und ungeschält in leicht gesalzenem Wasser in etwa 25 Minuten weich kochen. Das Ei in 10 Minuten hart kochen, dann mit kaltem Wasser abschrecken*.

Die Butter mit dem Senf in einer Schüssel verrühren. Die Zwiebel schälen. Das Sardellenfilet abtropfen lassen. Die Zwiebel, das Sardellenfilet und die Gewürzgurke fein hacken und zur Butter geben.

Das Ei pellen, das Eiweiß abtrennen, fein hacken und unterrühren. Das Eigelb durch ein Sieb dazustreichen. Den Schnittlauch waschen, trockenschwenken, in feine Röllchen schneiden und zum Garnieren beiseite legen.

Die Kartoffeln abgießen, auskühlen lassen, pellen und durch die Presse zu der Buttermischung drücken. Alles gut verrühren und mit dem Paprikapulver, etwas Kümmel und Salz pikant würzen. Eventuell noch die saure Sahne unterrühren, damit die Masse gut streichfähig wird.

Den Erdäpfelkas mit den Schnittlauchröllchen bestreut servieren. Der Aufstrich paßt gut zu kräftigen dunklen Brotsorten.

Tip!

Wenn Sie die Mengen vervielfachen, eignet sich dieser schmackhafte Aufstrich sehr gut zur Bewirtung einer größeren Gruppe. Reichen Sie dazu eine große Auswahl an herzhaften Broten und Brötchen und verschiedene Salate, etwa Tomatensalat und bunt gemischte Blattsalate, oder auch eine Platte mit rohen Gemüsestiften.

Omelett mit Frühstücksspeck

Deftig

Zutaten für 2 Personen
Für die Bratkartoffeln:
250 g festkochende Kartoffeln
6 Scheiben Frühstücksspeck
1 kleine Zwiebel
einige Stengel Petersilie
1 Eßlöffel neutrales Öl
1 Eßlöffel Butter
Salz · Pfeffer
Für die Omeletts:
4 Eier
1 Eßlöffel Wasser
Salz · Pfeffer
2 Eßlöffel Butter

Pro Portion: 2600 kJ/ 615 kcal
30 g E · 47 g F · 18 g Kh
Zubereitungszeit: 35 Minuten
Kochzeit: 30 Minuten

Die Kartoffeln in Salzwasser etwa 30 Minuten kochen. Abgießen, etwas abkühlen lassen und pellen.

Den Backofen auf 70° vorheizen. Eine schwere Pfanne erhitzen und den Speck darin ohne Fettzugabe kroß braten. Die Speckscheiben kurz auf Küchenpapier legen und dann im Ofen warmhalten.

Die Kartoffeln in 1/2 cm dicke Scheiben schneiden. Die Zwiebel schälen und fein würfeln. Die Petersilie waschen und fein hacken. Das Öl zu dem Speckfett in die Pfanne geben und erhitzen. Die Kartoffeln mit den Zwiebelwürfeln gut vermischen und in der Pfanne bei mittlerer Hitze goldbraun braten, dabei ab und zu wenden. Zum Schluß Butter und Petersilie untermischen. Mit Salz und Pfeffer würzen. Im Backofen warmhalten.

Für die Omeletts die Eier mit dem Wasser gut verquirlen, salzen und pfeffern. In einer zweiten, möglichst beschichteten Pfanne mit Deckel 1 Eßlöffel Butter erhitzen. Die Hälfte der Eimasse in die Pfanne geben und bei milder Hitze zugedeckt etwa 3–4 Minuten stocken lassen; sie sollte oben noch cremig-flüssig sein. Das Omelett zusammenklappen, auf einen Teller geben und ebenfalls im Backofen warmhalten. Das zweite Omelett genauso backen. Bratkartoffeln und Speck zu den Omeletts geben. Heiß servieren.

Rühreier

Gelingt leicht

Zutaten für 2 Personen
4 Eier · Salz
Pfeffer, frisch gemahlen
1 Eßlöffel Butter

Pro Portion: 820 kJ/ 195 kcal
14 g E · 15 g F · 1 g Kh
Zubereitungszeit: 10 Minuten

Die Eier in einer Rührschüssel aufschlagen und kräftig mit dem Schneebesen verquirlen. Eigelbe und Eiweiße sollen gut gemischt sein. Mit Salz und Pfeffer würzen.

Die Butter in einer Pfanne erhitzen, aber nicht braun werden lassen. Die Eier hineingeben und bei schwacher Hitze stocken lassen. Ab und zu mit einem Pfannenwender vorsichtig umrühren, die Eier sollen aber nicht zerrupft, sondern lediglich umgeklappt werden.

Die Rühreier sind fertig, sobald sie gestockt, jedoch noch cremig und glänzend sind. Dann sofort aus der Pfanne nehmen und servieren. Zu lange gegart, werden die Eier stumpf und schmecken trocken und hart.

Varianten:

Rühreier lassen sich in zahllosen Varianten zubereiten, angefangen bei den Würzzutaten: Frischer Knoblauch, 1 Prise Paprikapulver, Curry oder Muskat geben den Eiern gleich eine andere Note. Gut machen sich auch Käsewürfel, gebräunte Zwiebel, oder Kräuter im Rührei. Die Zutaten zu den Eiern in die Pfanne streuen und mitgaren. Mit Streifen von geräucherter Forelle oder Räucherlachs wird aus dem Rührei eine besondere Delikatesse.

Das ist so richtig zum Sattessen: Omelett mit Frühstücksspeck, das in Amerika gerne mit Bratkartoffeln, sogenannten »Hush Browns« serviert wird.

Coca-Cola

Salate & Vorspeisen

Blattsalate auf leichte Art zubereitet, Salate mit gehaltvollen Zutaten wie Fleisch, Fisch oder Käse – in der Studentenküche sind beide beliebt. Sie stillen den Appetit auf Frisches, machen satt und sind gesund.

Salate sind Favoriten der schnellen Küche und kleiner Haushaltsbudgets, abwechslungsreich und unkompliziert in der Zubereitung.

Mit raffinierten Saucen und Dressings, frischen Kräutern und Beigaben wie Kapern, Oliven, Schinkenwürfeln oder Brotcroûtons läßt sich jeder Salat kulinarisch in Höchstform bringen – auch für Gäste.

Für Abwechslung ist gesorgt

Keine Frage, Salate sind gesund und bieten immer neue Variations- und Kombinationsmöglichkeiten mit unterschiedlichen Beigaben und verschiedenen Saucen. Halten Sie sich an Gemüse der Saison, da diese preiswert sind. So eignen sich zum Beispiel Karotten, Rote Beten, Chicoree, Sellerie, Feldsalat, Endivie, Weiß- und Rotkohl im Winter und Frühjahr, Tomaten, Gurken, Paprika, Zucchini, grüne Bohnen und junge Kohlrabi im Sommer und Herbst.

Für Genuß und Wohlbefinden

Erfrischende Blattsalate sind als Vorspeise oder als kleine Mahlzeit zwischendurch ideal. Salate aus gekochtem oder rohem Gemüse, oder mit Zutaten wie Nudeln, Fisch, Pilzen, Käse oder Geflügelfleisch lassen sich gut vorbereiten und eignen sich auch für eine sättigende Hauptmahlzeit. Stellen Sie für Gäste einige Vorspeisen und Salate zu einem kleinen bunten Buffet zusammen. Dazu gibt es knuspriges Baguette und leichten Landwein.
Übrigens liefert Ihnen ein frischer Salat alle wichtigen Vitamine und Nährstoffe, die Körper und Kopf benötigen, um den Tag über fit zu bleiben. Durch reichlich Ballaststoffe fallen bei Blatt- und Gemüsesalaten die Kalorien kaum ins Gewicht, vorausgesetzt, Sie gehen sparsam mit Öl oder Sahne um. Planen Sie jeweils zum Mittag oder Abend eine große Salatportion ein, abends allerdings mit leicht verdaulichen Zutaten aus Blattsalaten oder gekochtem Gemüse, damit Sie ruhig und entspannt schlafen können. Denn nachts arbeitet die Verdauung auf Sparflamme.

Öle sind nur begrenzt haltbar. Deshalb von wertvollen kaltgepreßten Ölen wie Walnuß und Distel nur kleine Mengen kaufen.

Blattsalate vorbereiten

Bei den grünen Salaten gibt es vielerlei Sorten, die eines gemeinsam haben: Sie sollten ganz frisch zubereitet werden. Liegen sie nur einen Tag, werden sie schlaff und verlieren einen Großteil ihrer Vitamine. Eine Ausnahme bildet der robuste Eisbergsalat, der verpackt im Gemüsefach des Kühlschrankes ein bis drei Tage frisch bleibt. Singles ist ein Salatkopf für eine Mahlzeit oft zu viel. Zeitsparend: Die andere Hälfte mitwaschen und feucht im Folienbeutel im Kühlschrank für die nächste Mahlzeit aufheben.

Zum Putzen und Waschen

- Bei Salatköpfen die Strünke abschneiden und äußere harte, welke oder beschädigte Blätter entfernen. Die übrigen Blätter ablösen, unzerkleinert in einer Schüssel mit reichlich Wasser mehrmals sanft unter der Brause waschen. Bei Ungeziefer in das Waschwasser 1 Eßlöffel Salz rühren und die Blätter darin 10 Minuten stehen lassen, dann wie gewohnt waschen.
- Den Salat in ein Sieb legen und das Wasser gründlich abschütteln, oder in einer Salatschleuder entfernen, damit die Sauce oder das Dressing nicht verwässern.
- Die Salatblätter in mundgerechter Größe auseinander zupfen

und erst kurz vor dem Servieren – besser noch bei Tisch – die Sauce oder das Dressing untermischen.

- Um bei Chicoree oder Radicchio die Bitterstoffe zu mildern, die abgelösten Blätter zuerst 10 Minuten in lauwarmes Wasser legen. Dann den Salat noch einmal kalt waschen.

Tips für Rohkost und Gemüsesalate

Auch für Gemüse gilt, je frischer gekauft und zubereitet, desto vitaminreicher sind sie. Wichtig bei der Zubereitung:

- Gemüse zuerst waschen, dann putzen oder schälen.
- Für Rohkost das Gemüse erst kurz vor der Mahlzeit zerkleinern und die Sauce untermischen.
- Gemüse, das gegart werden soll, in einem Siebeinsatz schonend und so kurz wie möglich dämpfen, oder in wenig Wasser dünsten, oder nur blanchieren, wie zum Beispiel streifig geschnittenen Kohl.

Helfer für die Zubereitung

Wer eine gut ausgestattete Küchenmaschine mit den verschiedenen Reibe- und Raspelscheiben besitzt, kann sie für die Salatzubereitung vielseitig einsetzen. Geht es allerdings nur um kleine Portionen, machen einfache Hobel, Raspel oder Reiben mehr Sinn, denn sie sind schneller abgespült.
Sparschäler sind nicht nur zum Schälen da, damit lassen sich auch Möhren oder Zucchini und anderes Gemüse in schmale Streifen schneiden – neue Formen machen Salate immer wieder interessant.

Leckere Salatsaucen

Eine feine Vinaigrette oder ein sahniges Dressing – ohne sie wäre ein Salat langweilig. Sorgen Sie dafür, daß immer ein gutes, kaltgepreßtes Öl im Hause ist.
Ob ein aromatisches Oliven-, Walnuß- oder Kürbiskernöl, Distel- oder Erdnußöl, Traubenkern- oder ein eher neutrales Sonnenblumen- oder Maiskeimöl, sie werten jeden Salat kulinarisch auf. Sie sorgen auch dafür, daß das fettlösliche Vitamin A – zum Beispiel in Möhren enthalten – vom Körper aufgeschlüsselt und aufgenommen werden kann. Bewahren Sie die wertvollen Öle kühl, doch nicht im Kühlschrank auf, und vor allem auch dunkel, dann behalten sie ihre Aromen und wertvollen Inhaltsstoffe.
Für die Salatsaucen milden Essig oder Zitronensaft verwenden. Wählen Sie einen guten Rot- oder Weißweinessig mit 5 bis 6 Prozent Säure. Sherry- oder Champagneressig sind ebenfalls zu empfehlen, wie auch der süßliche Aceto Balsamico aus der italienischen Stadt Modena. Dieser dunkle, sehr aromatische Essig schmeckt besonders gut zu Tomaten und Feldsalat.
Für ein sahniges Dressing können Joghurt oder Dickmilch, süße Sahne, Sauerrahm oder Crème fraîche verwendet werden.

Vinaigrette-Grundrezept
Für 2 bis 3 Portionen Salat gibt man 1 bis 1 1/2 Eßlöffel Weinessig, eine gute Prise Meersalz, etwas frisch gemahlenen Pfeffer

und 2 bis 3 Eßlöffel Olivenöl in ein Schüsselchen und verrührt sie mit dem Schneebesen, bis sich die Zutaten zu einer cremigen Sauce verbinden.

Grundrezept für sahniges Dressing
Für 2 bis 3 Portionen Salat werden 3 bis 4 Eßlöffel Vollmilchjoghurt, süße oder saure Sahne oder 3 Eßlöffel Crème fraîche mit 1 Eßlöffel kaltgepreßtem Öl, Salz, 1 Prise Zucker, frisch gemahlenem Pfeffer und nach Geschmack mit wenig Zitronensaft cremig verrührt.

Blattsalate mit Croûtons

Gelingt leicht

Zutaten für 2 Personen
6 Blätter Eichblattsalat
1/2 Bund Rucola
1 Handvoll Feldsalat
einige Blätter Radicchio
1/2 Bund Schnittlauch
einige Stengel Basilikum
Für Vinaigrette und Croûtons:
1 Eßlöffel Aceto Balsamico
Salz · weißer Pfeffer
1 Messerspitze scharfer Senf
3 Eßlöffel Olivenöl
1 1/2 Scheiben Toastbrot
1 Knoblauchzehe

Pro Portion: 890 kJ/ 210 kcal
2 g E · 18 g F · 11 g Kh
Zubereitungszeit: 30 Minuten

Von allen Salaten die einzelnen Blätter verlesen, gründlich kalt waschen (Feldsalat eventuell mehrmals) und gut trockenschwenken.

Die Kräuter waschen, den Schnittlauch in feine Röllchen schneiden, vom Basilikum die Blättchen abzupfen, große halbieren, kleine ganz lassen.

Salate und Kräuter in einer Schüssel mischen.

Für die Vinaigrette den Essig mit Salz, Pfeffer und dem Senf gut verrühren. 2 Eßlöffel Öl nach und nach gründlich unterschlagen.

Für die Croûtons das Toastbrot in 1 cm große Würfel schneiden. Die Knoblauchzehe schälen.

Das restliche Öl in einer Pfanne erhitzen. Die Brotwürfel darin bei mittlerer Hitze unter Rühren rundherum knusprig braten. Ganz zum Schluß den Knoblauch durch die Presse dazudrücken und gründlich untermischen. Die Pfanne vom Herd ziehen.

Blattsalate und Kräuter mit der Vinaigrette mischen, auf Teller verteilen und mit den Croûtons bestreuen.

Varianten:

Löwenzahnsalat mit Speck

100 g Löwenzahn waschen, trockenschütteln und in Stücke zupfen. 1/2 Teelöffel scharfen Senf mit 1 Teelöffel Apfelessig, Salz und Pfeffer verrühren. 1 Eßlöffel Distelöl unterschlagen. 50 g durchwachsenen Räucherspeck ohne Schwarte in kleine Würfel schneiden und in einer Pfanne bei mittlerer Hitze unter Rühren in 5 Minuten knusprig braten. Die Salatsauce in die Pfanne schütten. Den Salat in einer Schüssel mit der Salatsauce mischen und sofort servieren.

Blattsalat mit Tomaten und Blüten

1/2 Kopfsalat vorbereiten. 1 Tomate waschen und würfeln. 1 1/2 Eßlöffel Zitronensaft mit 1 Prise Zucker, Salz und Pfeffer verrühren. 3 Eßlöffel Olivenöl unterschlagen. Eventuell Blüten von Borretsch und Kapuzinerkresse vorsichtig waschen und abtropfen lassen. Den Salat mit der Vinaigrette mischen und mit den Blüten garniert servieren.

Blattsalat mit Käsesauce

1/2 Kopfsalat vorbereiten. 1 Tomate waschen, würfeln. 25 g Roquefort mit einer Gabel zerdrücken, mit 2 1/2 Eßlöffeln Sahne, 1 Teelöffel Zitronensaft und Pfeffer verrühren. 1 Eßlöffel Distelöl untermengen. Mit dem Salat mischen, mit Schnittlauchröllchen bestreuen.

Blattsalate mit Croûtons sind ein gesunder, leichter Imbiß oder eine optisch ansprechende Vorspeise, wenn Gäste zu bewirten sind.

Gurkensalat mit Dill

Preiswert

Zutaten für 2 Personen
1/2 große Salatgurke
1 Bund Dill
1/2 Zwiebel
75 g saure Sahne
1 Eßlöffel Walnußöl
1–2 Eßlöffel Weißweinessig
Salz
Pfeffer
1 Prise Zucker
25 g Walnußkerne

Pro Portion: 810 kJ/ 190 kcal
4 g E · 17 g F · 10 g Kh
Zubereitungszeit: 15 Minuten

Die halbe Gurke nach Belieben waschen oder schälen und in dünnen Scheiben in eine Schüssel hobeln.

Den Dill abbrausen und fein hacken. Die halbe Zwiebel schälen und ebenfalls fein hacken. Mit dem Dill zu der Gurke geben.

Die saure Sahne mit dem Walnußöl, dem Essig, Salz, Pfeffer und Zucker verrühren. Die Salatsauce über die Gurke gießen und gut durchmischen.

Die Walnüsse grob hacken und auf den Gurkensalat streuen.

Gurkensalat mit Erdbeeren

Gelingt leicht

Zutaten für 2 Personen
1/2 große Salatgurke
1/2 Bund Minze
100 g Erdbeeren
2 Eßlöffel Sonnenblumenöl
2–3 Eßlöffel Zitronensaft
1 Teelöffel Honig
Salz · Pfeffer
1 Prise Cayennepfeffer

Pro Portion: 560 kJ/ 130 kcal
4 g E · 11 g F · 10 g Kh
Zubereitungszeit: 20 Minuten

Die Gurke schälen, längs halbieren und die Kerne mit einem Löffel herausschaben. Die Gurkenhälften in Scheiben schneiden. Die Minze abbrausen, kleine Blättchen ganz lassen, größere in feine Streifen schneiden.

Die Erdbeeren waschen, entkelchen und je nach Größe halbieren oder vierteln. Zusammen mit der Gurke in eine Schüssel füllen.

Das Sonnenblumenöl mit dem Zitronensaft und dem Honig zu einer cremigen Sauce rühren. Mit Salz, Pfeffer und Cayennepfeffer kräftig würzen.

Die Minzestreifen in die Sauce streuen, diese mit den Salatzutaten mischen. Den Salat kurz ziehen lassen, dann mit den Minzeblättchen garnieren.

Gurken-Möhren-Salat mit Sesam

Für Gäste

Zutaten für 2 Personen
1/2 Salatgurke
100 g Möhren
1 Kästchen Kresse
75 g Vollmilchjoghurt
1 Eßlöffel geröstetes Sesamöl
2 Eßlöffel Zitronensaft
1/2 Knoblauchzehe
1/2 Teelöffel gemahlener Kreuzkümmel
Salz · Pfeffer
1–2 Eßlöffel Sesamsamen

Pro Portion: 700 kJ/ 170 kcal
5 g E · 12 g F · 12 g Kh
Zubereitungszeit: 25 Minuten

Die Gurke waschen, nach Belieben schälen, längs vierteln und in kleine Stücke schneiden. In eine Schüssel füllen. Die Möhren schälen und auf einer Gemüsereibe grob dazu raspeln. Die Kresse abbrausen, mit einer Küchenschere über der Schüssel schneiden.

Joghurt und Sesamöl in eine Schüssel geben. Die halbe Knoblauchzehe dazupressen. Mit dem Kreuzkümmel, Salz und Pfeffer kräftig würzen und über die Salatzutaten gießen. Gut mischen und 10 Minuten ziehen lassen.

Den Sesam in einer beschichteten Pfanne ohne Fett unter Rühren goldbraun rösten. Vor dem Servieren über den Salat streuen.

Einfacher Kartoffelsalat

Preiswert

Zutaten für 2 Personen
1/2 kg vorwiegend festkochende Kartoffeln
1 Teelöffel Kümmelsamen
125 ml Gemüsebrühe (Instant)
3 Eßlöffel Weißweinessig
Salz · Pfeffer
1/2 Bund Frühlingszwiebeln
1 Teelöffel mittelscharfer Senf
3 Eßlöffel Öl

Pro Portion: 1500 kJ/ 350 kcal
6 g E · 21 g F · 36 g Kh
Zubereitungszeit: 1 Stunde
Marinierzeit: 30 Minuten

Die Kartoffeln waschen, in einen Topf füllen und den Kümmel dazugeben. Knapp mit Wasser bedecken und zugedeckt 25–30 Minuten garen. Dann die Kartoffeln abgießen, pellen und über einer Schüssel in dünne Scheiben schneiden.

Die Gemüsebrühe mit 2 Eßlöffeln Weißweinessig aufkochen lassen. Mit Salz und Pfeffer kräftig würzen. Über die warmen Kartoffeln gießen und vorsichtig mischen, so daß die Scheiben möglichst ganz bleiben. Zugedeckt 30 Minuten durchziehen lassen.

Inzwischen die Frühlingszwiebeln putzen, waschen, in sehr feine Ringe schneiden und bis auf 2 Eßlöffel zu den Kartoffeln geben.

Den restlichen Essig mit Senf, Salz, Pfeffer und dem Öl mit einem kleinen Schneebesen verrühren. Die Sauce über die Kartoffeln gießen und nochmals mischen. Den Kartoffelsalat abschmecken und, falls nötig, nachwürzen. Mit den restlichen Frühlingszwiebeln bestreuen.

Herzhafter Kartoffelsalat

Für Gäste

Zutaten für 2 Personen
1/2 kg vorwiegend festkochende Kartoffeln
1/2 Teelöffel Kümmelsamen
40 g Speck
1 kleine Zwiebel
2 kleine Gewürzgurken (aus dem Glas)
2 Eßlöffel neutrales Öl
125 ml Fleischbrühe (Instant)
1 Teelöffel scharfer Senf
1–2 Eßlöffel Essig
1/2 Teelöffel Zucker
Pfeffer, frisch gemahlen
Salz
1–2 Eßlöffel Gewürzgurken-Sud (aus dem Glas)
Zum Garnieren:
1/2 Bund Schnittlauch
1 kleine Tomate
1 hartgekochtes Ei

Pro Portion: 1700 kJ/ 410 kcal
10 g E · 24 g F · 40 g Kh
Zubereitungszeit: 1 Stunde
Ruhezeit: 1 Stunde

Die Kartoffeln waschen. In einen Topf geben, mit Wasser bedecken und den Kümmel dazugeben. Die Kartoffeln in etwa 20 Minuten weich kochen. Das Wasser abgießen, die Kartoffeln ausdampfen lassen.

Den Speck in kleine Würfel schneiden. Die Zwiebel schälen und klein würfeln. Die Gurken in kleine Scheiben schneiden. 1 Eßlöffel Öl erhitzen. Den Speck darin knusprig braun braten.

Die etwas abgekühlten Kartoffeln pellen und in dünne Scheiben schneiden.

Die Brühe erhitzen, mit dem restlichen Öl, Senf, Essig, Zucker, Pfeffer und 2 Prisen Salz verquirlen. Zwiebeln, Gurken und Gurken-Sud, Kartoffeln und Speck gut untermischen. Den Kartoffelsalat zugedeckt mindestens 1 Stunde durchziehen lassen.

Den Schnittlauch waschen, trockenschütteln, in Röllchen schneiden. Die Tomate waschen und achteln, dabei den Stielansatz entfernen. Das Ei pellen und in Scheiben schneiden. Den Salat damit garnieren. Mit dem Schnittlauch bestreuen und als Beilage zu Würstchen, Frikadellen oder gegrilltem Fleisch servieren.

Bauernsalat

Berühmtes Rezept

Zutaten für 2 Personen
1/2 Salatgurke
1/2 grüne Paprikaschote
250 g Tomaten
1/2 rote Zwiebel
125 g griechischer Schafkäse
50 g schwarze Oliven
2 Eßlöffel Weißweinessig
3 Eßlöffel Olivenöl
Salz
Pfeffer
1 Teelöffel frisch gehackter Oregano (oder 1/4 Teelöffel getrockneter)

Pro Portion: 1800 kJ/ 430 kcal
11 g E · 37 g F · 17 g Kh
Zubereitungszeit: 25 Minuten

Die halbe Gurke schälen, längs halbieren und die Kerne mit einem Löffel herausschaben. Die Gurke in etwa 1 cm breite Stücke schneiden. Die halbe Paprikaschote putzen, waschen und in Ringe schneiden. Die Tomaten waschen und achteln, dabei die Stielansätze entfernen.

Die halbe Zwiebel schälen und quer in feine Scheiben schneiden. Alle Zutaten in eine große Schüssel füllen. Den Schafkäse würfeln oder zwischen den Fingern über der Schüssel zerbröckeln. Die Oliven dazugeben.

Den Weißweinessig, das Olivenöl, Salz und Pfeffer mit dem Schneebesen zu einer cremigen Sauce schlagen. Zuletzt den Oregano unterrühren.

Die Sauce über die Salatzutaten gießen und mischen. Als Beilage paßt Weißbrot und als Getränk Retsina.

Italienischer Brotsalat

Raffiniert

Zutaten für 2 Personen
125 g Toskanabrot (oder Kastenweißbrot) ohne Rinde
3 Eßlöffel Olivenöl
2 Teelöffel Rotweinessig
1 Eßlöffel Aceto balsamico
300 g Tomaten
1/2 Zwiebel
1 Knoblauchzehe
1 Eßlöffel Kapern
Salz · Pfeffer
1 Bund Basilikum

Pro Portion: 1600 kJ/ 390 kcal
7 g E · 23 g F · 41 g Kh
Zubereitungszeit: 40 Minuten

Das Weißbrot in Scheiben, dann in 2 cm große Würfel schneiden. In einer beschichteten Pfanne 1 Eßlöffel Olivenöl erhitzen und die Würfel darin bei mittlerer Hitze goldbraun braten, in eine Schüssel füllen. 1 Teelöffel Rotweinessig, den Balsamico und 2 Eßlöffel Wasser verrühren, über das Brot träufeln und zugedeckt 15 Minuten ziehen lassen.

Die Tomaten waschen, erst in Scheiben, dann ohne die Stielansätze in kleine Würfel schneiden und in eine Schüssel füllen. Die halbe Zwiebel schälen, fein hacken. Den Knoblauch schälen und dazupressen. Zwiebeln und Kapern untermischen.

Den restlichen Rotweinessig, Salz, Pfeffer und das übrige Olivenöl zu einer cremigen Sauce verrühren. Das Basilikum waschen, die Blättchen grob hacken und untermischen.

Die marinierten* Brotwürfel zum Gemüse geben, die Salatsauce darüber gießen, alles gut mischen und nochmals kurz durchziehen lassen. Vor dem Servieren mit Salz und Pfeffer abschmecken.

Tip!

Diese Spezialität aus der Toskana schmeckt gekühlt am besten. Ursprünglich als Vorspeise gereicht, kann der Brotsalat an heißen Sommertagen zusammen mit Weißbrot auch als leichtes Hauptgericht serviert werden.

Im Bild vorne: Bauernsalat
Im Bild hinten: Pazanella

Caesar's Salad

Aus Amerika

Zutaten für 2 Personen
1/2 Kopf Romanasalat
1 Knoblauchzehe
1 Sardellenfilet nach Belieben
1 sehr frisches Eigelb
4 Eßlöffel Olivenöl
1–2 Eßlöffel Zitronensaft
30 g Parmesan, frisch gerieben
Salz
Pfeffer
1 1/2 Scheiben Toastbrot
gut 1 Eßlöffel Butter

Pro Portion: 2100 kJ/ 490 kcal
12 g E · 44 g F · 15 g Kh
Zubereitungszeit: 30 Minuten

Den Salat putzen, zerteilen, waschen und in einem Sieb gut abtropfen lassen. Große Blätter zerpflücken.

Den Knoblauch schälen. Gegebenenfalls das Sardellenfilet fein hacken. Das Eigelb in einer Rührschüssel mit dem Schneebesen des Handrührers verquirlen, dabei nach und nach das Öl unterrühren, quirlen bis die Sauce leicht cremig wird. Den Zitronensaft unterrühren. 1/2 Knoblauchzehe hineinpressen, die Sardelle nach Belieben und die Hälfte Parmesan unterrühren. Die Sauce mit Salz, Pfeffer und Zitronensaft abschmecken.

Den Salat in eine Schüssel füllen. Die Salatsauce darüber gießen und gut mischen. Dann auf zwei Tellern anrichten.

Das Toastbrot entrinden und klein würfeln. Die Butter in einer Pfanne erhitzen und die Brotwürfel darin bei mittlerer Hitze goldbraun braten. Dabei die zweite halbe Knoblauchzehe darüber pressen. Die Brotwürfel auf den Salat geben, alles mit dem restlichen Parmesan bestreuen und sofort servieren.

Tip!

Wenn Sie gebratene Hühnerbrust oder Schinkenstreifen untermischen, ist der Salat eine leichte Mahlzeit, die in Amerika gerne als Lunch gegessen wird.

Salade Niçoise

Aus Frankreich

Zutaten für 2 Personen
1 Ei
Salz
75 g Prinzeßbohnen
125 g Tomaten
1/2 kleiner Kopfsalat
1/2 Dose Thunfisch naturell (150 g Inhalt)
2 Sardellenfilets
1/4 Salatgurke
50 g schwarze Oliven
2 Eßlöffel Weißweinessig
1/2 Teelöffel scharfer Senf
Pfeffer
3 Eßlöffel Olivenöl

Pro Portion: 1400 kJ/ 330 kcal
15 g E · 25 g F · 11 g Kh
Zubereitungszeit: 30 Minuten

Das Ei in 10 Minuten hart kochen, eiskalt abschrecken und pellen.

Inzwischen etwa 1/2 l Salzwasser aufkochen lassen. Die Bohnen putzen, in etwa 3 cm lange Stücke schneiden und im kochenden Wasser in etwa 10 Minuten bißfest* kochen. In einem Sieb eiskalt abschrecken und gut abtropfen lassen.

Die Tomaten waschen, vierteln oder achteln und dabei die Stielansätze entfernen. Den Kopfsalat putzen, waschen, gut abtropfen lassen und zerpflücken. Den Thunfisch in einem kleinen Sieb abtropfen lassen und zerpflücken. Die Sardellenfilets kalt abbrausen, trockentupfen und halbieren. Das Gurkenstück waschen und in Scheiben schneiden.

Die Bohnen, die Tomaten, die Gurke, den Thunfisch, die Sardellen und die Oliven in einer großen Schüssel locker vermengen.

Aus Essig, Senf, Salz, Pfeffer und Olivenöl eine cremige Salatsauce rühren, über die Zutaten gießen und alles mischen. Eine Salatschüssel oder zwei Portionsschüsseln mit den Salatblättern auslegen und den Salat darin anrichten. Das Ei vierteln und den Salat damit garnieren.

Schichtsalat

Gelingt leicht

Zutaten für 6 Personen
3 Eier
1 Dose Mais
1 kleines Glas Sellerie in Streifen
1 Dose Ananasstücke
3 säuerliche Äpfel
2 kleine Stangen Lauch
100 g gekochter Schinken
1 kleines Glas Salatcreme

Pro Portion: 770 kJ/ 185 kcal
8 g E · 8 g F · 20 g Kh
Zubereitungszeit: 15 Minuten

Die Eier anstechen, in lauwarmes Wasser legen und zum Kochen bringen. Die Eier in 10 Minuten hart kochen.

In der Zwischenzeit Mais, Sellerie und Ananas getrennt gut abtropfen lassen.

Die Eier mit kaltem Wasser abschrecken, pellen und auskühlen lassen. Den Apfel gründlich waschen, vierteln, entkernen und würfeln. Den Lauch putzen, in feine Ringe schneiden und waschen. Den Schinken und die Eier ebenfalls würfeln.

Alle Zutaten in dieser Reihenfolge in eine Schüssel schichten: Sellerie, Äpfel, Mais, Schinken, Ananas und Eier. Als Abschluß die Salatcreme darüber streichen. Mit den Lauchringen bestreuen. Den Salat 3–4 Stunden durchziehen lassen.

Thunfischsalat mit weißen Bohnen

Gelingt leicht

Zutaten für 2 Personen
2 Dosen Thunfisch naturell
(120 g Abtropfgewicht)
1 Dose weiße Bohnen
(255 g Abtropfgewicht)
1 Zwiebel
2 Eßlöffel Rotweinessig
Salz
schwarzer Pfeffer, frisch gemahlen
1 Teelöffel Kräutersenf
2 Eßlöffel Olivenöl
50 g schwarze entsteinte Oliven

Pro Portion: 3200 kJ/ 760 kcal
50 g E · 45 g F · 27 g Kh
Zubereitungszeit: 10 Minuten

Den Thunfisch aus der Dose nehmen, in ein Sieb geben und abtropfen lassen. Die Bohnen ebenfalls in ein Sieb schütten und abtropfen lassen.

Die Zwiebeln schälen und fein hacken. Den Thunfisch mit zwei Gabeln zerpflücken.

Mit einem Schneebesen in einer großen Schüssel den Essig mit Salz, Pfeffer und dem Senf gründlich verrühren. Dann das Öl kräftig unterschlagen. Die Zwiebel, die weißen Bohnen, den Thunfisch und die Oliven dazugeben und alles gut miteinander vermischen.

Tip!

Wenn Sie aus diesem Salat einen vegetarischen Bohnensalat machen wollen, verwenden Sie statt des Thunfischs eine weitere Dose Bohnen und 50 g Schafkäse in Würfeln.

Möhrensalat

Vitaminreich

Zutaten für 2 Personen
300 g Möhren
1 säuerlicher Apfel (z. B. Cox Orange)
1 Eßlöffel Zitronensaft
Salz · Pfeffer
Zucker
2 Eßlöffel Öl
50 g Haselnußblätter

Pro Portion: 1300 kJ/ 305 kcal
5 g E · 24 g F · 19 g Kh
Zubereitungszeit: 15 Minuten

Die Möhren putzen, waschen und mit der Gemüsereibe klein raspeln. Den Apfel waschen, vierteln, entkernen und ebenfalls klein raspeln. Möhren und Äpfel vermengen.

Den Zitronensaft mit Salz, Pfeffer und einer Prise Zucker würzen und das Öl unterschlagen. Das Dressing über den Salat geben und untermengen. Die Haselnußblätter über den Salat streuen. Dazu schmeckt Vollkornbrot.

Paprikasalat mit Pilzen und Salami

Gelingt leicht

Zutaten für 2 Personen
je 1 rote und gelbe Paprikaschote
1 Zwiebel
200 g Salami in 1/2 cm dicken Scheiben
250 g Champignons
4 Eßlöffel Olivenöl
1 Knoblauchzehe
2 Eßlöffel Aceto Balsamico
Salz · Pfeffer
1 Teelöffel frisch gehackter Oregano (oder 1/2 Teelöffel getrockneter)
1 Messerspitze Cayennepfeffer
1 Kästchen Kresse
Salatblätter zum Anrichten nach Belieben

Pro Portion: 1900 kJ/ 440 kcal
11 g E · 30 g F · 16 g Kh
Zubereitungszeit: 25 Minuten

Die Paprikaschoten längs achteln, putzen, waschen und quer in sehr schmale Streifen schneiden. Die Zwiebel schälen, vierteln und ebenfalls in sehr feine Streifen schneiden. Die Salami häuten und klein würfeln. Die Champignons putzen, eventuell kurz abbrausen, in dickere Scheiben schneiden.

1 Eßlöffel Öl in einer Pfanne erhitzen. Die Salamiwürfel darin kräftig anbraten, dann die Champignons dazugeben und 5 Minuten braten. Den Knoblauch schälen und darüber pressen.

Essig, restliches Öl, Salz, Pfeffer und Cayennepfeffer in einer Salatschüssel zu einer cremigen Sauce rühren. Paprikastreifen und Zwiebel dazugeben. Die Kresse abbrausen und die Blättchen mit der Küchenschere über der Schüssel abschneiden. Alles gut mischen.

Die warmen Champignons mit den Salamiwürfeln unter den Salat heben. Nach Belieben zwei Teller mit Salatblättern dekorieren und den Salat darauf anrichten. Dazu schmeckt am besten Bauernbrot und als Getränk Bier.

Hähnchensalat mit Ananas

Für Gäste

Zutaten für 2 Personen
1 Eßlöffel Öl
300 g Hühnerbrustfilets
Salz · Pfeffer
1/2 kleine frische Ananas
75 g Sojasprossen (frisch oder aus dem Glas)
einige Stengel frischer Kerbel
60 g Mayonnaise (80 % Fett)
2 Eßlöffel Joghurt
1–2 Eßlöffel Zitronensaft
1 Messerspitze Cayennepfeffer
1/2 Teelöffel Chinagewürz
1 Prise Zucker
Salatblätter zum Anrichten nach Belieben

Pro Portion: 2300 kJ/ 540 kcal
34 g E · 37 g F · 25 g Kh
Zubereitungszeit: 45 Minuten

Das Öl in einer Pfanne erhitzen und das Fleisch darin beidseitig anbraten. Dann zugedeckt bei mittlerer Hitze in 10 Minuten fertiggaren. Mit Salz und Pfeffer würzen, herausnehmen und abkühlen lassen.

Inzwischen die Ananas großzügig schälen, vierteln und den inneren holzigen Strunk herausschneiden. Die Ananas in kleine Stücke schneiden und in eine Schüssel füllen.

Frische Sojasprossen mit kochendem Wasser überbrühen und wie Sprossen aus dem Glas gut abtropfen lassen. Die Hühnerbrustfilets in mundgerechte Stücke schneiden und mit den Sprossen zur Ananas in die Schüssel geben.

Den Kerbel waschen. Zwei Drittel der Blättchen fein hacken, den Rest beiseite legen.

Die Mayonnaise mit Joghurt, Zitronensaft, Salz, Pfeffer, Cayennepfeffer, Chinagewürz und Zucker verrühren. Den gehackten Kerbel dazugeben. Die Sauce gut mit den Salatzutaten mischen.

Eine Platte nach Belieben mit den Salatblättern auslegen und den Hähnchensalat darauf anrichten. Mit den restlichen Kerbelblättchen bestreuen.

Eine ausgefallene und schmackhafte Kreation ist der Paprikasalat mit Pilzen und Salami.

Glasnudelsalat mit Gemüse

Exotisch

Zutaten für 2 Personen
50 g Glasnudeln
125 g frische Shiitake-Pilze
1 Eßlöffel neutrales Öl
1/2 rote Paprikaschote (etwa 75 g)
75 g Sojasprossen
1/2 Bund Koriander (ersatzweise glatte Petersilie)
1 Stück frischer Ingwer (etwa 1 cm)
1–2 Eßlöffel Sojasauce
1–2 Eßlöffel milder Reisessig (oder Weißweinessig)
1–2 Eßlöffel geröstetes Sesamöl
Salz
Pfeffer

Pro Portion: 2000 kJ/ 470 kcal
15 g E · 19 g F · 72 g Kh
Zubereitungszeit: 45 Minuten

Die Glasnudeln in einer Schüssel mit reichlich kochendem Wasser übergießen und 10 Minuten ziehen lassen. In einem Sieb gut abtropfen lassen und im Sieb mit der Küchenschere kleinschneiden.

Die Shiitake-Pilze putzen und in einem Sieb abbrausen, dabei das Sieb rütteln. Die Pilze in einem Küchentuch trockentupfen und in schmale Streifen schneiden. Das Öl in einer Pfanne erhitzen und die Pilze darin bei mittlerer Hitze rundum 10 Minuten braten*, herausnehmen und abkühlen lassen. Die Paprikahälfte putzen, waschen und klein würfeln. Die Sojasprossen kurz mit kochendem Wasser überbrühen und gut abtropfen lassen. Den Koriander waschen und fein hacken. Zusammen mit der Paprika, den Sprossen, den Glasnudeln und den Shiitake-Pilzen in eine Schüssel füllen.

Den Ingwer schälen und fein hacken. Aus Sojasauce, Essig, Sesamöl, Salz und Pfeffer eine Salatsauce rühren, den Ingwer dazugeben und abschmecken. Die Sauce über die Salatzutaten gießen und alles gut durchmischen.

Tabouleh

Aus dem Libanon

Zutaten für 2 Personen
50 g feiner Bulgur (Reformhaus oder Naturkostladen; ersatzweise Couscousgrieß)
1 Fleischtomate (etwa 250 g)
1/2 Salatgurke
1/2 Bund Frühlingszwiebeln
1/2 Bund glatte Petersilie
1/2 Bund Minze
Saft von 1 großen Zitrone
Salz
Pfeffer
1 Prise gemahlener Kreuzkümmel
3 Eßlöffel Olivenöl

Pro Portion: 1200 kJ/ 290 kcal
8 g E · 17 g F · 33 g Kh
Zubereitungszeit: 55 Minuten

Den Bulgur in einer Schüssel mit 1/4 l lauwarmem Wasser vermischen und 30 Minuten quellen lassen, bis das Wasser völlig aufgesogen ist. Falls nötig, noch etwas Wasser nachgießen.

Inzwischen die Tomate waschen, halbieren, entkernen und die Stielansätze entfernen. Das Fruchtfleisch klein würfeln und in eine Schüssel füllen. Die halbe Gurke schälen, längs halbieren und die Kerne mit einem Löffel herauslösen. Das Fruchtfleisch in kleine Würfel schneiden. Die Frühlingszwiebeln putzen, waschen, in schmale Ringe schneiden und mit den Gurkenwürfeln zur Tomate geben.

Die Petersilie und die Minze waschen und die Blättchen grob hacken. Mit dem Bulgur unter das Gemüse mischen.

Den Zitronensaft mit Salz, Pfeffer, Kreuzkümmel und Olivenöl verrühren. Die Sauce über den Salat gießen, mischen und zugedeckt 15 Minuten durchziehen lassen. Vor dem Servieren nochmals abschmecken und, falls nötig, nachwürzen. Als Beilage paßt warmes Fladenbrot, als Getränk Bier oder Rotwein.

Käsesalat mit Knoblauchnüssen

Gelingt leicht

Zutaten für 2 Personen
2 Stauden Chicorée
200 g Comté oder Emmentaler in 1 cm dicken Scheiben
1 kleine rote Zwiebel
100 g blaue Weintrauben
2 Eßlöffel Weißweinessig
3 Eßlöffel Walnußöl
Salz · Pfeffer
1 Eßlöffel Butter
50 g Walnußkerne
1 Knoblauchzehe

Pro Portion: 3000 kJ/ 720 kcal
32 g E · 58 g F · 23 g Kh
Zubereitungszeit: 30 Minuten

Den Chicorée längs halbieren, den bitteren Kern am Wurzelende herausschneiden. 6 schöne Blätter ablösen und beiseite legen, dann die Stauden quer in 1 cm breite Streifen schneiden. Waschen und in einem Sieb gut abtropfen lassen.

Den Käse in kleine Würfel schneiden. Die Zwiebel schälen und klein würfeln. Mit Käse und Chicorée in eine Schüssel geben.

Den Essig, das Walnußöl, Salz und Pfeffer zu einer cremigen Sauce schlagen. Über die Zutaten gießen und alles gut mischen. Die Chicoréeblätter auf zwei Tellern verteilen und den Salat darauf anrichten.

Die Butter in einer Pfanne erhitzen und die Walnüsse darin schwenken. Den Knoblauch schälen und darüber pressen. Die warmen Knoblauchnüsse auf den Salat streuen.

Variante:

Die Weintrauben können Sie gut durch 1 kleingewürfelte, nicht zu weiche Birne ersetzen und die Nüsse durch knusprige Croûtons, nach Belieben in Knoblauchöl gebraten.

Eichblattsalat mit Ziegenkäse

Für Gäste

Zutaten für 2 Personen
1 kleiner Kopf Eichblattsalat
2 Frühlingszwiebeln
1 kleiner Apfel
1 Eßlöffel Zitronensaft
2 Eßlöffel Apfelessig
3 Eßlöffel Sonnenblumenöl
Salz
schwarzer Pfeffer
1 Teelöffel Honig
1 Eßlöffel Sonnenblumenkerne
4 Scheiben Baguette
1 Knoblauchzehe
100 g Ziegenfrischkäse am Stück

Pro Portion: 2700 kJ/ 640 kcal
22 g E · 41 g F · 47 g Kh
Zubereitungszeit: 25 Minuten

Den Grill oder den Backofen auf 250° vorheizen. Den Salat putzen, waschen, gut abtropfen lassen oder trockenschleudern. Die Frühlingszwiebeln putzen, waschen und in feine Ringe schneiden. Den Apfel waschen, gut abreiben, achteln, vom Kernhaus befreien, klein würfeln und mit Zitronensaft beträufeln.

Aus Apfelessig, Öl, Salz, Pfeffer und Honig eine cremige Salatsauce rühren. Zwiebeln, Apfelwürfel und Sonnenblumenkerne untermischen.

Die Baguettescheiben toasten. Den Knoblauch schälen, die Zehe halbieren und jeweils eine Seite der Toasts mit der Schnittfläche einreiben. Den Ziegenkäse in 8 Scheiben schneiden, auf die Toasts legen und die Brote auf ein Backblech setzen. Unter dem Grill gut 1 Minute oder im Backofen (oben) 2 Minuten gratinieren.

Inzwischen den Salat in der Sauce wenden, auf zwei Tellern verteilen und je 2 Toasts frisch aus dem Ofen darauf setzen. Eventuell mit Pfeffer übermahlen. Als Getränk paßt Apfelcidre.

Tip!

Wenn Sie eine etwas rustikalere Variante dieses Salates bevorzugen, verwenden Sie statt des Ziegenfrischkäses milden, weichen Schafkäse.

Bruschetta

Preiswert

Zutaten für 2 Personen
2 reife, festfleischige Tomaten
2 Knoblauchzehen
einige Basilikumblättchen
Salz
Pfeffer, frisch gemahlen
2 Teelöffel kaltgepreßtes Olivenöl
2 Scheiben kräftiges Bauernbrot
etwas Pecorino

Pro Portion: 820 kJ/ 200 kcal
8 g E · 9 g F · 8 g Kh
Zubereitungszeit: 20 Minuten

Die Stielansätze der Tomaten entfernen. Die Tomaten kurz überbrühen*, häuten, quer halbieren und entkernen. Das Fruchtfleisch klein würfeln und in einem Sieb abtropfen lassen. Dann in eine Schüssel geben.

Die Knoblauchzehen schälen und längs halbieren. Die Basilikumblätter in feine Streifen schneiden, unter die Tomaten mischen. Das Ganze leicht salzen, pfeffern und mit ein paar Tropfen Olivenöl vermischen.

Die Brotscheiben halbieren und von beiden Seiten in einer Pfanne ohne Fett bei mittlerer Hitze oder im Toaster rösten. Anschließend sofort mit den Schnittflächen des Knoblauchs einreiben.

Das restliche Olivenöl auf die Brotscheiben träufeln, die Tomaten darauf verteilen und einen Hauch Pecorino darüber reiben. Die Brote sofort warm servieren.

Variante:

Kräftiger wird der Geschmack, wenn Sie statt Basilikum ein paar feingeschnittene Rucolablätter oder feingehackte schwarze Oliven unter die Tomaten mischen. Sie können die Tomaten auch ganz weglassen und das geröstete Brot nur mit Knoblauch einreiben und mit hocharomatischen Olivenöl beträufeln.

Tomaten-Basilikum-Crostini

Aus der Toskana

Zutaten für 2 Personen
1 kleinere Fleischtomate
1/2 Bund Basilikum
1 Knoblauchzehe
2 Frühlingszwiebeln
1 Teelöffel Kapern
1–2 Eßlöffel Olivenöl
Salz
weißer Pfeffer
2 große Scheiben Weißbrot

Pro Portion: 840 kJ/ 200 kcal
6 g E · 7 g F · 31 g Kh
Zubereitungszeit: 20 Minuten

Die Tomaten waschen, abtrocknen und vom Stielansatz befreien. Die Tomaten in Scheiben schneiden, vier schöne Scheiben beiseite legen, restliche Tomatenscheiben klein würfeln.

Das Basilikum waschen und die Blättchen abzupfen. Den Knoblauch schälen und grob hacken. Die Frühlingszwiebeln putzen, gründlich waschen und mit dem zarten Grün ebenfalls grob zerkleinern.

Die gewürfelten Tomaten mit Basilikum, Knoblauch, Kapern, Frühlingszwiebeln und Öl im Mixer oder mit dem Pürierstab fein pürieren. Mit Salz und Pfeffer abschmecken.

Das Brot einmal durchschneiden, im Toaster rösten. Mit der Tomatencreme bestreichen und mit den Tomatenscheiben belegen. Diese mit Salz und Pfeffer würzen. Die Crostini sofort servieren.

Tip!

Falls Sie dieses Rezept für Gäste in doppelter oder vierfacher Menge zubereiten, lohnt es sich, die Brote im Backofen statt im Toaster zu rösten. Den Ofen einfach auf 250° vorheizen und die Brotscheiben darin (Mitte) in einigen Minuten goldbraun rösten.

Erfrischend und fruchtig – Tomaten-Basilikum-Crostini sind ein idealer Sommersnack.

Auberginen-Quark-Röllchen

Braucht etwas Zeit

Zutaten für 10 Portionen
1 Knoblauchzehe
4 Eßlöffel Olivenöl
1 große Aubergine
schwarzer Pfeffer, frisch gemahlen
Salz
50 g Quark (40 % Fett i. Tr.)
1–2 Eßlöffel Milch
etwas Zitronensaft
10 Holzspießchen
Zum Garnieren:
einige Thymianzweige
3 Zitronen

Pro Portion: 200 kJ/ 50 kcal
1 g E · 4 g F · 2 g Kh
Zubereitungszeit: 50 Minuten

Die Knoblauchzehe schälen, halbieren und in das Olivenöl geben. Die Aubergine waschen und vom Stielansatz befreien. Dann längs in etwa 10 dünne Scheiben schneiden. Die Scheiben mit Salz bestreuen und 15–20 Minuten ziehen lassen.

In einer großen Pfanne das Olivenöl erhitzen. Die Auberginenscheiben darin portionsweise von beiden Seiten 2–4 Minuten braten. Die Auberginen herausnehmen und mit Küchenpapier abtupfen, dann pfeffern und salzen.

Den Quark mit der Milch verrühren und mit Pfeffer, Salz und Zitronensaft würzen.

Jeweils etwas von dem Quark auf eine Auberginenscheibe streichen, die Scheibe aufrollen und auf ein Holzspießchen stecken.

Die Zitronen achteln. Die Röllchen auf einer Platte mit den Thymianzweigen und den Zitronenachteln servieren.

Gefüllte Champignons

Gelingt leicht

Zutaten für 10 Portionen
10 mittelgroße Champignons (etwa 250 g)
3 Eßlöffel Zitronensaft
1/2 Zwiebel
1/2 Knoblauchzehe
einige Stengel Petersilie
20 g Schafkäse
1 Teelöffel Olivenöl
50 g Rinderhackfleisch
1 Teelöffel Crème fraîche
Salz
schwarzer Pfeffer, frisch gemahlen
getrockneter Oregano
2 Eßlöffel Pinienkerne
Für die Form: Butter
Zum Garnieren:
frische glatte Petersilie und frischer Oregano nach Belieben

Pro Portion: 150 kJ/ 35 kcal
2 g E · 2 g F · 1 g Kh
Vorbereitungszeit: 45 Minuten
Backzeit: 20 Minuten

Die Champignons mit einem feuchten Tuch abreiben und die Stiele vorsichtig aus den Köpfen herausdrehen. Die Stiele putzen und kleinhacken. Köpfe und Stiele mit dem Zitronensaft beträufeln.

Die halbe Zwiebel und Knoblauchzehe schälen und kleinhacken. Die Petersilie waschen, trockenschütteln und ohne die groben Stiele fein hacken. Den Schafkäse mit einer Gabel zerdrücken.

In einer Pfanne das Olivenöl erhitzen und die Zwiebel und den Knoblauch darin glasig dünsten*. Dann das Hackfleisch dazugeben und etwa 5 Minuten bei starker Hitze braten.

Die Champignonstiele, die Crème fraîche, den Schafkäse und die Petersilie unterrühren, mit Salz, Pfeffer und etwas Oregano würzen und etwa 2 Minuten bei mittlerer Hitze braten. Den Backofen auf 200° vorheizen.

Eine feuerfeste Form mit etwas Butter einfetten. Die Champignonköpfe mit der Öffnung nach oben nebeneinander hineinsetzen, mit der Hackfleischmischung füllen und im Backofen (Mitte) etwa 20 Minuten überbacken.

Die Pinienkerne in einer trockenen beschichteten Pfanne hellbraun rösten und über die fertigen Pilze streuen. Die Pilze nach Belieben mit etwas Petersilie und Oregano garnieren und sofort servieren.

Marinierte Zucchini

Gut vorzubereiten

Zutaten für 2 Personen
400 g kleine feste Zucchini
2 Knoblauchzehen
1–2 Eßlöffel frisch gehackte Pfefferminzblättchen
60 ml Olivenöl · Salz
1–2 Eßlöffel milder, aromatischer Weißweinessig
1 Messerspitze gemahlener Peperoncino (kleine scharfe Pfefferschote, ersatzweise Cayennepfeffer)
Olvenöl, kaltgepreßt, zum Beträufeln

Pro Portion: 2000 kJ/ 480 kcal
4 g E · 49 g F · 8 g Kh
Zubereitungszeit: 45 Minuten
Marinierzeit: 2 Tage

Die Zucchini waschen, abtrocknen und in gleichmäßige, etwa 3 mm dicke Scheiben schneiden. Auf Küchenpapier abtropfen lassen. Die Knoblauchzehen schälen und fein hacken.

In einer breiten Pfanne portionsweise das Olivenöl erhitzen. Die Zucchinischeibchen darin in mehreren Portionen bei relativ starker Hitze auf beiden Seiten knusprig braten. Herausheben und auf Küchenpapier auslegen. Mit Salz bestreuen.

Die Zucchini lagenweise in eine kleine Schüssel füllen. Jede Lage mit Knoblauch, Pfefferminze, Weinessig und einem Hauch Peperoncino würzen. Zum Schluß mit dem Olivenöl beträufeln.

Die Zucchini mit einem passenden Teller bedecken und diesen mit einem Gewicht beschweren. Mindestens 2 Tage im Kühlschrank marinieren* lassen. Zimmerwarm servieren.

Schinken mit Melone

Aus Italien

Zutaten für 2 Personen
1/2 reife Honigmelone
4 Scheiben Parmaschinken (etwa 100 g)
Salz
schwarzer Pfeffer aus der Mühle

Pro Portion: 1200 kJ/ 290 kcal
10 g E · 18 g F · 25 g Kh
Kühlzeit: 3 Stunden
Zubereitungszeit: 15 Minuten

Die Melone, die Schnittfläche abgedeckt, vor dem Servieren 2–3 Stunden in den Kühlschrank stellen. Dann die Kerne entfernen und die Melone in gleich große Schnitten zerteilen.

Etwa drei Viertel des Melonenfleisches von der Schale schneiden. Mit dem Schinken umwickeln und gefällig anrichten. Salzstreuer und Pfeffermühle bereitstellen.

Krabben-Dill-Gurken

Etwas teurer

Zutaten für 3 Portionen
1 Salatgurke (möglichst mit unbehandelter Schale)
einige Zweige Dill
100 g Quark (40 % Fett i. Tr.)
40 g gegarte geschälte Krabben
schwarzer Pfeffer, frisch gemahlen
Salz

Pro Portion: 340 kJ/ 80 kcal
7 g E · 4 g F · 4 g Kh
Zubereitungszeit: 45 Minuten

Die Gurke waschen, abtrocknen und längs halbieren. Dann mit einem kleinen Löffel die Kerne herauskratzen.

Den Dill waschen und trockenschütteln. 1 Dillzweig zum Garnieren beiseite legen. Den restlichen Dill ohne die groben Stiele fein hacken und unter den Quark mischen.

Die Krabben dazugeben und vorsichtig unter den Quark heben. Alles mit Pfeffer und Salz würzen. Die Quarkcreme in die Gurkenhälften füllen.

Die Gurkenhälften quer in etwa 3 cm dicke Stücke schneiden. Zugedeckt kalt stellen und mit den Dillzweigen garniert servieren.

Italienische Rohkostplatte

Aus der Toskana

Zutaten für 2 Personen
1/2 gelbe Paprikaschote
1 mittelgroße feste Zucchini
1 kleine feste Tomate
2 Stangen Bleichsellerie
1 kleine junge Fenchelknolle (schlanke Sorte)
3 frische Frühlingszwiebeln
1/2 kleiner Radicchio
1/2 Staude Chicorée
Olivenöl, kaltgepreßt
aromatischer Weinessig (z.B. Aceto Balsamico)
Salz
weißer Pfeffer aus der Mühle

Pro Portion: 1300 kJ/ 310 kcal
5 g E · 26 g F · 11 g Kh
Zubereitungszeit: 45 Minuten

Von der halben Paprikaschote die Stielansätze, die Kerne und die weißen Rippen entfernen. Die Schotenhälfte waschen, abtrocknen und längs in schmale Streifen schneiden.

Von der Zucchini Blütenansatz und Stielende entfernen. Die Zucchini waschen, abtrocknen und ungeschält längs vierteln. Die Viertel einmal quer durchschneiden.

Die Tomate waschen, längs halbieren, dabei den Stielansatz, die Kerne und den Saft entfernen. Die Tomatenhälften längs in Scheiben schneiden und zum Abtropfen auf Küchenpapier legen.

Die Selleriestangen waschen, falls nötig, die Fäden abziehen. Die Stangen abtrocknen.

Die Stiele und den Wurzelansatz der Fenchelknolle zurückschneiden. Harte Außenblätter großzügig entfernen. Die Knolle dann waschen, abtrocknen und längs in Viertel oder Sechstel schneiden.

Von den Frühlingszwiebeln den Wurzelansatz und schlechte Außenblätter entfernen. Die grünen Blätter um ein Viertel zurückschneiden.

Vom Radicchio und vom Chicorée unansehnliche Außenblätter entfernen. Die Salate in einzelne Blätter zerlegen, diese nach Sorten getrennt waschen und trockenschleudern.

Das ganze Gemüse auf einer großen Platte gefällig anordnen.

Olivenöl und Weinessig in Karaffen, einen Salzstreuer und eine Pfeffermühle bereitstellen. Jeder Gast erhält ein Schälchen, in dem er nach seinem Geschmack eine Salatsauce mixen kann. Man dippt das Gemüse in diese Sauce.

Variante:

Rohkost mit Knoblauch-Sardellen-Sauce

Mindestens 3 Knoblauchzehen schälen und in hauchdünne Scheibchen schneiden. Etwa 50 g Sardellenfilets ganz fein wiegen oder im Mörser zerstoßen. In einer Fonduepfanne aus Keramik 40 g Butter bei ganz schwacher Hitze schmelzen lassen. Den Knoblauch darin so lange rühren, bis er eine cremige Konsistenz annimmt, dann 1/8 l kaltgepreßtes Olivenöl angießen und zum Schluß die Sardellen unterrühren. 10 Minuten ziehen lassen, das Öl darf dabei nicht zum Sieden kommen. Zu Tisch bringen und auf einem Rechaud warm halten. Dazu reicht man Kardone (eine eßbare Distelart), Paprikaschoten, Bleichsellerie, Blumenkohl und helle Wirsingblätter. Das Gemüse putzen, waschen, abtrocknen und in mundgerechte Stücke teilen. Jeder Gast wählt nach Belieben sein Gemüse und tunkt es in die heiße Sauce.

Rohkost auf Italienisch präsentiert sich frisch, fruchtig und knackig und schmeckt nicht nur eingeschworenen Vegetariern.

Avocadocreme mit Chili

Aus Mexiko

Zutaten für 2 Personen
1 mittelgroße Fleischtomate
1/2 kleine Zwiebel
1 Jalapeño-Chilischote (aus der Dose) oder 1 kleine frische grüne Chilischote
3 Stengel Koriander (ersatzweise Petersilie)
1 reife Avocado
2 Eßlöffel Limettensaft (ersatzweise Zitronensaft)
Salz
Pfeffer

Pro Portion: 680 kJ/ 160 kcal
3 g E · 13 g F · 12 g Kh
Zubereitungszeit: 30 Minuten

Die Tomate kurz in kochendes Wasser tauchen, abschrecken, häuten und quer halbieren. Stielansatz und Kerne entfernen. Das Fruchtfleisch klein würfeln.

Die halbe Zwiebel schälen und sehr fein hacken. Die Chilischote längs halbieren, entkernen und sehr fein würfeln. Den Koriander waschen, die Blättchen abzupfen und – bis auf ein paar, die zum Garnieren beiseite gelegt werden – fein hacken.

Die Avocado längs halbieren, den Stein entfernen. Das Fruchtfleisch mit einem Löffel aus den Hälften lösen und sofort mit 1 Eßlöffel Limettensaft fein zerdrücken.

Tomate, Zwiebel, Chilischote und Koriander unter das Avocadomus mischen. Mit Salz, Pfeffer und dem restlichen Limettensaft abschmecken. Den Dip vor dem Servieren mit Korianderblättchen garnieren.

Tip!

Die Avocadocreme können Sie kombinieren mit Tortilla-Chips, gebratenen Tortillastückchen, Chicoréeblättern und knackig gegartem Gemüse, beispielsweise Blumenkohl.

Salsa Texicana

Scharf

Zutaten für 2 Personen
1 große Fleischtomate
1/2 kleine Zwiebel
1 Knoblauchzehe
1/2 rote Paprikaschote
1 Jalapeño-Chilischoten (aus der Dose) oder 1 kleine frische grüne Chilischote
1 Eßlöffel Tomatenmark
25 ml Gemüsebrühe (Instant)
einige Stengel frische Petersilie
1 Prise Zucker
Salz
Pfeffer

Pro Portion: 230 kJ/ 55 kcal
3 g E · 1 g F · 10 g Kh
Zubereitungszeit: 30 Minuten
Kühlzeit: 30 Minuten

Die Tomate kurz in kochendes Wasser tauchen, abschrecken, häuten und quer halbieren. Stielansatz und Kerne entfernen. Das Fruchtfleisch grob hacken. Zwiebel und Knoblauch schälen und klein würfeln.

Die halbe Paprikaschote möglichst mit dem Sparschäler schälen, Stielansatz und Kerne entfernen. Die Schote in kleine Würfel schneiden. Die Chilischote aus der Dose klein würfeln oder die frische putzen und quer in feine Streifen schneiden.

Tomaten, Zwiebel, Knoblauch, Chili und Paprika in einen breiten Topf füllen. Tomatenmark und Brühe unterrühren. Alles aufkochen und offen bei schwacher Hitze in 10–15 Minuten dicklich einkochen* lassen. Dabei ab und zu umrühren.

Inzwischen die Petersilie waschen, die Blättchen von den Stielen zupfen und fein hacken. Die Salsa mit Zucker, Salz und Pfeffer abschmecken. Die Petersilie unterziehen. Die Salsa vor dem Servieren 30 Minuten kühl stellen.

Tip!

Ideal zu Tortilla-Chips, Pommes frites, Gemüse- oder Fleischspießen, Steaks und Geflügelsnacks.

Salsa Karibik

Für Gäste

Zutaten für 2 Personen
1/2 kleine Zwiebel
1/2 kleine rote Paprikaschote
5 Teelöffel Sonnenblumenöl
1 sehr frisches Eigelb
1/2 Teelöffel mittelscharfer Senf
Salz · 1 Messerspitze Zucker
2 Teelöffel Limettensaft (ersatzweise Zitronensaft)
1 Eßlöffel Tomatenketchup
1 Eßlöffel Rum
Cayennepfeffer
oberes Viertel von 1 dünnen Stange Staudensellerie

Pro Portion: 570 kJ/ 135 kcal
2 g E · 10 g F · 5 g Kh
Zubereitungszeit: 35 Minuten

Die halbe Zwiebel schälen und grob hacken. Die Paprikaschote mit dem Sparschäler dünn schälen und nochmals halbieren. Stielansatz und Kerne entfernen, die Viertel in Streifen schneiden.

In einer Pfanne 1 Teelöffel Öl erhitzen, Zwiebel und Paprika darin etwa 3 Minuten andünsten, anschließend fein pürieren* und abkühlen lassen.

Inzwischen das Eigelb mit dem Senf und 1 Prise Salz verrühren. Löffelweise nach und nach die restlichen 4 Teelöffel Öl unterschlagen. Die Eigelbcreme mit Zucker und 1 Teelöffel Limettensaft würzen.

Das Gemüsepüree unter die Eigelbcreme heben. Tomatenketchup und Rum unterrühren. Den Dip mit Salz, Cayennepfeffer und eventuell restlichem Limettensaft abschmecken.

Das Stück Selleriestange waschen, etwas vom zarten Grün beiseite legen. Die Stange in kleine Würfel oder dünne Scheiben schneiden und locker unter den Dip ziehen. Mit dem Selleriegrün garnieren.

Tip!

Paßt zu gebratenem Fisch, gegrilltem Fleisch, als Dip für Kartoffelchips, Krabbenbrot (Kroepoek), asiatischen Crackern oder rohen Gemüsestückchen.

Ziegenkäse-Dip mit Oliven

Etwas teurer

Zutaten für 2 Personen
einige Stengel frisches Basilikum
1/2 Knoblauchzehe
125 g cremiger Ziegenfrischkäse
75 g Quark (40 % Fett i. Tr.)
1 Eßlöffel Olivenöl, kaltgepreßt
4 Teelöffel Zitronensaft
25 g schwarze Oliven
Salz
Pfeffer

Pro Portion: 1200 kJ/ 295 kcal
18 g E · 23 g F · 5 g Kh
Zubereitungszeit: 20 Minuten

Das Basilikum vorsichtig waschen. Die Blätter – bis auf ein paar schöne, die zum Garnieren beseite gelegt werden – abzupfen und in sehr feine Streifen schneiden. Die halbe Knoblauchzehe schälen.

In einer Schüssel den Ziegenfrischkäse, den Quark, das Olivenöl und 3 Teelöffel Zitronensaft mit einem Schneebesen glatt und cremig rühren. Falls nötig, noch 2–3 Teelöffel Wasser zufügen.

Den Knoblauch durch eine Presse dazudrücken, mit den Basilikumstreifen unter die Creme mischen. Die Oliven entsteinen – das geht besonders leicht mit einem Kirschentkerner – und fein hacken. Unter den Dip mischen.

Den Ziegenkäse-Dip mit Salz, Pfeffer und nach Belieben mit dem restlichen Zitronensaft abschmecken und mit den Basilikumblättchen garnieren.

Schmeckt mit Gemüsestiften von Staudensellerie, Möhren und Paprika. Auch gut zu kleinen Pellkartoffeln, Hackfleischbällchen oder einfach zu Grissini, den kleinen, knusprigen italienischen Brotstangen.

Variante:

Rühren Sie statt Basilikum die Blättchen von je 2–3 Stengeln Pfefferminze und Zitronenmelisse in den Dip.

Suppen & Eintöpfe

Ob zum Beginn eines Essens oder als Zwischenmahlzeit – durch eine leichte Suppe breitet sich im Magen Wohlgefühl aus. Sie nimmt den ersten großen oder den kleinen Hunger.

Eine gehaltvolle, deftige Suppe oder ein Eintopf als Hauptgericht lassen sich abwechslungsreich zubereiten: mit frischem Gemüse oder Hülsenfrüchten, mit Nudeln, Reis, herzhafter Wurst oder Fleisch.

Praktisch und zeitsparend: gleich für zwei Mahlzeiten kochen, denn aufgewärmt schmecken viele dieser Gerichte nochmal so gut.

Suppe und Eintopf bieten viel Abwechslung. Sie finden auf den folgenden Seiten jede Menge köstliche Anregungen, auch für Vegetarier. Von einfachen cremigen Suppen über die berühmte Französische Zwiebelsuppe, eine Gulaschsuppe mit Sauerkraut, Minestrone und Nudelsuppe mit Huhn führt das Angebot schließlich zur Bouillabaisse, den delikaten Fischtopf aus Marseille mit dem Sie Gäste begeistern können. In diesem Kapitel ist alles vertreten, was dem Appetit oder auch der Stimmung entspricht. Vor allem an kühlen Herbst- und Wintertagen ist eine leckere, heiße Suppe gefragt.

Wie bereitet man eine gute Brühe?

Die beste Basis vieler Suppen ist eine selbstgekochte Brühe. Doch dafür braucht man etwas Zeit. Sie läßt sich auch auf Vorrat kochen und in Portionen einfrieren, damit sich der Aufwand lohnt.

Suppengrün gibt es als fertiges Bündel zu kaufen.

Für Fleischbrühe:
500 g mageres Suppenfleisch mit Knochen oder einige Fleischknochen kalt abspülen und in einen großen Topf legen. 1 Bund Suppengrün waschen, putzen, zerkleinern und zufügen. Dazu gibt man 1 geschälte Zwiebel, gespickt

Durch Spicken lassen sich Gewürze leicht entfernen.

mit 1 Gewürznelke, 1 Teelöffel schwarze Pfefferkörner und 1 Lorbeerblatt. Füllen Sie darauf 1 1/2 l kaltes Wasser und lassen alles aufkochen. Bildet sich an der Oberfläche bräunlicher Schaum, wird er mit einem Schaumlöffel abgeschöpft. Die Brühe bei schwacher Hitze zugedeckt 2 Stunden kochen, durch ein Sieb gießen, damit auch Knochensplitter zurück bleiben. Das Fleisch von Fett befreien, würfeln und in die Brühe geben.

Zu fette Brühe in den Kühlschrank stellen. Das fest gewordene Fett läßt sich dann leicht abschöpfen.

Brühe und Fond als Fertigprodukt

Sie sind immer da, wenn man sie braucht, Konzentrate, sogenannte Instant-Produkte für Gemüse- oder Fleischbrühe in Pulverform oder ein flüssiger, konzentrierter Fond aus dem Glas. Diese gibt es in vielen verschiedenen Sorten, auch als Wild- oder Fischfond im gut sortierten Supermarkt.
Besonders empfehlenswert: Gemüse-Hefebrühen aus dem Naturkostladen oder Reformhaus, die keine Geschmacksverstärker enthalten. Überlegen Sie beim Kochen einer Suppe oder eines Eintopfgerichtes, ob überhaupt zum Würzen eine Instant-Brühe notwendig ist. Die Zutaten der meisten Rezepte besitzen so viel Eigengeschmack, daß man darauf verzichten kann.
Fonds haben den Nachteil, daß sie schnell verbraucht werden müssen, wenn das Glas einmal geöffnet wurde.

Schnell zubereitet aus dem Vorrat

Konservendosen mit geschälten Tomaten für Tomatensuppe; mit grünen Linsen, weißen Bohnen oder Mais für einen deftigen Eintopf; Zwiebeln, Knoblauch und Kartoffeln im Vorratskörbchen für Zwiebel- oder Kartoffelsuppe; wer wenig Zeit zum Einkaufen findet, ist damit immer für eine schnelle Suppe oder einen Eintopf gerü-

stet. Die Tiefkühltruhe im Supermarkt liefert frisches Gemüse wie Broccoli, Lauch, grüne Erbsen und Spinat für feine cremige Suppen; gemischtes Gemüse für herzhafte Minestrone oder grüne Bohnen für leckeren Eintopf mit Kartoffeln und Wurst. Alle diese Tiefkühlgemüse sind fertig vorbereitet und dürfen sogar gefroren gleich in den Topf.
Etwas mehr Zeit in der Vorbereitung aus dem Vorrat erfordern getrocknete gelbe oder grüne Erbsen oder Kichererbsen und andere Hülsenfrüchte. Denn sie müssen über Nacht in reichlich Wasser eingeweicht werden.

Praktisch für die Zubereitung: ein Dampfkochtopf. Darin garen sie in der Hälfte der sonst üblichen Zeit: durchschnittlich in einer halben Stunde.

Ebenfalls nützlich im Vorrat

- In Folie eingeschweißter Schinken oder Würstchen, die sich im Kühlschrank über längere Zeit halten, können jede deftige Suppe bereichern.
- Salami, die luftig und kühl aufbewahrt wird, steht sowohl für Brot- als auch für Suppen- oder Eintopfmahlzeiten zur Verfügung.
- Gläschen mit fertigen Kräuterpasten oder tiefgekühlte Kräuter sind zum Würzen ideal, wenn frische Kräuter ausgegangen sind.
- Tomatenmark oder die feurige Paprikapaste Harissa aus Tuben erweisen sich ebenfalls als gute Würzmittel.

Für schnelle Tomatensuppe:
Für 2 bis 3 Personen je 1 Zwiebel und 1 Knoblauchzehe schälen und kleinwürfeln, in 2 Eßlöffeln kaltgepreßtem Olivenöl glasig braten. 1 Eßlöffel Tomatenmark, 1 kleine Dose geschälte Tomaten und 1/4 l Wasser oder Brühe unterrühren. Die Tomaten mit dem Kochlöffel zerkleinern. Alles 10 Minuten zugedeckt bei Mittelhitze kochen, mit dem Mixstab pürieren, mit 1 Teelöffel Pesto aus dem Glas, Salz, Pfeffer, 1/2 Teelöffel edelsüßem Paprikapulver oder 1 Prise Cayennepfeffer abschmecken. Bei Tisch nach Geschmack 1 Teelöffel Crème fraîche in jede Portion rühren.

Das veredelt Suppe oder Eintopf

Gemüsesuppen, nach Rezepten aus dem Süden oder nach Phantasie zubereitet, lassen sich herzhaft veredeln mit selbstgemachter Knoblauch-Kräuter-Paste. Für 2 Portionen 1 geschälte, gewürfelte Knoblauchzehe mit 1 Prise Salz, 1 Stückchen Chilischote, frischen Blättchen von drei bis vier Zweigen Petersilie, Basilikum oder Minze im Mörser fein zerreiben und die Paste in die fertige Suppe rühren.
Mit knusprigen Brotcroûtons zum Aufstreuen erhalten cremige Suppen den pikanten Pfiff. Für 2 Personen 2 kleine Scheiben Weiß- oder Graubrot klein würfeln. In der Pfanne 20 g Butter oder 1 Eßlöffel Olivenöl erhitzen und die Brotwürfelchen darin rundum braun rösten. Nach Geschmack mit Cayennepfeffer, Currypulver, gehackten frischen oder getrockneten, zerriebenen Kräutern wie Thymian bestreuen. Wie Knoblauchcroûtons gemacht werden lesen Sie bitte auf Seite 72 im Rezept für Tomatensuppe.
Das einfachste Rezept, um Tomaten- oder Gemüsesuppe die südliche, herzhafte Note zu verleihen: 1 Eßlöffel frisch geriebenen Parmesan oder Pecorino auf die Suppenportion streuen, oder auch fein geraspelten Greyerzer oder einen anderen pikanten Bergkäse, der in der heißen Suppe sahnig zerläuft. Zum sparsamen Würzen eignet sich auch der Schweizer Schabziger-Käse, der in kleinen harten Kegeln zum Reiben angeboten wird.

Schnell und preiswert: Croûtons selber machen

Tomatensuppe mit Knoblauch-croûtons

Gelingt leicht

Zutaten für 2 Personen
300 g sehr reife Tomaten
1 kleine Möhre
1 Zwiebel
2 Eßlöffel Butter oder Margarine
schwarzer Pfeffer, frisch gemahlen
750 ml Fleischbrühe (Instant oder selbstgemacht)
1 Eßlöffel Tomatenmark
1 Scheibe Weißbrot
1 Knoblauchzehe
50 g Sahne
einige Stengel frisches Basilikum
Zucker · Salz

Pro Portion: 900 kJ/ 215 kcal
5 g E · 15 g F · 16 g Kh
Zubereitungszeit: 40 Minuten

Die Tomaten waschen, vierteln und dabei die Stielansätze herausschneiden. Die Möhre putzen, die Zwiebel schälen und beides würfeln.

In einem Topf 1 Eßlöffel von der Butter erhitzen, die Zwiebel- und die Möhrenwürfel darin kurz anbraten. Die Tomatenviertel dazugeben und alles mit Pfeffer würzen.

Die Fleischbrühe dazugeben und das Tomatenmark einrühren. Die Brühe bei schwacher Hitze zugedeckt etwa 20 Minuten garen.

Inzwischen das Brot würfeln und den Knoblauch schälen. In einer kleinen Pfanne die restliche Butter zerlassen. Den Knoblauch hineinpressen und die Brotwürfel darin knusprig rösten. Die Sahne steif schlagen*.

Das Basilikum waschen, trockenschütteln und die Blättchen abzupfen. Die Suppe durch ein feines Sieb streichen. Mit Zucker, Salz und Pfeffer abschmecken und auf Tellern anrichten. Mit den Croûtons, einem Sahneklecks und den Basilikumblättchen garnieren.

Tip!

Ein kleiner Schuß Sherry gibt der Tomatensuppe den ganz besonderen Pfiff. Durch Einlagen wie Reis, gefüllte Teigtaschen oder Fleischklößchen wird aus der leichten Suppe ein Gericht zum Sattessen.

Broccolicreme-suppe

Preiswert

Zutaten für 2 Personen
200 g Broccoli
325 ml Gemüsebrühe (Instant oder selbstgemacht)
1 Teelöffel Mandelblättchen
1 Eßlöffel Sahne
Salz
Pfeffer, frisch gemahlen
Muskatnuß, frisch gerieben
1/4 Bund Schnittlauch

Pro Portion: 310 kJ/ 75 kcal
3 g E · 4 g F · 8 g Kh
Zubereitungszeit: 35 Minuten

Vom Broccoli die Blätter entfernen, die Röschen mit etwa 2 cm Stiel abschneiden und waschen. Die Broccolistiele schälen und in Stücke schneiden.

Die Gemüsebrühe zum Kochen bringen. Die Broccoliröschen darin in etwa 5 Minuten bißfest garen, dann herausnehmen. Die Stiele in die Brühe geben und zugedeckt etwa 10 Minuten bei schwacher Hitze köcheln.

Inzwischen die Mandeln in einer Pfanne ohne Fett unter Rühren goldbraun rösten.

Ein Drittel der Broccoliröschen mit den Stielen im Mixer oder direkt im Topf mit dem Pürierstab pürieren. Das Püree aus dem Mixer wieder in den Topf geben. Die Sahne untermischen und die Suppe abschmecken.

Den Schnittlauch waschen, trockenschütteln und in Röllchen schneiden. Die restlichen Broccoliröschen in den Topf geben und kurz erhitzen, aber nicht mehr kochen lassen. Die Suppe mit den Mandeln und den Schnittlauchröllchen garnieren.

Im Bild oben: Tomatensuppe mit Knoblauchcroûtons
Im Bild unten: Broccolicremesuppe

Kartoffel-Lauch-Cremesuppe

Preiswert

Zutaten für 2 Personen
200 g Kartoffeln
150 g Lauch
1 Eßlöffel Butter
1/2 l Hühnerbrühe (Instant oder selbstgemacht)
30 g durchwachsener Speck in dünnen Scheiben
1 Teelöffel Crème fraîche
Salz
Pfeffer, frisch gemahlen
1/2 Bund Schnittlauch

Pro Portion: 950 kJ/ 230 kcal
4 g E · 17 g F · 15 g Kh
Zubereitungszeit: 35 Minuten

Die Kartoffeln waschen, schälen und kleinwürfeln. Den Lauch putzen, waschen und in dünne Ringe schneiden.

In einem Topf die Butter erhitzen und den Lauch darin kurz anbraten. Dann 3 Eßlöffel von dem Lauch herausnehmen und warm stellen.

Die Brühe in den Topf gießen und den restlichen Lauch und die Kartoffelwürfel zugedeckt etwa 15 Minuten bei schwacher Hitze garen. Den Speck von der Schwarte und den Knorpeln befreien und kleinwürfeln. Die Speckwürfel in einer Pfanne ohne Fett ausbraten*, dann auf Küchenpapier abtropfen lassen.

Die Suppe vom Herd nehmen und mit dem Pürierstab oder im Mixer pürieren oder durch ein feines Sieb streichen. Die Crème fraîche unterrühren und die Suppe mit Salz und Pfeffer abschmecken.

Den Schnittlauch waschen, trockenschütteln und in Röllchen schneiden. Die Kartoffel-Lauch-Cremesuppe anrichten und mit dem warmgestellten Lauch, den Speckwürfeln und dem Schnittlauch garnieren.

Tip!

Anstelle des Schnittlauchs passen auch Majoranblättchen gut zur Kartoffelsuppe.

Klassische Zwiebelsuppe

Aus Frankreich

Zutaten für 2 Personen
250 g Gemüsezwiebeln
1 Eßlöffel Butter
50 ml trockener Weißwein
1/2 l Fleischbrühe (Instant)
2 kleine Scheiben Weißbrot
Salz
weißer Pfeffer, frisch gemahlen
50 g Greyerzer oder Gouda, frisch gerieben

Pro Portion: 1020 kJ/ 245 kcal
11 g E · 12 g F · 20 g Kh
Zubereitungszeit: 45 Minuten

Die Zwiebeln schälen, halbieren und quer in dünne Ringe schneiden. In einem Topf die Butter erhitzen und die Zwiebeln darin glasig braten.

Die Zwiebeln mit dem Weißwein ablöschen* und zum Kochen bringen. So verdampft der Alkohol und der Geschmack des Weines bleibt erhalten. Die Brühe dazugießen und die Suppe zugedeckt bei mittlerer Hitze etwa 15 Minuten garen.

Den Backofen auf 200° vorheizen. Das Weißbrot in einer trockenen Pfanne oder im Toaster goldbraun rösten.

Die Zwiebelsuppe mit Salz und Pfeffer abschmecken und in feuerfeste Suppentassen füllen. Auf jede Tasse eine Scheibe Toast und etwas geriebenen Käse setzen und die Suppe im Backofen (Mitte) überbacken, bis der Käse goldbraun ist.

Tip!

Falls Sie Zwiebelsuppe für viele Gäste zubereiten möchten, überbacken Sie die Toastscheiben mit dem Käse auf einem Blech im Backofen und reichen Sie sie separat zur Suppe.

Spinatsuppe mit Salami

Für Gäste

Zutaten für 2 Personen
1 kleine Zwiebel
50 g Salami in dickeren Scheiben
1 Eßlöffel Butter
150 g tiefgekühlter Rahmspinat
750 ml Gemüsebrühe (Instant oder selbstgemacht)
Salz
schwarzer Pfeffer, frisch gemahlen
1 Prise Muskatnuß, frisch gerieben
1 Teelöffel Zitronensaft
2 Teelöffel Crème fraîche

Pro Portion: 1200 kJ/ 290 kcal
8 g E · 26 g F · 7 g Kh
Zubereitungszeit: 20 Minuten

Die Zwiebel schälen und fein hacken. Die Salamischeiben, falls nötig, häuten und in kleine Würfel schneiden.

Die Butter in einem Topf erhitzen, die Salamiwürfel darin bei mittlerer Hitze anbraten, herausnehmen und beiseite stellen.

Die Zwiebel im verbliebenen Bratfett unter Rühren glasig dünsten*. Den tiefgekühlten Spinat dazugeben, die Gemüsebrühe angießen. Alles langsam aufkochen und etwa 10 Minuten zugedeckt köcheln lassen.

Die Spinatsuppe mit Salz, Pfeffer, der Muskatnuß und dem Zitronensaft abschmecken und die Salamiwürfel einstreuen. Die Suppe in zwei Teller verteilen und je 1 Teelöffel Crème fraîche als Klecks obenauf setzen.

Tip!

In der Mikrowelle geht's noch schneller. Sie können die Suppe bei 600 Watt in etwa 4 Minuten garen.

Scharfe Kartoffel-Thymian-Suppe

Raffiniert

Zutaten für 2 Personen
350 g mehligkochende Kartoffeln
1/2 Stange Lauch
1 kleine Möhre
1 kleine Zwiebel
einige Zweige frischer Thymian
1–2 scharfe grüne Peperoni (aus dem Glas)
1 Teelöffel Butter
375 ml Gemüsebrühe (Instant oder selbstgemacht)
125 ml Milch
Salz

Pro Portion: 1400 kJ/ 330 kcal
11 g E · 8 g F · 56 g Kh
Zubereitungszeit: 35 Minuten
Garzeit: 20 Minuten

Die Kartoffeln waschen, schälen und klein würfeln. Die halbe Stange Lauch putzen, längs aufschneiden und gründlich waschen. Die Möhre putzen. Beides fein hacken. Die Zwiebel schälen und ebenfalls fein hacken. Den Thymian waschen, die Blättchen abzupfen, einige zum Garnieren beiseite legen. Die Peperoni abtropfen lassen und fein hacken.

Die Butter in einem Topf erhitzen. Lauch, Möhre, Zwiebel und Thymian darin unter Rühren 2 Minuten andünsten. Kartoffeln und Peperoni dazugeben und kurz mitdünsten.

Brühe und Milch angießen, aufkochen. Die Suppe zugedeckt bei mittlerer Hitze 15–20 Minuten köcheln* lassen, bis die Kartoffeln weich sind.

Die Suppe mit dem Pürierstab kurz durchmixen, die Kartoffeln dabei nur grob zerkleinern.

Die Suppe mit Salz abschmecken, mit dem restlichen Thymian bestreuen und servieren.

Variante:

Kartoffel-Majoran-Suppe

Ersetzen Sie den Thymian durch 1 Teelöffel getrockneten Majoran und verwenden Sie statt der Peperoni 2–3 Eßlöffel Crème fraîche. Geben Sie beides erst nach dem Pürieren zu und lassen Sie die Suppe dann noch einige Minuten ziehen.

Möhren-Broccoli-Suppe

Preiswert

Zutaten für 2 Personen
1 Zwiebel
4 mittelgroße Kartoffeln
1 Eßlöffel Öl
1/2 l Brühe
4 Möhren
250 g Broccoli
Salz
Pfeffer
Currypulver
2 Eßlöffel Kräuter-Schmelzkäse

Pro Portion: 810 kJ/ 195 kcal
9 g E · 9 g F · 20 g Kh
Zubereitungszeit: 30 Minuten

Die Zwiebel schälen und klein würfeln. Die Kartoffeln schälen und würfeln. Das Öl in einem Topf erhitzen, Zwiebeln darin anschwitzen. Kartoffeln zugeben und 2 Minuten ebenfalls anschwitzen. Die Brühe angießen und die Kartoffeln 15 Min. garen.

Inzwischen Möhren und Broccoli waschen und putzen. Die Möhren in Scheiben schneiden, den Broccoli in Röschen teilen. Zu den Kartoffeln geben und in 10 Minuten bißfest garen. Die Suppe mit Salz, Pfeffer und Currypulver abschmecken, vom Herd nehmen, den Schmelzkäse unterrühren und servieren.

Kürbiscremesuppe

Scharf

Zutaten für 2 Personen
1 Kürbis (etwa 200 g geputzt gewogen; 300 g ungeputzt)
1 Zwiebel
1 Knoblauchzehe
2 Eßlöffel Erdnußöl
400 ml Gemüsefond (aus dem Glas)
3 Frühlingszwiebeln
Salz
weißer Pfeffer, frisch gemahlen
1 Eßlöffel Crème fraîche
2 Teelöffel Zitronensaft
2 Scheiben Vollkorn-Toast
1 kleine frische rote Chilischote

Pro Portion: 920 kJ/ 220 kcal
3 g E · 12 g F · 18 g Kh
Zubereitungszeit: 20 Minuten

Den Kürbis schälen, von den Kernen und dem faserigen Fleisch im Inneren befreien und in kleine Stücke schneiden. Die Zwiebel und den Knoblauch schälen und fein hacken.

In einem Topf 1 Eßlöffel Öl erhitzen. Die Zwiebel und den Knoblauch darin glasig dünsten. Den Kürbis dazugeben und kurz anbraten.

Den Gemüsefond angießen und aufkochen. Die Suppe dann zugedeckt bei mittlerer Hitze etwa 5 Minuten kochen, bis der Kürbis weich ist.

Inzwischen die Frühlingszwiebeln putzen, waschen und in Ringe schneiden.

Den Kürbis im Topf mit dem Pürierstab fein zerkleinern. Die Frühlingszwiebeln untermischen. Mit Salz und Pfeffer abschmecken. Die Crème fraîche und den Zitronensaft unterrühren. Die Suppe bis zum Servieren zugedeckt stehen lassen.

Das Brot würfeln. Die Chilischote waschen, von allen Kernen befreien und in feine Streifen schneiden.

Das übrige Öl mit der Chili erhitzen. Die Brotwürfel darin bei mittlerer Hitze rundherum knusprig rösten.

Die Suppe erhitzen, in vorgewärmte Teller verteilen und mit den Croûtons bestreut servieren.

Die Kürbiscremesuppe eignet sich auch als Auftakt zu einem feinen Menü für Zwei.

Gulaschsuppe mit Sauerkraut

Preiswert

Zutaten für 2 Personen
200 g Rindfleisch zum Schmoren (z. B. Hals oder Kamm)
2 kleine Zwiebeln
1 Teelöffel Butterschmalz
1 Teelöffel edelsüßes Paprikapulver
1/2 Teelöffel rosenscharfes Paprikapulver
Salz
250 g mehligkochende Kartoffeln
1/2 Dose Sauerkraut (285 g Inhalt)
1 Teelöffel Tomatenmark
1 Eßlöffel Schnittlauchröllchen
2 Eßlöffel saure Sahne

Pro Portion: 1600 kJ/ 390 kcal
18 g E · 23 g F · 27 g Kh
Zubereitungszeit: 45 Minuten
Garzeit: 1 1/4 Stunden

Das Fleisch klein würfeln. Die Zwiebeln schälen, fein hacken.

Das Butterschmalz in einem großen Topf erhitzen. Das Fleisch darin bei starker Hitze anbraten. Die Zwiebeln dazugeben und bei mittlerer Hitze unter Rühren einige Minuten andünsten. Mit dem Paprika bestreuen, dann 625 ml Wasser angießen. Alles salzen und zugedeckt bei mittlerer Hitze 1 Stunde köcheln lassen.

Die Kartoffeln schälen, waschen und klein würfeln. Zum Fleisch geben und alles 15 Minuten weitergaren.

Inzwischen das Sauerkraut abtropfen lassen und etwas kleiner schneiden. Mit dem Tomatenmark zur Suppe geben und 30 Minuten weitergaren.

Die Suppe abschmecken*, in tiefe Teller füllen, mit Schnittlauch und saurer Sahne garnieren.

Minestrone

Preiswert

Zutaten für 3 Personen
100 g getrocknete weiße Bohnen
1 kleine Zwiebel
1–2 Eßlöffel Olivenöl
1 Möhre
1 festkochende Kartoffel
1 kleine Zucchini
1 Stange Staudensellerie
Salz
2 kleine Tomaten
75 g Suppennudeln (z. B. Maccheroni, Farfallini, Ditalini)
Pfeffer, frisch gemahlen
3 Teelöffel Pesto (selbstgemacht oder aus dem Glas)
5 Eßlöffel frisch geriebener Parmesan (ersatzweise Pecorino)

Pro Portion: 1500 kJ/ 360 kcal
16 g E · 11 g F · 50 g Kh
Einweichzeit: 12 Stunden
Zubereitungszeit: 1 1/4 Stunden

Die Bohnen über Nacht in Wasser einweichen. Am nächsten Tag abgießen, in ein Sieb schütten, unter fließendem Wasser abspülen und abtropfen lassen.

Die Zwiebel schälen und klein würfeln. 1 Eßlöffel Öl in einem Suppentopf erhitzen und die Zwiebel darin goldgelb dünsten. Die Bohnen und 2 l Wasser hinzufügen, aufkochen. Die Bohnen zugedeckt bei mittlerer Hitze 45 Minuten vorgaren.

Inzwischen die Möhre und die Kartoffel schälen, waschen und klein würfeln. Die Zucchini und den Staudensellerie putzen, waschen und in Scheiben schneiden. Alles zu den Bohnen geben, salzen und zugedeckt bei schwacher Hitze 20 Minuten köcheln lassen.

Inzwischen die Stielansätze der Tomaten entfernen. Die Tomaten kurz überbrühen*, häuten, quer halbieren und entkernen. Das Tomatenfleisch in Stücke schneiden.

Etwa 10 Minuten vor Ende der Garzeit die Suppe kräftig aufkochen, Tomaten und Nudeln hineinrühren und die Nudeln »al dente« (bißfest) kochen. Die Suppe mit Salz und Pfeffer abschmecken, das restliche Öl unterrühren.

Die Minestrone sofort in tiefe Teller füllen. Am Tisch mit etwas Pesto verrühren und mit dem Käse bestreuen.

Linsensuppe mit Kartoffeln

Deftig

Zutaten für 2 Personen
1 Schalotte
1 Teelöffel Sonnenblumenöl
30 g braune Linsen
375 ml Gemüsebrühe (Instant oder selbstgemacht)
150 g festkochende Kartoffeln
4 Eßlöffel Crème fraîche
Salz
schwarzer Pfeffer, frisch gemahlen
etwas frisches Bohnenkraut
etwas frische Petersilie

Pro Portion: 870 kJ/ 210 kcal
6 g E · 12 g F · 18 g Kh
Zubereitungszeit: 1 Stunde

Die Schalotte schälen und fein hacken. Das Öl erhitzen, die Schalotte und die Linsen darin bei mittlerer Hitze unter Rühren einige Sekunden anbraten.

Die Gemüsebrühe hinzugießen, einmal aufkochen und zugedeckt bei schwacher Hitze in etwa 20–30 Minuten garen, bis die Linsen halbweich sind.

Während die Linsen kochen, die Kartoffeln schälen, waschen und würfeln. Die Kartoffelwürfel zu den Linsen geben, erneut aufkochen und die Suppe weitere 10–15 Minuten garen, bis sowohl die Linsen als auch die Kartoffeln weich sind.

Die Crème fraîche einrühren und bis knapp unter den Siedepunkt erhitzen. Die Suppe mit Salz und Pfeffer abschmecken und auf vorgewärmten Tellern verteilen.

Das Bohnenkraut und die Petersilie waschen, trockentupfen und fein zerkleinern. Die Suppe damit bestreuen.

Indische Gemüsesuppe

Exotisch

Zutaten für 2 Personen
etwa 100 g Lauch
50 g Zuckerschoten
1 kleine Knoblauchzehe
1 Teelöffel Sonnenblumenöl
1/4 Teelöffel gemahlene Gelbwurz (Kurkuma)
1/4 Teelöffel gemahlener Kreuzkümmel (Cumin)
1/4 Teelöffel gemahlener Koriander
1/4 Teelöffel Ingwerpulver
1 Messerspitze Safran
Chilipulver
Salz
375 ml Gemüsebrühe (Instant oder selbstgemacht)
2 kleine Tomaten (etwa 200 g)
1/2 Bund Petersilie

Pro Portion: 380 kJ/ 90 kcal
3 g E · 6 g F · 6 g Kh
Zubereitungszeit: 25 Minuten

Den Lauch und die Zuckerschoten putzen, den Lauch waschen und in dünne Ringe, die Zuckerschoten in Stücke schneiden. Die Knoblauchzehe schälen und hacken.

Das Öl erhitzen. Lauch, Zuckerschoten und Knoblauch hineingeben und unter ständigem Wenden bei schwacher bis mittlerer Hitze etwa 1 Minute anbraten. Die Gewürze, etwas Chilipulver und Salz dazugeben und einige Sekunden rösten.

Die Gemüsebrühe dazugießen, einmal aufkochen und zugedeckt bei schwacher Hitze 5 Minuten kochen.

Die Tomaten würfeln. Die Petersilie waschen, trockentupfen und hacken.

Die Hälfte der Tomaten in der Brühe aufkochen. Die Brühe in Teller geben und die restlichen Tomaten und die Petersilie darauf verteilen.

Tip!

Wenn Sie die verschiedenen Currygewürze (Gelbwurz, Kreuzkümmel, Koriander, Ingwerpulver und Safran) nicht einzeln kaufen wollen, verwenden Sie fertig gemischtes scharfes Currypulver und dosieren es nach eigenem Geschmack.

Grüne-Bohnen-Eintopf

Gelingt leicht

Zutaten für 2 Personen
250 g Rindfleisch (Brustkern)
1 Bund Suppengrün
1 Zwiebel · 1 Lorbeerblatt
5 Pfefferkörner · Salz
250 g grüne Bohnen
1/2 Bund Petersilie
150 g Kartoffeln
1/2 Bund frisches Bohnenkraut
(oder 1 Teelöffel getrocknetes)
25 g Räucherspeck
1 Eßlöffel Butter
1 Teelöffel Mehl

Pro Portion: 1700 kJ/ 410 kcal
34 g E · 20 g F · 24 g Kh
Zubereitungszeit: 2 Stunden

Das Fleisch abspülen und in einem Topf mit kaltem Wasser bedeckt zum Kochen bringen. Den Sud mehrmals abschäumen*. Das Suppengrün abspülen und dazugeben. Die Zwiebel schälen. 1/2 Zwiebel, das Lorbeerblatt, die Pfefferkörner und Salz hinzufügen. Alles bei schwacher Hitze etwa 1 Stunde 20 Minuten köcheln lassen.

Inzwischen die Bohnen waschen, Enden und Fäden entfernen. Die Bohnen in 3 cm lange Stücke schneiden. Die Petersilie waschen, die Blättchen fein hacken. Die Kartoffeln schälen, abspülen, in kleine Würfel schneiden. Das Bohnenkraut waschen.

Das fertig gegarte Fleisch aus der Brühe nehmen. Die Brühe durch ein Sieb in einen zweiten Topf gießen. Die Bohnen mit dem Bohnenkraut in die Brühe geben und darin etwa 7 Minuten kochen. Dann die Kartoffeln hinzufügen und alles nochmals 8–10 Minuten kochen lassen.

Das Fleisch in kleine Stücke schneiden und wieder zu den Bohnen geben. Die zweite halbe Zwiebel und den Speck klein würfeln. Die Butter in einer Pfanne erhitzen, den Speck darin anbraten. Dann die Zwiebel dazugeben, kurz anschwitzen lassen und das Mehl darüber stäuben. Alles unter Rühren in den Eintopf geben und kurz aufkochen lassen. Mit der Petersilie bestreuen.

Wirsing-Lamm-Eintopf

Raffiniert

Zutaten für 2 Personen
1/2 Kopf Wirsing (etwa 750–1000 g)
300 g Lammfleisch (Brust, Nacken)
2 kleine Kartoffeln
Salz
schwarzer Pfeffer, frisch gemahlen
3 Teelöffel Butterschmalz
1 Zwiebel
1 Knoblauchzehe
625 ml Fleischbrühe oder Wasser
1/4 Teelöffel gemahlener Koriander
1/4 Teelöffel gemahlener Kümmel

Pro Portion: 3600 kJ/ 860 kcal
31 g E · 68 g F · 22 g Kh
Zubereitungszeit: 1 1/2 Stunden

Vom Wirsingkohl die äußeren Blätter entfernen. Die Kohlhälfte nochmals halbieren und den Strunk herausschneiden. Die Viertel in grobe Streifen schneiden.

Das Fleisch abspülen, trockentupfen und in mundgerechte Stücke schneiden. Die Kartoffeln schälen, abspülen, in Würfel schneiden.

Das Fleisch mit Salz und Pfeffer würzen. In einem Bräter das Schmalz erhitzen und die Lammstücke darin von allen Seiten braun anbraten*.

Die Zwiebel und den Knoblauch schälen, in kleine Würfel schneiden, zum Fleisch geben und kurz mitbraten. Den Wirsing und die Kartoffeln dazugeben. Die Brühe oder Wasser angießen. Den Eintopf mit Koriander und Kümmel würzen. Zugedeckt 30–40 Minuten kochen lassen. Dann nochmals mit Salz und Pfeffer abschmecken. Dazu paßt ein kräftiges Bauernbrot.

Im Bild vorne:
Wirsing-Lamm-Eintopf
Im Bild hinten:
Grüne-Bohnen-Eintopf

Nudelsuppe mit Huhn

Braucht etwas Zeit

Zutaten für 2 Personen
1/2 frisches küchenfertiges Suppenhuhn (etwa 600 g)
Salz
1 Möhre
1/2 Stange Lauch
1 kleine Zwiebel
1 Lorbeerblatt
1 Gewürznelke
125 g Bandnudeln
Streuwürze
Muskatnuß, frisch gerieben
schwarzer Pfeffer, frisch gemahlen
1/2 Bund glatte Petersilie

Pro Portion: 3200 kJ/ 760 kcal
47 g E · 43 g F · 50 g Kh
Zubereitungszeit: 3 Stunden

Das halbe Huhn gründlich waschen. Dann in einen Suppentopf legen und mit kaltem Wasser bedecken. Alles langsam zum Kochen bringen, dabei mehrmals abschäumen*.

Die Hitze reduzieren. Etwa 1 Teelöffel Salz in den Topf geben. Dann das Huhn bei schwacher Hitze zugedeckt etwa 1 Stunde sanft köcheln lassen.

Die Möhre schälen und abspülen. Den Lauch putzen, längs aufschlitzen, gründlich abspülen und in Stücke schneiden. Die Zwiebel schälen. Das Lorbeerblatt mit der Nelke daran feststecken. Das Gemüse in die Suppe geben und alles noch 1/2–1 Stunde köcheln lassen.

Die Nudeln nach Packungsanweisung bißfest* garen. Nach dem Kochen mit kaltem Wasser abschrecken und zur Seite stellen.

Das fertig gegarte Huhn aus der Brühe nehmen. Das Fleisch von den Knochen lösen. Dabei die Haut entfernen und anderweitig verwenden (siehe Tips). Das Hühnerfleisch in kleine, mundgerechte Stücke schneiden.

Die Brühe durch ein Sieb in einen zweiten Topf gießen. Die Möhre in kleine Würfel schneiden. Nudeln, Hühnerfleisch und Möhrenstücke in die Brühe geben. Die Suppe nochmals aufkochen lassen, mit Streuwürze, Muskatnuß und Pfeffer abschmecken.

Die Petersilie waschen und trockentupfen. Die Blättchen abzupfen und fein hacken. Die Suppe in zwei tiefe Teller oder Schalen füllen, jede Portion reichlich mit Petersilie bestreuen.

Tips!

So erkennen Sie, ob das Huhn gar ist: Läßt das Fleisch sich leicht von den Knochen lösen, können Sie das Huhn aus der Brühe nehmen.
Die beiseite gestellte Hühnerhaut in dünne Streifen schneiden. In Butter knusprig ausbraten und auf Küchenpapier abtropfen lassen. Über die fertige Suppe streuen. Oder (wie Röstzwiebeln) über Sauerkraut, Wirsinggemüse, Bratkartoffeln oder Suppe von Hülsenfrüchten streuen.
Statt dem Huhn etwa 400 g Hühnerklein (Hälse, Flügel, Mägen) verwenden.

Bouillabaisse

Aus Frankreich

Zutaten für 2 Personen
500 g tiefgekühlte kleine Mittelmeerfische
1/2 Zwiebel
2 Kartoffeln, geschält und gekocht
2 große Tomaten
2 Eßlöffel Olivenöl
2 Knoblauchzehen
etwas frisch gehackte Petersilie
2 Lorbeerblätter
Salz
Pfeffer
2 Päckchen Safran (à 0,15 g)
1/2 l Wasser
4 kleine Scheiben Weißbrot

Pro Portion: 2300 kJ/ 555 kcal
45 g E · 25 g F · 38 g Kh
Zeit zum Auftauen: 1 1/2–2 Stunden
Zubereitungszeit: 1 Stunde
Garzeit: 20 Minuten

Die Fische auftauen lassen, dann sorgfältig waschen, schuppen und ausnehmen. Die Köpfe und Schwänze abschneiden, die Flossen mit den daranhängenden Gräten entfernen.

Die halbe Zwiebel schälen und fein hacken, die gekochten Kartoffeln in Scheiben schneiden, die Tomaten kurz in kochendheißes Wasser tauchen, häuten, die Stielansätze entfernen und kleinschneiden.

In einem großen Topf das Olivenöl erhitzen und die Zwiebel darin bei großer Hitze unter Rühren leicht anbräunen lassen. Die Tomaten zugeben. Die Knoblauchzehen schälen und hineinpressen. Die Gewürze und die Kartoffelscheiben zufügen. Die Hitze reduzieren.

Während die Mischung sanft köchelt*, das Wasser zum Kochen bringen.

Die Fische nach etwa 10 Minuten in den Topf mit der Kartoffelmischung geben, kurz mitköcheln lassen, dann das kochende Wasser zugießen. Die Hitze wieder auf höchste Stufe stellen und die Suppe 15–20 Minuten kochen lassen.

Inzwischen das Brot schneiden und in einer trockenen Pfanne goldgelb rösten.

Mit dem Schaumlöffel den Fisch vorsichtig aus der Suppe heben und auf eine vorgewärmte Platte legen. Die Kartoffelscheiben um die Fische garnieren.

Die gebackenen Brotscheiben in eine Suppenterrine legen, den Sud darübergießen.

Jeder Gast bekommt einen Suppenteller und einen kleinen flachen Teller. Zuerst bedient sich jeder mit Fisch und legt ihn auf den flachen Teller. Mit zwei Gabeln oder einem Fischbesteck entfernt man Mittelgräte und eventuell noch vorhandene weitere Gräten. Dann gibt man das Fischfleisch in den tiefen Teller, nimmt sich Kartoffelscheiben und gießt die Suppe mit den Brotscheiben darüber.

Dazu paßt eine scharfe Rouille, noch mehr Stangenweißbrot und ein Weiß- oder Roséwein aus der Provence.

Tip!

Mittelmeerfische gibt es inzwischen in jedem größeren Supermarkt, aber auch in Geschäften für mediterrane Spezialitäten und natürlich im Fischfachgeschäft. Man kann Gelbstriemen, Sardinen, Seehecht und andere grätenarme Fische nehmen. Nicht gut geeignet sind Brassen, weil man wegen der Gräten bei Tisch zuviel Arbeit damit hat.

Gemüse

Gemüse steht hoch im Kurs, nicht nur bei Vegetariern. Es läßt sich vielseitig zubereiten und für Abwechslung ist gesorgt. Denn jede Jahreszeit hat ihre Frische-Favoriten.

Viele Vitalstoffe, die der Körper braucht, um gesund und fit zu bleiben, liefert uns Gemüse, zubereitet als Beilage oder Hauptgericht.

Hülsenfrüchte enthalten viel wertvolles Eiweiß, lassen sich auf südliche Art köstlich zubereiten und sind immer verfügbar ebenso wie – dank Züchtung – auch frische Pilze.

Frisches Gemüse der Jahreszeiten

Ob Frühlings-, Sommer-, Herbst- oder Wintergemüse, was im natürlichen Jahreszyklus bei uns und unseren europäischen Nachbarn wächst, kommt der Gesundheit besonders zugute. Denn dann besitzen Gemüse und auch Früchte ihre optimale Kraft, ihre größtmögliche Menge an Nährstoffen und ihre ausgeprägtesten Aromen. Und am preiswertesten sind sie dann auch. Dennoch greifen wir gerne auch im Winter zu Tomaten und Paprikaschoten, Auberginen und Zucchini, die aus Treibhäusern stammen oder aus den Sonnenländern am Rand des Mittelmeeres. Natürlich sind sie dann etwas teurer, schmecken weniger aromatisch und verderben auch schneller. Als »Lückenbüßer« und, um den Speiseplan vielfältiger zu gestalten, kann man sie jedoch akzeptieren.

Gemüse einkaufen

Beim Einkauf sollten Sie möglichst erntefrisches Gemüse auswählen, da dieses noch alle Vitamine besitzt. Blattgemüse muß grün und saftig sein, bei Paprika oder Auberginen soll die Haut glänzen, Möhren oder Rote Bete fühlen sich fest und prall an. Durch langen Transport oder Lagern verliert Gemüse nicht nur sein frisches Aussehen, sondern auch Vitamine. Wer auf dem Wochenmarkt oder direkt beim Erzeuger auf einem Biohof kaufen kann, sollte diese Möglichkeit nutzen.

Zu Hause das Gemüse kühl oder im Gemüsefach des Kühlschrankes aufheben und alsbald zubereiten.

Gemüse verarbeiten

Blattgemüse wie Spinat und Mangold wird von Wurzeln und beschädigten Blättern befreit und dann zügig in reichlich Wasser so oft gewaschen, bis das Wasser klar bleibt. Von Kohlgemüse schneidet man rundum die groben Blätter ab, halbiert oder viertelt die Köpfe, spült sie kalt ab, schüttelt das Wasser aus den geschlossenen Vierteln und schneidet das Gemüse in die gewünschte Form. Von Lauch schneidet man die Wurzeln und die ledrigen Blätter ab, halbiert die Stangen der Länge nach und spült unter fließendem kaltem Wasser den Schmutz ab, der zwischen den Blättern sitzt.

Wurzelgemüse wie Möhren und Knollensellerie, Kohlrabi, Petersilienwurzeln und Spargel wird erst gewaschen, dann mit dem Sparschäler geschält. Bei jungen Möhren und Zucchini reicht das Abschaben der Schalen meist schon aus. Auberginen werden mit Schale zubereitet. Nur den Stiel mit dem grünen Ansatz entfernen.

Bei Fenchelknollen und Staudensellerie werden nach dem Waschen die Wurzelansätze und die harten Stiele abgeschnitten. Die harten Pflanzenfasern, als Fäden zu erkennen, können mit dem Küchenmesserchen abgezogen werden. Genauso werden auch bei den fleischigen Mangoldstielen die Fäden entfernt.

Paprikaschoten zuerst halbieren, dann die Stiele rund um die Ansätze ausschneiden. Im Schoteninnern Kerne und helle Trennhäute entfernen. Besonders bekömmlich werden Paprikaschoten, wenn man die harten Häutchen entfernt. Dazu die ganzen oder halbierten Schoten auf ein mit Alufolie ausgelegtes Bachblech legen und im vorgeheizten Backofen bei 250° 15 Minuten backen. Dann 5 Minuten mit einem gut feuchten Küchentuch bedecken. Die Häutchen lassen sich anschließend mühelos abziehen. Soll es schnell gehen, können Paprikaschoten auch dünn mit dem Sparschäler geschält werden.

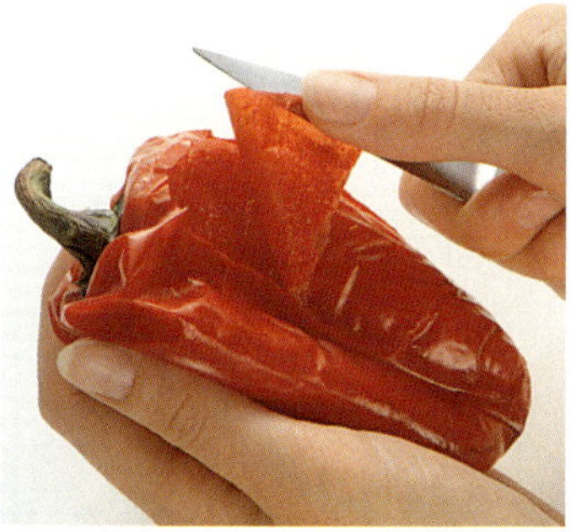

Die Haut muß sich leicht abziehen lassen.

Bei Zuchtpilzen reicht zum Reinigen meist das Abreiben mit Küchenpapier aus, während stärker verschmutzte Wildpilze abgebraust werden sollten.

Schonendes Garen

Blanchieren, Garen in Dampf oder im Folienbeutel und kurzes Dünsten in wenig Wasser mit etwas Olivenöl oder Butter – je kürzer Gemüse gart, desto mehr Vitamine bleiben erhalten und desto besser schmeckt es auch. Gemüse darf ruhig noch Biß haben. Nur grüne Bohnen benötigen mindestens 15 Minuten Kochzeit, bis der gesundheitsschädliche Eiweißstoff Phasin, den sie enthalten, sicher zerstört ist.

Die Zubereitung von Hülsenfrüchten

Um lediglich in Suppen und Eintöpfen verwendet zu werden, dafür sind Hülsenfrüchte viel zu lecker. Getrocknete Erbsen, Bohnen und Linsen, aus allen Ländern rund ums Mittelmeer kommen köstliche Rezepte für phantasievolle Zubereitungsarten. Hülsenfrüchte besitzen von allen pflanzlichen Lebensmitteln den höchsten Eiweißgehalt, daneben Vitamine, Mineralstoffe und Spurenelemente, die durch das Trocknen nicht verloren gehen. Ihr Anteil an Ballaststoffen spielt eine wichtige Rolle bei der Verdauung. Häufig lagern Hülsenfrüchte zu lange und bleiben dann – manchmal auch nur zum Teil – beim Kochen hart. Achten Sie deshalb auf das Verbrauchsdatum. Geschälte Hülsenfrüchte wie Erbsen und gelbe Linsen sind maximal ein halbes, ungeschälte Hülsenfrüchte ein Jahr haltbar.

Vor Verwendung die Hülsenfrüchte auf einem Tablett ausbreiten, dann läßt sich mühelos »Artfremdes« wie kleine Steinchen und andere Pflanzenteile entfernen. Die Hülsenfrüchte vor dem Einweichen oder Kochen gründlich waschen.

Einweichen und kochen

Bohnen, ungeschälte grüne oder gelbe Erbsen und Kichererbsen müssen vor dem Kochen über Nacht in reichlich kaltem Wasser eingeweicht werden. Die Kochzeit beträgt bei Bohnen, grünen und gelben Erbsen etwa 1 1/2 Stunden, bei Kichererbsen etwa 2 Stunden. Im Dampfkochtopf verkürzt sich die Garzeit um etwa die Hälfte.

Grüne oder braune Linsen und die kleinen Puy-Linsen kommen mit etwa 2 Stunden Einweich- und einer Kochzeit von 45 Minuten bis 1 Stunde aus. Geschälte gelbe Erbsen und Linsen werden nicht eingeweicht und sind – je nachdem, ob sie ihre Form behalten oder musig zerkochen sollen, in 10 bis 20 Minuten gar.

Für welche Gerichte sich Hülsenfrüchte eignen

Verwenden Sie sie zusammen mit frischen Gemüsen für Suppe und Eintopf, sie sind ebenso geeignet für Salate und kleine Vorspeisen, wie etwa die feinen Bohnen- und Erbsenpasten aus dem Orient.

Spargel mit Frühlingszwiebeln

Braucht etwas Zeit

Zutaten für 2 Personen
50 g geröstete, ungesalzene Erdnüsse in der Schale
250 g weißer Spargel
250 g grüner Spargel
20 g Butter (2 Eßlöffel)
gut 2 Teelöffel gekörnte Gemüsebrühe
100 g Frühlingszwiebeln
Meersalz
1 Eßlöffel Grünkernmehl (Reformhaus, Naturkostladen)
60 g Crème fraîche
einige Stengel Petersilie

Pro Portion: 1600 kJ/ 380 kcal
12 g E · 33 g F · 11 g Kh
Zubereitungszeit: 1 1/2 Stunden

Die Erdnüsse schälen, dabei auch die braunen Häutchen abstreifen. Die Nüsse grob hacken.

Den Spargel waschen und schälen (beim grünen Spargel nur das untere Drittel) und holzige Enden abschneiden.

Die Spargelabfälle knapp mit Wasser bedecken, zum Kochen bringen und zugedeckt bei schwacher Hitze 15–20 Minuten kochen.

Inzwischen die Spargelstangen in Stücke schneiden, die Spitzen getrennt legen.

Die Spargelbrühe absieben und mit Wasser auf 225 ml ergänzen. Die Brühe mit 10 g Butter und 1 Teelöffel gekörnter Brühe aufkochen. Die Spargelabschnitte darin zugedeckt bei schwacher Hitze etwa 8 Minuten garen. Dann die Spargelspitzen dazugeben und noch etwa 2 Minuten kochen.

Inzwischen die Frühlingszwiebeln waschen und putzen. Das obere Viertel des Zwiebelgrüns abschneiden und beiseite legen. Die Frühlingszwiebeln schräg in 1 cm breite Stücke schneiden.

Den Spargel mit dem Schaumlöffel aus dem Topf heben, abtropfen lassen und in eine flache Schüssel geben. Im Backofen zugedeckt bei 50° warm halten. Die Kochbrühe offen auf 175 ml einkochen*.

Gleichzeitig die Frühlingszwiebeln in 10 g Butter andünsten. Die Erdnüsse dazugeben und 3–4 Minuten unter Umwenden mitbraten. Mit etwas Salz abschmecken.

Das Grünkernmehl mit 5 Teelöffeln kaltem Wasser anrühren und mit dem Schneebesen in die Spargelbrühe schlagen. Gut 1 Teelöffel gekörnte Brühe hinzufügen und die Sauce 2–3 Minuten unter Rühren kochen, bis sie sämig wird. Den Topf von der Kochstelle nehmen und die Crème fraîche unterrühren.

Die Petersilie waschen und trockenschütteln. Die Blättchen von den Stielen zupfen und hacken. In die Sauce einrühren, diese nochmals abschmecken und vorsichtig unter den Spargel heben.

Die Zwiebelmischung über dem Spargel verteilen. Vom zurückbehaltenen Zwiebelgrün einige Ringe abschneiden (den Rest nach Belieben für einen Salat verwenden) und das Ragout damit bestreuen.

Dazu schmecken neue Kartoffeln und Spinatsalat mit Radieschen und Zucchini.

Tip!

Probieren Sie dieses Rezept auch einmal außerhalb der Spargelzeit, etwa mit Kohlrabi, Blumenkohl, Schwarzwurzeln, Topinambur oder Rosenkohl.

Nutzen Sie die kurze Spargelsaison und genießen Sie dieses köstliche Gericht mit grünem und weißem Spargel und würzigen Frühlingszwiebeln.

Mangold mit Crème fraîche

Preiswert

Zutaten für 2 Personen
400 g Mangold
1 mittelgroße Zwiebel
1 Knoblauchzehe
2 Teelöffel Butter
1/2 Eßlöffel gekörnte Gemüsebrühe
4 Eßlöffel Crème fraîche
2 Eßlöffel frisch gehackte Petersilie
Muskatnuß, frisch gerieben
Meersalz

Pro Portion: 1100 kJ/ 260 kcal
6 g E · 21 g F · 11 g Kh
Zubereitungszeit: 35 Minuten

Die Mangoldblätter von den Stielen trennen und beides waschen. Die Stiele in etwa 2 cm breite Streifen schneiden; zu breite Stiele vorher längs halbieren. Die Blätter 1–2 mal längs teilen, dann quer in 2 cm breite Streifen schneiden.

Die Zwiebel würfeln, den Knoblauch fein hacken. Beides in der Butter glasig dünsten. Die Mangoldstiele, 2 Eßlöffel Wasser und die gekörnte Brühe dazugeben. Zugedeckt etwa 3 Minuten bei mittlerer Hitze dünsten*.

Die Mangoldblätter hinzufügen und 8–10 Minuten mitgaren; zwischendurch einmal umrühren.

Den Topf von der Kochstelle nehmen. Die Crème fraîche und die Petersilie unter das Gemüse rühren. Mit Muskat und Salz abschmecken. Dazu schmecken Zwiebel-Nuß-Reis, Grünkernbratlinge oder Kartoffeln.

Gemüsecurry mit Mandeln

Exotisch

Zutaten für 2 Personen
25 g Mandeln
300 g Weißkohl
125 g reife, aromatische Tomaten
250 g grüne Paprikaschoten
1 Zwiebel
2 Eßlöffel Sonnenblumenöl, kaltgepreßt
1 Teelöffel Currypulver
100 g säuerliche Äpfel
2 Eßlöffel saure Sahne
1 Prise Cayennepfeffer
1 Teelöffel abgeriebene Schale von einer unbehandelten Zitrone
2 Teelöffel Zitronensaft
Meersalz

Pro Portion: 1200 kJ/ 290 kcal
6 g E · 22 g F · 7 g Kh
Zubereitungszeit: 50 Minuten

Die Mandeln kurz in kochendes Wasser legen, dann häuten und ohne Fett in einer Pfanne unter Rühren hellgelb rösten*.

Sämtliches Gemüse waschen und putzen. Den Kohlkopf vierteln und den Strunk keilförmig herausschneiden. Den Kohl in etwa 1 cm breite Streifen schneiden. Die Tomaten würfeln, dabei den Stengelansatz entfernen. Die Paprikaschoten vierteln und entkernen; die Viertel zuerst längs in 1 cm breite Streifen, dann schräg in Rauten schneiden.

Die Zwiebel grob würfeln und in dem Öl glasig dünsten*. Den Kohl dazugeben und unter Umwenden 2–3 Minuten anbraten. Zuletzt den Curry einige Sekunden mitrösten.

Die Paprikarauten und 1–2 Eßlöffel Wasser hinzufügen. Zugedeckt bei mittlerer Hitze etwa 10 Minuten garen, bis das Gemüse knapp weich ist.

Die Äpfel vierteln, entkernen, in Scheibchen schneiden und mit den Tomaten unter das Gemüse mischen. Alles noch etwa 3 Minuten bei schwacher Hitze ziehen lassen.

Den Topf von der Kochstelle nehmen. Die saure Sahne und die Mandeln unter das Gemüse heben und mit dem Cayennepfeffer, der Zitronenschale, dem Zitronensaft und Salz würzen.

Dazu schmecken Pellkartoffeln oder Getreideschnitten.

Ratatouille

Aus Frankreich

Zutaten für 3 Personen
1 große Aubergine
2 Fleischtomaten
2 kleine Zucchini
2 kleine Paprikaschoten
50 ml Olivenöl
Salz · Pfeffer
1 Knoblauchzehe
1/2 Bouquet garni (gemischtes Kräutersträußchen)
50 ml kaltes Wasser

Pro Portion: 700 kJ/ 165 kcal
5 g E · 10 g F · 14 g Kh
Zubereitungszeit: 25 Minuten
Garzeit: 1 1/2 Stunden

Die Aubergine und die Tomaten in kochendheißes Wasser tauchen, häuten, von Blüten- und Stengelansätzen befreien und in Würfel schneiden.

Die Zucchini waschen, in grobe Scheiben schneiden. Die Paprikaschoten ebenfalls waschen, entkernen und in mundgerechte Stücke schneiden.

Die Gemüse in einen schweren Schmortopf geben. Das Olivenöl angießen. Salzen und pfeffern. Die Knoblauchzehe schälen und in das Gemüse pressen. Das Bouquet garni hineingeben. Das kalte Wasser angießen. Den Deckel schließen und das Gericht zum Kochen bringen.

Dann die Hitze reduzieren und die Ratatouille 1 1/2 Stunden köcheln* lassen. Heiß oder kalt servieren.

Tip!

Dieses Gericht kann man kalt als Vorspeise oder heiß als Beilage reichen. Es empfiehlt sich, die doppelte Rezeptmenge zuzubereiten und den Rest am nächsten oder übernächsten Tag kalt zu servieren.

Toskanische Bohnen

Gelingt leicht

Zutaten für 2 Personen
300 g Strauchtomaten
2 Frühlingszwiebeln
75 g Knollensellerie
250 g Möhren
250 g dünne grüne Bohnen
Meersalz
1–2 Eßlöffel Olivenöl, kaltgepreßt
6 Eßlöffel trockener Weißwein (ersatzweise 1 Teelöffel Zitronensaft)
1 kleine Knoblauchzehe
1 Zweig Thymian
1 Lorbeerblatt
Pfeffer
1 Teelöffel Basilikumblättchen
1 Eßlöffel kleingeschnittene glattblättrige Petersilie

Pro Portion: 990 kJ/ 240 kcal
5 g E · 11 g F · 29 g Kh
Zubereitungszeit: 30 Minuten

Das Gemüse waschen. Die Tomaten ohne Stielansätze würfeln, grob pürieren. Die Frühlingszwiebeln putzen und mit dem Grün kleinschneiden. Sellerie und Möhren schälen. Den Sellerie in Würfelchen, die Möhren in 3 cm lange, dünne Stifte schneiden. Die Bohnen putzen und in Salzwasser bei schwacher Hitze je nach Dicke in 10–20 Minuten bißfest* garen.

Inzwischen in einem Topf das Öl erhitzen und Zwiebeln, Sellerie und Möhren darin 4 Minuten bei schwacher Hitze dünsten*. Mit Wein aufgießen und das grobe Tomatenpüree untermischen. Den Knoblauch schälen und ganz mit Thymian und Lorbeerblatt hineingeben. Alles salzen und pfeffern. Bei schwacher Hitze erst 6 Minuten zugedeckt, dann 4 Minuten offen garen und etwas einkochen lassen. Zuletzt Bohnen, Basilikum und Petersilie unterrühren.

Variante:

Ein wunderbares Hauptgericht ergeben diese Bohnen, wenn Sie sie zusammen mit Rumpsteak servieren: Pro Portion 1/2 Rumpsteak (80–100 g) auf jeder Seite 4 Minuten bei starker Hitze in Olivenöl braten, salzen und pfeffern. Auf einer abgeteilten Portion von dem fertigen Gemüse 1 Minute ziehen lassen. Den Bratfond untermischen. Das Rumpsteak vor dem Servieren in Streifen schneiden.

Zucchinipuffer mit Paprikasahne

Braucht etwas Zeit

Zutaten für 2 Personen
1 Ei
1 Eigelb
3 Eßlöffel Sahne
4 Eßlöffel trockener Weißwein, ersatzweise 4 Eßlöffel Wasser und 1 Teelöffel Zitronensaft
30 g Parmesan, frisch gerieben
120 g Vollkorn-Weizenmehl
1 mittelgroße hellgrüne Paprikaschote
2 kleine reife Tomaten
1 Bund Schnittlauch
1/2 Bund Dill
200 g saure Sahne
2 Knoblauchzehen
Kräutersalz
Cayennepfeffer
250 g junge Zucchini
knapp 1/2 Teelöffel Delikata (Reformhaus, Naturkostladen)
Zum Braten:
30 g ungehärtetes Kokosfett
3 Eßlöffel Sesamsamen

Pro Portion: 3300 kJ/ 790 kcal
28 g E · 51 g F · 51 g Kh
Zubereitungszeit: 1 1/4 Stunden

Das Ei, das Eigelb, die Sahne, den Wein oder das Wasser und den Zitronensaft, den Käse und das Vollkornmehl zu einem dickflüssigen Teig verrühren. Den Teig zugedeckt etwa 30 Minuten quellen lassen.

Für die Paprikasahne die Paprikaschote waschen, halbieren und entkernen. Die Tomaten waschen und halbieren, dabei die Stielansätze entfernen, das Innere herauslösen und anderweitig verwenden. Die Paprika- und die Tomatenhälften fein würfeln.

Den Schnittlauch und den Dill (1 Zweig zum Garnieren zurücklegen) waschen, trockentupfen und fein schneiden.

Paprika- und Tomatenwürfel und die Kräuter unter die saure Sahne rühren. 1 Knoblauchzehe dazupressen. Die Paprikasahne mit Salz und Cayennepfeffer kräftig abschmecken. Mit dem restlichen Dill garnieren und kühl stellen, bis die Puffer gebacken sind.

Für die Puffer die Zucchini waschen, putzen, grob raspeln und unter den Teig mischen. Den restlichen Knoblauch dazupressen. Den Teig mit Salz und dem Delikata kräftig würzen.

In einer großen Pfanne etwas Kokosfett erhitzen. Jeweils 2 Eßlöffel Teig zu einem flachen Küchlein ausstreichen. Mit Sesam bestreuen und diesen leicht andrücken. Die Puffer bei mittlerer Hitze auf beiden Seiten goldgelb braten. Im Backofen bei 60° oder in einer zweiten Pfanne bei schwächster Hitze warm halten, bis alle Puffer gebacken sind.

Die Paprikasahne zu den Puffern servieren. Dazu schmeckt roter Kopfsalat mit Fenchelstreifen oder Feldsalat mit gehackten Walnüssen.

Variante:

Statt Zucchini können Sie auch anderes fein geraspeltes Gemüse, etwa Möhren, Lauch, Sellerie, Blumenkohl, Rosenkohl oder Kartoffeln unter den Teig mischen.

Zucchinipuffer schmecken raffiniert und bleiben beim Backen schön saftig. Mit der kühlen Sahnesauce sind sie ein ideales Sommeressen.

Peperonata

Gut vorzubereiten

Zutaten für 2 Personen
125 g Zwiebeln
1–2 Eßlöffel Olivenöl
2 Knoblauchzehen
je 100 g rote, grüne und gelbe Paprikaschote
2 große Fleischtomaten
1 Lorbeerblatt
1 kleiner Zweig frischer Rosmarin (oder 1/2 Teelöffel getrocknete Nadeln)
Salz
schwarzer Pfeffer, frisch gemahlen

Pro Portion: 570 kJ/ 140 kcal
5 g E · 7 g F · 14 g Kh
Zubereitungszeit: 1 Stunde

Die Zwiebeln schälen und in feine Ringe schneiden oder hobeln.

Das Olivenöl in einem breiten Topf erhitzen, die Zwiebelringe darin glasig dünsten.

Den Knoblauch schälen und durch die Presse dazudrücken.

Die Paprikaschoten waschen, von den Kerngehäusen und den dicken Rippen befreien, in 1 cm breite Streifen schneiden und dazugeben.

Die Tomaten überbrühen*, häuten, achteln, entkernen und untermischen. Das Lorbeerblatt und den Rosmarin hinzufügen. Das Gemüse salzen, pfeffern und bei sehr milder Hitze zugedeckt etwa 30 Minuten schmoren*, ab und zu umrühren.

Zum Schluß das Lorbeerblatt und den Rosmarinzweig herausfischen. Das Gemüse nochmals mit Salz und Pfeffer abschmecken.

Tip!

Das gemischte Schmorgemüse schmeckt warm oder kalt, als Hauptgericht oder Beilage.

Gemischtes Pilzgemüse

Gelingt leicht

Zutaten für 2 Personen
100 g Austernpilze
100 g Egerlinge
100 g Champignons
1 kleine Zwiebel
1 Eßlöffel Butter
1 Knoblauchzehe
Salz
schwarzer Pfeffer, frisch gemahlen
75 g Crème fraîche
1/2 Bund glatte Petersilie

Pro Portion: 980 kJ/ 230 kcal
5 g E · 22 g F · 4 g Kh
Zubereitungszeit: 35 Minuten

Die Pilze putzen und mit Küchenkrepp abreiben. Die Austernpilze in schmale Streifen, die restlichen Pilze blättrig schneiden.

Die Zwiebel schälen und fein hacken. Die Butter in einer großen Pfanne heiß werden lassen und die Zwiebel darin unter Rühren weich dünsten.

Die Pilze ebenfalls in die Pfanne geben und kurz kräftig braten. Die Hitze reduzieren.

Den Knoblauch schälen und durch die Presse dazudrücken. Die Pilze mit Salz und Pfeffer würzen, die Crème fraîche untermischen und alles etwa 10 Minuten köcheln*.

Die Petersilie abbrausen, trockenschütteln, mittelfein hacken und kurz vor dem Servieren unter das Gemüse mischen.

Tip!

Mit Waldpilzen schmeckt das Gericht natürlich noch aromatischer. Servieren Sie dazu Nudeln, kleine Semmelknödel oder Pellkartoffeln.

Kohlrabi mit Knoblauchsauce

Preiswert

Zutaten für 2 Personen
2 Kohlrabi mit Grün (600 g)
knapp 1 Eßlöffel Butter
100 ml kräftige Gemüsebrühe (ersatzweise Gemüsefond aus dem Glas)
200 g mehligkochende Kartoffeln
3 Knoblauchzehen
Salz
50 g Bulgara-Joghurt
1 Eßlöffel Zitronensaft
schwarzer Pfeffer

Pro Portion: 780 kJ/ 190 kcal
6 g E · 6 g F · 31 g Kh
Zubereitungszeit: 30 Minuten

Die Kohlrabi waschen, schälen und in 1 cm dicke Scheiben schneiden. Von den schönen Blättern die dicken Stiele entfernen, die restlichen Blätter wegwerfen. In einem breiten Topf die Butter bei schwacher bis mittlerer Hitze zerlassen, die Kohlrabischeiben hineingeben und 2–3 Minuten andünsten*. Die Blätter darauf legen, die Brühe angießen und alles zugedeckt bei schwacher Hitze etwa 20 Minuten dünsten.

Die Kartoffeln waschen, schälen und vierteln. Den Knoblauch schälen, ganz lassen. Beides in einem Topf knapp mit Salzwasser bedecken und zugedeckt etwa 15 Minuten kochen.

Die Kartoffeln abgießen, kurz ausdampfen lassen. Den Kochsud vom Kohlrabi dazugießen. Die Kartoffeln mit dem Knoblauch zerstampfen, Joghurt und Zitronensaft unterrühren, salzen und pfeffern. Die Kohlrabischeiben und -blätter auf Tellern anrichten, mit der Knoblauchsauce übergießen.

Variante:

Auf dieselbe Weise können Sie zu den Kohlrabi eine Zwiebelsauce zubereiten: Verwenden Sie statt der Knoblauchzehen 2–3 Schalotten, die Sie geschält und geviertelt mit den Kartoffeln garen. Vor dem Zerstampfen der Kartoffeln sollten Sie allerdings die Zwiebeln separat pürieren und erst dann der Sauce zugeben.

Auberginen-Kürbis-Gemüse

Aus der Karibik

Zutaten für 3 Personen
200 g Kürbis
1/2 Aubergine (etwa 200 g)
1/2 kleine rote Paprikaschote
1 kleine Zwiebel
1–2 Knoblauchzehen
2 kleine Tomaten (etwa 150 g)
1–2 Eßlöffel Öl
100 ml Hühnerbrühe
Salz
schwarzer Pfeffer, frisch gemahlen
1/4 Teelöffel gemahlener Piment
einige Stengel Petersilie
Tabasco nach Belieben

Pro Portion: 380 kJ/ 90 kcal
3 g E · 4 g F · 10 g Kh
Zubereitungszeit: 40 Minuten

Den Kürbis dick schälen, Kerne und Fasern herauskratzen. Das Kürbisfleisch in 2–3 cm große Stücke schneiden. Die halbe Aubergine schälen und ebenfalls in 2–3 cm große Stücke schneiden. Die halbe Paprikaschote von den Kernen befreien, waschen und in etwa 1 cm große Würfel schneiden. Die Zwiebel schälen und klein würfeln. Den Knoblauch ebenfalls schälen.

Die Tomaten kreuzweise einschneiden, mit kochendem Wasser überbrühen, häuten, entkernen und kleinschneiden, dabei die Stielansätze entfernen.

Das Öl in einem Topf erhitzen und die Zwiebelwürfel darin goldbraun braten. Den Knoblauch dazupressen und kurz mitbraten. Kürbis, Paprika und Aubergine hinzufügen. Alles unter Wenden 1–2 Minuten bei mittlerer Hitze braten.

Die Tomatenstückchen und die Brühe dazugeben. Alles mit Salz, Pfeffer und Piment würzen und zugedeckt bei schwacher Hitze etwa 10 Minuten dünsten. Das Gemüse soll gar, aber noch bißfest sein.

Die Petersilie waschen, die Blättchen hacken und über das Gemüse streuen. Wer es scharf mag, kann einige Spritzer Tabasco hinzufügen.

Nudeln, Reis, Getreide, Kartoffeln

Nudeln schmecken immer, und ihre leicht verdaulichen Kohlenhydrate liefern schnell neue Energie. Nicht umsonst stürzen sich Spitzensportler nach dem Endspurt zur Stärkung auf Nudelgerichte.

Ob als Beilage oder Hauptgericht, Reis, Hirse und andere Getreidearten lassen sich vielseitig zubereiten, und sehr gesund sind sie außerdem.

Auch beim Verwandlungskünstler Kartoffel fehlt es nicht an Ideen für die Zubereitung, sei es nach altbewährten oder neuen Rezepten. Erfreulich, daß es sich bei vielen um Spargerichte handelt.

Spaghetti, Makkaroni, Trenette oder Rigatoni – nicht nur in Italien kann man zwischen hunderten Sorten Pasta, Nudeln, wählen. Auch bei uns füllen sie meterweise die Regale im Supermarkt, denn dort kommen noch unsere einheimischen Nudeln dazu, allen voran die leckeren Spätzle aus dem Schwabenland.

An Ideen für die Zubereitung fehlt es nicht, wie Sie auf den folgenden Seiten sehen können.

Nudeln in allen Variationen

Welche der verschiedenen Nudelformen man wählt, hängt von ihrer Bestimmung ab. Lange dünne und bandartige Nudeln passen zu geschmeidigen Ragouts und Saucen. Sie lassen sich auch in die Auflaufform schichten. Dicke gerillte Nudelröhren zeigen sich robusteren Ragouts mit größeren Stücken gewachsen. Nudeln mit Hohlräumen verbinden sich in Suppen oder in Salaten mit anderen, kleinteiligen Zutaten oder mit Brühe. Favoriten für Ofengerichte sind Lasagne und Cannelloni.

Bei aller Formenvielfalt gibt es jedoch nur einen wesentlichen Unterschied zwischen all diesen Nudeln: Die Mehlsorte, aus denen sie hergestellt sind. Die einen, vor allem Pasta aus Italien, sind aus Hartweizengrieß hergestellt, der einen großen Kleberanteil besitzt. Deshalb benötigen diese Nudeln nicht die Hilfe von Eiern, um gut in Form zu sein. Für viele Nudelfans sind sie die einzig wahren, weil sie sich gut »al dente«, mit Biß, kochen lassen.
Andere bevorzugen die weicheren Eiernudeln aus dem hierzulande gebräuchlichen Weichweizenmehl. Pro Kilogramm sind dafür mindestens 3 Eier oder die entsprechende Menge Eianteil vorgeschrieben. Spätzle zählen übrigens auch zu dieser Nudelart. Daneben werden noch die hellbraunen Vollkornnudeln angeboten, die mehr Ballast- und Mineralstoffe enthalten als helle Nudeln. Vollkornnudeln aus Gerste, Roggen, Hafer, Dinkel und Grünkern werden in Naturkostläden angeboten. Daneben bieten Asienläden eine exotische Nudelpalette, zum Beispiel Glas- und Reisnudeln an.
Nudeln lassen sich übrigens sehr leicht selbst herstellen. Einmal auf den Geschmack gekommen, entwickelt sich daraus vielleicht ein richtiges Hobby, bei dem eine Nudelmaschine und der Spätzlehobel helfen.

Für Pastafans mit höheren Ansprüchen und etwas Zeit: die Nudelmaschine

Aber mit Biß – Nudeln richtig gekocht

Für ein sättigendes Nudelgericht rechnet man pro Person, je nach Appetit 100 bis 120 g. Wichtig: Die Nudeln in reichlich – bei 2 Portionen etwa 1,5 Liter Salzwasser leicht sprudelnd kochen. Die Nudeln ab und zu umrühren, sie dürfen nicht aneinander kleben, denn dabei garen sie nicht gleichmäßig.
Nach dem Garen die Nudeln in einem großen Sieb abtropfen lassen und nach Rezept unter die Sauce mischen oder in eine vorgewärmte Schüssel geben. Damit sie geschmeidig bleiben, kann man einen Eßlöffel kaltgepreßtes Olivenöl oder 2 bis 3 Eßlöffel vom heißen Kochwasser überträufeln und untermischen.

Reis – auf die Form kommt es an

Bei Langkornreis spricht man – wie der Name schon sagt – von Reis in länglicher Form. Er bleibt beim Kochen körnig, wird als Beilage, für Salate, Suppen, für Füllungen oder bestimmte Gemüse-Fleischgerichte mit Reis verwendet. Dafür ist vor allem der sogenannte Parboiled Reis ideal, weil er sehr körnig bleibt und schnell gar wird. Vor dem Schleifen, das die Schalen entfernt, werden bei diesem Langkornreis durch ein spezielles Dampf-Druck-Verfahren dem Korn die in den äußeren Schichten sitzenden Vitamine zugeführt. In Natur- oder Vollkornreis sind sie besonders reichlich enthalten, wie auch Mineral- und Ballaststoffe. Vor dem Kochen sollte man Naturreis, wie auch andere Vollkorn-Getreidekörner einige Stunden, am besten über Nacht in kaltem Wasser einweichen, abgießen und nach Rezept kochen.

Eine ganz besondere edle Sorte ist der aus dem Himalaja stammende zart duftende Basmatireis. Vor dem Kochen muß er in einem Sieb gründlich kalt abgespült werden, bis das Wasser klar bleibt.

Der kleinförmige Rundkornreis zerkocht leicht und wird gerne für Milchreis und Dessert verwenden. Von größerer und ovalrunder Form ist der Reis für ein geschmeidiges Risotto-Gericht oder für die spanische Paella. Das Korn ist außen weich und verbindet sich mit anderen Zutaten. Wird es nicht übergart, bleibt innen ein fester Kern, Kennzeichen eines gelungenen Risottos.

Schwarzer oder wilder Reis, die Samen eines Sumpfgrasgewächses, zählt zu den teuersten Reissorten und wird gerne in Edelrestaurants als kleine Beilage gereicht. Dieser Reis schmeckt zart nussig und benötigt eine doppelt so lange Garzeit wie normaler Langkornreis.

Nach und nach wird die Flüssigkeit zum Risotto gegeben.

Basmatireis kochen:
250 g Reis gründlich abspülen und 30 Minuten in kaltem Wasser einweichen. Das Wasser abgießen. Den Reis mit knapp 1/2 Liter frischem Wasser bedeckt einmal aufkochen, dann zugedeckt auf der ausgeschalteten Herdplatte 15 Minuten quellen lassen.

Kartoffeln in vielen Sorten

Desirée, Nicola, Bonanza, Amigo oder *Mona*, so und anders heißen die in Deutschland angebauten Kartoffelsorten. Sie unterscheiden sich weniger im Geschmack als in ihrer Kocheigenschaft. Denn für so unterschiedliche Gerichte wie Kartoffelsalat und Knödel, Kartoffelgratin und Reibekuchen, Schupfnudeln und Bratkartoffeln benötigen wir Knollen mit mehr oder weniger hohem Stärkeanteil. Die Kocheigenschaften von Kartoffeln müssen auf der Verpakkung angegeben werden. Bei Salat- oder Bratkartoffeln mit »festkochend«; mit »vorwiegend festkochend« für Kartoffeln, die sich zum Beispiel für Reibekuchen, für Klöße, für Salz- oder Ofenkartoffeln in Folie oder für Gratin eignen; als »mehligkochend« für Kartoffelsuppe. Bei lose angebotenen Kartoffel informiert der Gemüsehändler. Besonders empfehlenswert: Karoffeln aus ökologischem Anbau. Auf Kartoffelfertigprodukte sollte man – der Zusatzstoffe wegen – verzichten. Ob sie tatsächlich so viel Zeitersparnis bringen, ist fraglich. Ein Kartoffelpüree läßt sich auch schnell selber machen und schmeckt besser als ein Püree aus der Tüte.

Kartoffelpüree:
Für 2 bis 3 Portionen 400 g dicke, vorwiegend festkochende Kartoffeln waschen, schälen, vierteln, knapp mit Wasser bedecken und mit 1/2 Teelöffel Salz 15 bis 20 Minuten kochen und abgießen. 1/8 l Milch aufkochen, über die Kartoffeln gießen und mit dem Kartoffelstampfer pürieren. Zuletzt 20 g Butter unterrühren, das Püree mit Muskat und Salz abschmecken.

Makkaroni mit Tomatensauce

Preiswert

Zutaten für 2 Personen
1/2 Möhre
1/2 Stange Staudensellerie
1/2 Zwiebel · 1/2 Knoblauchzehe
500 g reife Fleischtomaten
1 Eßlöffel Olivenöl
1 Lorbeerblatt
1/4 Teelöffel getrockneter Oregano
1/2 Teelöffel getrockneter Thymian
Salz
Pfeffer, frisch gemahlen
250 g Makkaroni
1–2 Eßlöffel gehackte Petersilie
40 g Parmesan, frisch gerieben

Pro Portion: 2900 kJ/ 690 kcal
28 g E · 16 g F · 110 g Kh
Zubereitungszeit: 1 Stunde

Die Möhre schälen, abspülen und auf einer Gemüsereibe grob raspeln. Den Staudensellerie waschen, putzen, längs halbieren und in feine Scheiben schneiden. Die Zwiebel und den Knoblauch schälen, beides fein hacken.

Die Stielansätze der Tomaten entfernen. Dann die Tomaten kurz überbrühen, häuten, quer halbieren und entkernen. Das Fruchtfleisch grob hacken.

Das Olivenöl in einem Topf erhitzen und das Gemüse bis auf die Tomaten darin bei mittlerer Hitze 5 Minuten andünsten. Die Tomaten, das Lorbeerblatt, Oregano und Thymian in den Topf geben, alles zugedeckt bei schwacher Hitze 45 Minuten schmoren lassen. Gelegentlich umrühren.

Die Tomatensauce salzen und pfeffern. Das Lorbeerblatt herausfischen und wegwerfen.

Die Makkaroni in reichlich Salzwasser nach Packungsangabe »al dente« (bißfest) kochen, abgießen und kurz abtropfen lassen. Die Nudeln mit der Tomatensauce auf Tellern anrichten und mit der Petersilie bestreuen. Den Käse extra dazu servieren.

Tip!

Falls es keine reifen und aromatischen Fleischtomaten zu kaufen gibt, können Sie ohne weiteres zu einer großen Dose geschälter Tomaten greifen.

Spaghetti mit Knoblauchsauce

Preiswert

Zutaten für 2 Personen
200 g Weizenkeim-Spaghetti
Salz
1/2 frische rote Pfefferschote
1–2 Knoblauchzehen
7 frische Salbeiblätter
2 Eßlöffel Olivenöl, kaltgepreßt
1 Eßlöffel Butter

Pro Portion: 2000 kJ/ 480 kcal
15 g E · 17 g F · 65 g Kh
Zubereitungszeit: 15 Minuten

Für die Nudeln reichlich Wasser mit 1 kräfigen Prise Salz zum Kochen bringen. Die Nudeln darin bei starker bis mittlerer Hitze »al dente*« (bißfest) garen.

Inzwischen die halbe Pfefferschote, falls nötig, vom Stielansatz befreien und längs halbieren. Die scharfen Kerne herauslösen und die Schotenstücke unter fließendem Wasser gründlich abspülen. Dann in schmale Streifen schneiden. Die Knoblauchzehen schälen und fein hacken. Den Salbei waschen, trockentupfen und in feine Streifen schneiden.

Das Öl mit der Butter in einem Topf erhitzen, bis die Butter zerlaufen ist. Den Knoblauch, die Pfefferschote und den Salbei dazugeben und bei schwacher Hitze unter Rühren nur kurz andünsten.

Die Spaghetti gut abtropfen lassen, dann in den Topf zur Knoblauchsauce geben und alles gründlich vermischen. Die Nudeln sofort in vorgewärmten Tellern servieren.

Makkaroni mit Tomatensauce, ein italienischer Klassiker, der Auge und Gaumen immer wieder erfreut.

Bandnudeln mit Gorgonzolasauce

Gelingt leicht

Zutaten für 2 Personen
200 g Vollkorn-Bandnudeln
Salz
100 g Gorgonzola
1/2 Zwiebel
1/2 Knoblauchzehe
einige Zweige frischer Thymian
knapp 1 Teelöffel Butter
200 g Sahne
weißer Pfeffer, frisch gemahlen
1 kleine Tomate

Pro Portion: 3700 kJ/ 870 kcal
29 g E · 53 g F · 70 g Kh
Zubereitungszeit: 20 Minuten

Für die Nudeln reichlich Wasser mit 1 kräftigen Prise Salz zum Kochen bringen. Die Nudeln darin bei starker bis mittlerer Hitze »al dente« (bißfest) garen.

Inzwischen den Gorgonzola von der Rinde befreien und in kleine Würfel schneiden. Die Zwiebel und den Knoblauch schälen und fein hacken. Den Thymian waschen, trockenschwenken und die Blättchen von den Stielen streifen.

Die Butter in einem Topf erhitzen. Die Zwiebel, den Knoblauch und den Thymian darin andünsten.

Die Sahne und den Käse in den Topf geben und alles bei schwacher bis mittlerer Hitze unter Rühren garen, bis der Käse geschmolzen und die Sauce sämig ist. Die Sauce mit wenig Salz und reichlich Pfeffer abschmecken.

Die Tomate waschen und in kleine Würfel schneiden.

Die Nudeln gründlich abtropfen lassen, dann mit der Gorgonzolasauce mischen und mit den Tomatenwürfeln bestreut sofort servieren.

Trenette mit Pesto

Gelingt leicht

Zutaten für 2 Personen
1 Bund Basilikum
1 Eßlöffel Pinienkerne
25 g Parmesan
25 g Pecorino
1–2 Knoblauchzehen
Salz
60 ml kaltgepreßtes Olivenöl
Außerdem:
100 g zarte grüne Bohnen
Salz
2 Pellkartoffeln
200 g Trenette (ersatzweise schmale Bandnudeln)

Pro Portion: 3600 kJ/ 850 kcal
28 g E · 42 g F · 93 g Kh
Zubereitungszeit: 40 Minuten

Für den Pesto die Basilikumblätter von den Stengeln zupfen, nur behutsam mit Küchenpapier abreiben, nicht waschen.

Die Pinienkerne in einem Pfännchen ohne Fettzugabe bei mittlerer Hitze goldgelb anrösten und abkühlen lassen. Beide Käsesorten fein reiben. Die Knoblauchzehen schälen und grob hacken.

Die Basilikumblätter grob zupfen, zusammen mit den Pinienkernen, dem Knoblauch, dem Käse, 1 Prise Salz und Olivenöl in einem Mixer fein pürieren. In die Mischung nach und nach noch das Öl rühren, so daß eine sämige Paste entsteht.

Die Bohnen putzen, in Stücke brechen und in Salzwasser 15–20 Minuten kochen*. Inzwischen die Kartoffeln pellen und würfeln. Die Trenette in reichlich Salzwasser al dente kochen, zum Schluß die Kartoffelwürfel zum Heißwerden kurz zu den Nudeln in den Topf geben.

Die Bohnen abgießen, kalt abschrecken und abtropfen lassen. Die Trenette samt den Kartoffeln abgießen, nur kurz abtropfen lassen. Die Bohnen und drei Viertel Pesto daruntermischen. Auf vorgewärmten Tellern anrichten, den restlichen Pesto zum Schluß darüber verteilen.

Spaghetti mit Tomatensauce

Klassiker

Zutaten für 2 Personen
500 g vollreife Tomaten
1 kleine Schalotte
1/2 Knoblauchzehe
1/2 frische rote Pfefferschote (Peperoni)
1/2 Eßlöffel Olivenöl, kaltgepreßt
Salz
1 Messerspitze Honig
200 g Vollkorn-Spaghetti
50 g schnittfester Ricotta
1/2 Bund Petersilie

Pro Portion: 1900 kJ/ 450 kcal
20 g E · 9 g F · 72 g Kh
Zubereitungszeit: 40 Minuten

Die Tomaten häuten* und klein würfeln, dabei die Stielansätze entfernen. Die Schalotte und den Knoblauch schälen und fein hacken. Die halbe Pfefferschote, falls nötig, vom Stielansatz befreien, längs halbieren und die Kerne entfernen. Die Schotenstücke gründlich abspülen.

Das Olivenöl in einem breiten Topf erhitzen. Die Schalotte und den Knoblauch darin glasig dünsten. Die Pfefferschotenstücke und die Tomaten hinzufügen.

Die Tomaten mit Salz und dem Honig abschmecken und zugedeckt bei schwacher Hitze etwa 15 Minuten garen.

Inzwischen für die Nudeln reichlich Wasser mit 1 kräftigen Prise Salz zum Kochen bringen. Die Nudeln darin »al dente« (bißfest) garen.

Den Ricotta in kleine Würfel schneiden. Die Petersilie waschen und fein hacken.

Die Pfefferschotenstücke aus der Tomatensauce entfernen. Die Ricottawürfel in die Tomatensauce rühren und erwärmen.

Die Nudeln abtropfen lassen, sofort mit der Tomatensauce mischen und mit der Petersilie bestreut servieren.

Bandnudeln mit Pesto

Braucht etwas Zeit

Zutaten für 2 Personen
2 Knoblauchzehen
1 Bund Basilikum
25 g Pinienkerne
60 ml Olivenöl, kaltgepreßt
3–4 Eßlöffel frisch geriebener Parmesan
Salz
weißer Pfeffer, frisch gemahlen
200 g Vollkorn-Bandnudeln

Pro Portion: 3300 kJ/ 790 kcal
24 g E · 47 g F · 68 g Kh
Zubereitungszeit: 40 Minuten

Die Knoblauchzehen durch die Presse in einen Mörser drücken. Das Basilikum waschen und fein hacken. Die Pinienkerne in der Nußmühle fein mahlen.

Diese Zutaten im Mörser zu einer feinen Paste zerstoßen. Oder alles im Mixer pürieren*. Das Olivenöl teelöffelweise unter die Basilikumpaste mischen. Den Parmesan unterrühren und den Pesto mit Salz und Pfeffer pikant abschmecken.

Für die Nudeln reichlich Wasser mit 1 kräftigen Prise Salz zum Kochen bringen. Die Nudeln darin »al dente« (bißfest) garen.

Den Pesto mit 1 Teelöffel vom Nudelkochwasser verrühren.

Die Nudeln abtropfen lassen, dann sofort mit dem Pesto mischen und in vorgewärmte Teller füllen. Eventuell mit etwas Parmesan bestreuen

Tip!

Pesto können Sie auch in einer größeren Menge zubereiten und einige Wochen gut verschlossen im Kühlschrank aufbewahren.

Hörnchennudeln mit Spargel

Raffiniert

Zutaten für 2 Personen
1/2 Schalotte
250 g grüner Spargel
einige Stengel frischer Kerbel
200 g Vollkorn-Hörnchennudeln
Salz
knapp 1 Teelöffel Butter
100 g Sahne
weißer Pfeffer, frisch gemahlen
Muskatnuß, frisch gerieben
50 g Parmesan, frisch gerieben

Pro Portion: 2400 kJ/ 570 kcal
23 g E · 25 g F · 68 g Kh
Zubereitungszeit: 35 Minuten

Die halbe Schalotte schälen und fein hacken. Den Spargel waschen und von den holzigen Enden befreien. Die Stangen nur am unteren Ende dünn schälen, dann in etwa 2 cm lange Stücke schneiden. Den Kerbel verlesen, waschen, trockenschwenken und fein hacken.

Für die Nudeln reichlich Wasser mit 1 kräftigen Prise Salz zum Kochen bringen. Die Nudeln bei starker bis mittlerer Hitze »al dente« garen.

Inzwischen die Butter in einem Topf zerlassen. Die Schalotte darin glasig dünsten. Den Spargel hinzufügen und alles bei mittlerer Hitze unter Rühren einige Minuten braten.

Die Sahne zum Spargel gießen, mit Salz, Pfeffer und Muskat abschmecken und zugedeckt bei mittlerer Hitze etwa 6 Minuten garen, bis der Spargel bißfest ist. Den Käse vorsichtig untermischen und unter Rühren erwärmen, bis er geschmolzen ist.

Die Nudeln abtropfen lassen, dann mit dem Spargelgemüse und dem Kerbel mischen und servieren.

Nudeln mit Pilzen und Kräuterbutter

Gelingt leicht

Zutaten für 2 Personen
einige Stengel Petersilie
10–20 Blätter Basilikum
1 Knoblauchzehe
50 g weiche Butter
1/2 Teelöffel Zitronensaft
knapp 1/2 Teelöffel scharfer Senf
200 g Austernpilze
200 g Sechskorn-Bandnudeln
Salz
1 Eßlöffel Olivenöl, kaltgepreßt
weißer Pfeffer, frisch gemahlen

Pro Portion: 2500 kJ/ 600 kcal
17 g E · 28 g F · 66 g Kh
Zubereitungszeit: 40 Minuten

Für die Kräuterbutter die Kräuter waschen und sehr fein hacken. Die Knoblauchzehe schälen und durch die Presse drücken. Die Butter mit den vorbereiteten Zutaten, dem Zitronensaft und dem Senf in eine Schüssel geben und alles mit einer Gabel gründlich verkneten. Die Butter in den Kühlschrank stellen.

Die Austernpilze voneinander trennen, mit einem feuchten Tuch abreiben und von den harten Stielen befreien. Die Pilze in Streifen schneiden.

Für die Nudeln reichlich Wasser mit 1 kräftigen Prise Salz zum Kochen bringen. Die Nudeln darin »al dente« (bißfest) garen.

Das Olivenöl in einer Pfanne erhitzen. Die Pilze hinzufügen und bei mittlerer Hitze unter Rühren braten, bis sie schön gebräunt sind. Die Pilze mit Salz und Pfeffer abschmecken.

Die Butter in kleine Stücke schneiden. Die Nudeln gründlich abtropfen lassen und mit dem Pilzragout mischen. Die Butterstückchen auf den Nudeln verteilen und sofort servieren.

Im Bild vorne:
Nudeln mit Pilzen und Kräuterbutter
Im Bild hinten:
Hörnchennudeln mit Spargel

Spaghetti alla carbonara

Klassiker

Zutaten für 2 Personen
200 g Spaghetti
75 g geräucherte Schweinebacke (ersatzweise magerer Räucherspeck)
1 kleine Knoblauchzehe
1 Eßlöffel Schweineschmalz (ersatzweise Öl oder Butter)
1 großes Ei
Salz · Pfeffer
2 Teelöffel geriebener Pecorino (italienischer Schafkäse)
2 Teelöffel geriebener Parmesan

Pro Portion: 2900 kJ/ 700 kcal
29 g E · 31 g F · 76 g Kh
Zubereitungszeit: 30 Minuten

Die Spaghetti »al dente« (bißfest) kochen. In der Zwischenzeit die Schweinebacke in kleine Würfel schneiden, den Knoblauch schälen und nicht zerkleinern.

In einer großen Pfanne das Schmalz erhitzen, den Knoblauch so lange braten, bis er braun wird, dann herausnehmen. Jetzt die Speckwürfel langsam ausbraten*. Das Ei in einer Tasse gut verrühren, mit Salz und Pfeffer kräftig würzen.

Sobald die Nudeln gar sind, abseihen und in die Pfanne mit dem Speck geben. Gut verrühren. Dann das Ei und je 1 Teelöffel von dem Käse mit den Spaghetti mischen, bis sie mit einer gelben Creme überzogen sind. Den restlichen Käse unterrühren und auf vorgewärmten Tellern anrichten.

Nudelpfanne mit Schinken-Gemüse

Gelingt leicht

Zutaten für 2 Personen
125 g dünne chinesische Eiernudeln
Salz
100 g gekochter Schinken am Stück
1/2 rote Paprikaschote
50 g tiefgekühlte Erbsen
100 g Maiskörner (aus der Dose)
1 Frühlingszwiebel
1 kleine Knoblauchzehe
1/2 Teelöffel Speisestärke
3 Eßlöffel Gemüsebrühe
1 Eßlöffel Sojasauce
1 Eßlöffel Tomatenmark
1–2 Teelöffel Reis- oder Obstessig
1 Teelöffel Zucker
Saft von 1/2 Orange
3 Eßlöffel Öl
1/2 Kästchen Kresse

Pro Portion: 2500 kJ/ 600 kcal
23 g E · 29 g F · 71 g Kh
Zubereitungszeit: 40 Minuten

Die Nudeln in einen Topf legen und mit kochendem Salzwasser übergießen. Aufkochen lassen und 2 Minuten garen, dann abgießen und gründlich abtropfen lassen.

Den Schinken in etwa 1 cm große Würfel schneiden. Die halbe Paprikaschote nochmals durchschneiden, putzen, abspülen und klein würfeln. Die Erbsen antauen, den Mais abtropfen lassen. Die Frühlingszwiebel waschen, putzen und in feine Ringe schneiden. Den Knoblauch schälen.

Für die Würzsauce die Stärke mit der Brühe verquirlen. Sojasauce, Tomatenmark, Essig, Zucker und Orangensaft unterrühren.

2 Eßlöffel Öl erhitzen. Die Nudeln hineingeben, verteilen und bei starker Hitze etwa 4 Minuten braten, bis die Unterseite goldbraun und knusprig ist. Dann den Nudelfladen wenden und auf der anderen Seite noch etwa 3 Minuten braten. Herausheben und auf einer Platte warm halten.

In einer schweren Pfanne das übrige Öl stark erhitzen. Paprika und Frühlingszwiebeln hineingeben, den Knoblauch dazupressen. Alles bei starker Hitze 2 Minuten pfannenrühren. Dann Schinken, Erbsen und Mais hinzufügen und 1 weitere Minute mitbraten.

Die Würzsauce noch einmal gut durchrühren und in die Pfanne gießen. Das Ganze unter ständigem Rühren 1 Minute kochen lassen. Die Gemüsemischung über die Nudeln verteilen. Die Kresse abschneiden, die Nudeln damit garnieren.

Nudeln in pikanter Käsesauce

Für Gäste

Zutaten für 2 Personen
je 25 g Greyerzer, Mozzarella, Pecorino und Fontina (ersatzweise Raclette-Käse)
200 g Vollkorn-Bandnudeln
Salz
100 ml Gemüsebrühe
1/2 Eßlöffel trockener Weißwein
1/2 Teelöffel Zitronensaft
weißer Pfeffer, frisch gemahlen

Pro Portion: 2100 kJ/ 500 kcal
29 g E · 14 g F · 64 g Kh
Zubereitungszeit: 20 Minuten

Alle vier Käsesorten in kleine Würfel schneiden.

Für die Nudeln reichlich Wasser mit 1 kräftigen Prise Salz zum Kochen bringen. Die Nudeln darin bei starker bis mittlerer Hitze »al dente« (bißfest) garen.

Während die Nudeln garen, den Käse mit der Gemüsebrühe und dem Weißwein in einem Topf mischen und bei schwacher Hitze unter ständigem Rühren erwärmen, bis der Käse geschmolzen ist. Die Sauce mit dem Zitronensaft, Salz und Pfeffer pikant abschmecken.

Die Nudeln in einem Sieb abtropfen lassen, dann sofort mit der Käsesauce mischen und in vorgewärmten Tellern servieren.

Tip!

Fassen Sie die für die Käsesauce genannten Käsesorten lediglich als Anregung auf. Hier können Sie nach Lust und Laune experimentieren, mit mildem und pikantem Käse, ganz nach Geschmack. Es eignen sich beispielsweise Emmentaler, Gouda, Butterkäse, aber auch Blauschimmelkäse oder Mascarpone.

Chinesische Nudelpfanne

Exotisch

Zutaten für 2 Personen
150 g tiefgekühlte grüne Bohnen
Salz
150 g chinesische Eiernudeln
125 g Champignons
1/2 Eßlöffel Zitronensaft
1/2 Knoblauchzehe
25 g geröstete Erdnußkerne
2 Eßlöffel Erdnußöl
1 Eßlöffel trockener Sherry (ersatzweise Wasser)
1 Eßlöffel Sojasauce

Pro Portion: 1900 kJ/ 450 kcal
17 g E · 17 g F · 60 g Kh
Zubereitungszeit: 30 Minuten

Die Bohnen aus der Packung nehmen und bei Zimmertemperatur antauen.

Für die Nudeln reichlich Salzwasser zum Kochen bringen. Die Nudeln darin nach Packungsanweisung bißfest* kochen, kalt abschrecken und abtropfen lassen.

Die Pilze putzen, kurz abspülen, in feine Scheiben schneiden und sofort mit dem Zitronensaft mischen, damit sie sich nicht zu stark verfärben. Den Knoblauch schälen und hacken. Die Erdnußkerne ebenfalls hacken.

In einem Topf 1 Eßlöffel Öl erhitzen. Die Pilze und den Knoblauch darin unter Rühren anbraten. Die Bohnen und die Erdnüsse hinzufügen und ebenfalls anbraten. Mit dem Sherry, der Sojasauce und etwa 25 ml Wasser ablöschen. Alles zugedeckt etwa 10 Minuten garen, bis die Bohnen bißfest sind.

Inzwischen in einer großen, am besten gußeisernen, Pfanne oder im Wok das übrige Öl heiß werden lassen. Die Nudeln darin unter ständigem Wenden einige Minuten braten. Die Nudeln mit den Bohnen mischen und sofort servieren. Dazu schmeckt gemischter Salat und eventuell etwas Sambal oelek als Würze.

Käsespätzle

Aus Schwaben

Zutaten für 2 Personen
250 g Mehl
3 kleine Eier
1/4 l Mineralwasser
Salz
1 große Zwiebel
150 g Käse, frisch gerieben
(z. B. Emmentaler oder Bergkäse)
weißer Pfeffer, frisch gemahlen
25 g Butter

Pro Portion: 3900 kJ/ 930 kcal
44 g E · 42 g F · 95 g Kh
Zubereitungszeit: 40 Minuten

Das Mehl in eine Schüssel sieben. Nach und nach die Eier und das Mineralwasser unterrühren. Nur so viel Wasser zugeben, daß der Teig zähflüssig ist. Den Teig mit 1 kräftigen Prise Salz würzen und so lange schlagen, bis er Blasen wirft. Die Zwiebel schälen und in Ringe schneiden. Den Backofen auf 200° vorheizen.

Salzwasser in einem breiten Topf erhitzen. Eine feuerfeste Form bereitstellen. Den Teig portionsweise durch einen Spätzlehobel in das siedende Wasser schaben. Wenn die Spätzle oben schwimmen, diese mit einem Schaumlöffel herausheben, abtropfen lassen und in die Form geben.

Die Spätzle sofort mit etwas Käse bestreuen und mit Pfeffer würzen. So fortfahren, bis der gesamte Teig aufgebraucht ist. Die letzte Schicht Spätzle mit dem restlichen Käse bestreuen und mit 2–3 Eßlöffeln von dem Kochwasser begießen. Die Spätzle im Backofen (Mitte) warm stellen.

Die Butter in einer Pfanne erhitzen. Die Zwiebelringe darin bei mittlerer Hitze goldbraun braten*. Die Kässpätzle aus dem Ofen nehmen und mit den Zwiebelringen garnieren.

Krautkrapfen

Preiswert
braucht etwas Zeit

Zutaten für 2 Personen
200 g Mehl · Salz
2 Eier · 1 Eßlöffel Öl
60 g magerer Speck
60 g Schinkenwurst
1/2 Peitschastecka (Landjäger)
1 Eßlöffel Butterschmalz
200 g Sauerkraut
1 Teelöffel Kümmel
weißer Pfeffer, frisch gemahlen
1 l Fleischbrühe

Pro Portion etwa: 4120 kJ/ 985 kcal
32 g E · 60 g F · 77 g Kh
Zubereitungszeit etwa: 2 Stunden (davon 30 Minuten Ruhezeit und 40 Minuten Garzeit)

Das Mehl mit etwas Salz, den Eiern, dem Öl und Wasser nach Bedarf schnell zu einem geschmeidigen Teig kneten. Mit einem sauberen Küchentuch abdecken und etwa 30 Minuten ruhen lassen.

Den Speck und die Wurst klein würfeln. In einem großen Topf mit hitzebeständigen Griffen das Butterschmalz erhitzen und darin den Speck und die Wurst bei mittlerer Hitze anbraten. Das Sauerkraut ausdrücken, kleinschneiden und dazugeben. Mit Salz, Pfeffer und dem Kümmel würzen und etwa 10 Minuten unter Rühren mitbraten lassen. Vom Herd nehmen und etwas abkühlen lassen.

Den Backofen auf 200° vorheizen. Den Nudelteig auf einer bemehlten Arbeitsfläche möglichst dünn zu einem langezogenen Rechteck ausrollen. Das Kraut darauf verteilen, einen schmalen Rand frei lassen. Den Teig von der langen Seite her fest aufrollen und die Rolle quer in Scheiben von 4-5 cm Dicke scheiden.

Die Scheiben mit der Schnittfläche nach unten nebeneinander in den Topf setzen. Die Fleischbrühe erhitzen und die Krautkrapfen damit begießen. Sie sollen von der Fleischbrühe eben bedeckt sein. Alles bei starker Hitze aufkochen. Die Krapfen zugedeckt im Backofen (Mitte) etwa 40 Minuten garen.

Im Bild vorne:
Der schwäbische Klassiker Käsespätzle
Im Bild hinten: Krautkrapfen

Spaghetti mit Lachs-Sauce

Festlich

Zutaten für 2 Personen
200 g frischer Lachs am Stück
1–2 Eßlöffel Zitronensaft
Salz
weißer Pfeffer, frisch gemahlen
1 Schalotte oder 1/2 Zwiebel
einige Stengel Kerbel
1 Eßlöffel Butter
60 ml Weißwein oder Fischfond
125 g Sahne
200 g Spaghetti
Muskatnuß, frisch gerieben

Pro Portion: 3400 kJ/ 810 kcal
34 g E · 37 g F · 80 g Kh
Zubereitungszeit: 25 Minuten

Den Lachs, falls nötig, von der Haut und der dicken Mittelgräte befreien und mit einem sehr scharfen Messer in Würfel von etwa 1 cm Kantenlänge schneiden. Die Lachswürfel auf eine Platte legen, mit dem Zitronensaft beträufeln, salzen, pfeffern und bis zur Verwendung zum Durchziehen zugedeckt in den Kühlschrank stellen.

Die Schalotte oder die halbe Zwiebel schälen und fein hacken. Den Kerbel waschen, die Blättchen von den Stengeln abzupfen und einige schöne für die Garnitur beiseite legen, die restlichen Blättchen fein hacken.

Inzwischen reichlich Salzwasser aufkochen lassen und die Spaghetti darin in etwa 8 Minuten »al dente« (bißfest) garen. In ein Sieb gießen, kurz mit kaltem Wasser abschrecken und gut abtropfen lassen.

Die Butter in einem Topf erhitzen und die Zwiebelwürfel darin unter Rühren bei schwacher Hitze etwa 5 Minuten andünsten. Ein Drittel des Kerbels dazugeben und kurz mitdünsten.

Mit dem Weißwein oder Fischfond ablöschen, die Sahne dazugießen, alles aufkochen und im geöffneten Topf um etwa ein Drittel einkochen lassen. Die Sauce im Mixer oder mit dem Pürierstab pürieren, mit Salz, Pfeffer und Muskat abschmecken.

Die marinierten Fischwürfel in die Sauce einlegen und 1–2 Minuten bei schwacher Hitze zugedeckt gar ziehen*, aber nicht mehr kochen lassen. Den restlichen Kerbel in die Sauce streuen. Die Spaghetti abgießen, in einer vorgewärmten Schüssel mit der Sauce mischen und sofort servieren. Alternativ die Sauce getrennt servieren.

Nudeln mit Kaninchenragout

Braucht etwas Zeit

Zutaten für 2 Personen
Für das Ragout:
1/2 Kaninchen (etwa 600 g; vom Metzger garfertig vorbereitet)
1 Stange Staudensellerie
1 Möhre
1 Fleischtomate · 1 Zwiebel
1 Knoblauchzehe
je 1 Zweig Rosmarin, Thymian und Salbei
1 Eßlöffel Olivenöl
125 ml trockener Weißwein
Salz · weißer Pfeffer
1 Messerspitze Zimtpulver
1 Teelöffel kleine Kapern
1/2 Eßlöffel Pinienkerne
Für die Nudeln:
100 g Hartweizengrieß
100 g Mehl · Salz · 2 Eier

Pro Portion: 4200 kJ/ 1000 kcal
81 g E · 5 g F · 81 g Kh
Zubereitungszeit: 2 Stunden
Ruhezeit: 30 Minuten

Das Kaninchen in vier Stücke schneiden. Den Sellerie und die Möhren waschen, putzen und würfeln. Die Tomate häuten und in Würfel schneiden. Die Zwiebel und den Knoblauch schälen und fein hacken. Die Kräuter waschen, von den Stielen zupfen.

Das Öl erhitzen. Die Kaninchenstücke darin rundherum kräftig anbraten*. Den Sellerie, die Möhre, die Zwiebel und den Knoblauch kurz mitbraten. Die Kräuter, die Tomaten und den Wein hinzufügen. Das Ragout mit Salz, Pfeffer und dem Zimt würzen, zugedeckt bei schwacher Hitze etwa 1 Stunde garen.

Das Kaninchenfleisch von den Knochen lösen und in kleine Stücke teilen. Mit den Kapern wieder in die Sauce geben, abkühlen lassen.

Für die Nudeln den Grieß mit dem Mehl und 1/2 Teelöffel Salz in einer Schüssel mischen. Die Eier hinzufügen und alles zu einem glatten, geschmeidigen Teig verkneten. Den Teig bei Zimmertemperatur etwa 30 Minuten ruhen lassen.

Dann noch einmal durchkneten und mit der Nudelmaschine so dünn wie möglich ausrollen. Den Teig in 1–2 cm breite Streifen schneiden. Die Nudeln auf Küchentüchern ausbreiten und etwas antrocknen lassen.

Für die Nudeln reichlich Salzwasser zum Kochen bringen. Die Nudeln darin in etwa 3 Minuten »al dente« kochen.

Das Kaninchenragout erwärmen. Die Pinienkerne in einer Pfanne unter Rühren goldgelb rösten*.

Die Nudeln abtropfen lassen und in vorgewärmte Teller geben. Das Ragout darauf verteilen und mit den Pinienkernen bestreuen.

Spaghetti vongole

Klassiker

Zutaten für 2 Personen
2 mittelgroße Tomaten
1 Möhre
300 g Venusmuscheln
125 ml trockener italienischer Weißwein
1/2 Zwiebel
1–2 Knoblauchzehen
1/2 getrocknete Chilischote
Salz
300 g Spaghetti
1–2 Eßlöffel Olivenöl
Pfeffer, frisch gemahlen
einige Stengel glatte Petersilie

Pro Portion: 3000 kJ/ 710 kcal
23 g E · 10 g F · 120 g Kh
Zubereitungszeit: 1 Stunde

Die Tomaten enthäuten, das Fruchtfleisch hacken. Die Möhre putzen und schälen und in winzige Würfel schneiden.

Die Muscheln in ein Sieb geben und kurz abbrausen. Geöffnete Muscheln wegwerfen. Die Muscheln mit dem Wein und der Hälfte der Möhren in einen Topf geben. Bei milder Hitze zugedeckt 5–10 Minuten garen, bis sich die Schalen öffnen.

Zwiebel und Knoblauchzehen schälen, die Zwiebel fein hacken, Knoblauch in Scheibchen schneiden. Die Chilischote aufschlitzen und entkernen, fein hacken. (Danach Hände gründlich waschen.)

In einem großen Topf etwa 3 l Salzwasser für die Spaghetti zum Kochen bringen.

Die fertig gegarten Muscheln aus dem Topf nehmen und abgedeckt warm halten. (Noch geschlossene Muscheln wegwerfen!) Den Sud bereithalten.

In einer Pfanne das Öl erhitzen. Die Zwiebeln, die restlichen Möhrenwürfel und die gehackte Chilischote hineingeben und unter Rühren etwa 5 Minuten anbraten.

Alles an den Pfannenrand schieben, den Knoblauch in die Mitte geben und unter Rühren nur leicht anbräunen. Rasch mit dem Muschelsud ablöschen, die Tomaten hinzufügen, alles verrühren und die Sauce in etwa 10 Minuten einkochen* lassen.

Inzwischen die Spaghetti ins kochende Salzwasser geben und in etwa 8 Minuten bißfest kochen (zwischendurch eine Garprobe machen).

Die Sauce mit Salz und Pfeffer abschmecken. Petersilie waschen, fein hacken und einrühren. Die Muscheln untermischen und zugedeckt nochmals richtig heiß werden lassen. Die Spaghetti abgießen, sofort mit der Sauce vermengen.

Dazu knuspriges Weißbrot und den für die Sauce verwendeten Weißwein servieren.

Nudelauflauf mit Tomatensauce

Braucht etwas Zeit

Zutaten für 3 Personen
Für den Auflauf:
200 g Putenbrustfilet
2 Eßlöffel Pesto
200 g Makkaroni
Salz
je 1/2 rote, gelbe und grüne Paprikaschote
1/2 Bund Basilikum
50 g Parmesan, frisch gerieben
1 Teelöffel eingelegte Kapern
2 Eier
50 g Mascarpone
2–3 Eßlöffel Milch
Pfeffer, frisch gemahlen
Für die Tomatensauce:
1/2 kleine Zwiebel
1 kleine Knoblauchzehe
1 Eßlöffel Olivenöl
1/2 Eßlöffel Tomatenmark
1/2 Dose geschälte Tomaten (400 g Inhalt)
1/2 Teelöffel frischer Oregano, gehackt (ersatzweise getrockneter)
Salz
Pfeffer
Zucker
Außerdem: Öl für die Form

Pro Portion: 2900 kJ/ 700 kcal
37 g E · 31 g F · 66 g Kh
Zubereitungszeit: 1 1/2 Stunden

Das Fleisch in 2 cm dicke Streifen schneiden, mit dem Pesto einreiben und etwa 30 Minuten marinieren* lassen.

Die Nudeln in Salzwasser in 8–10 Minuten bißfest kochen.

Die Paprikaschoten waschen, halbieren, putzen und in 2 cm breite Streifen schneiden. Basilikum waschen, die Blätter in Streifen schneiden.

Den Backofen auf 200° vorheizen. Eine 2 l fassende Auflaufform einölen. Die Nudeln abgießen, mit dem Basilikum vermischen.

Ein Drittel der Nudeln in der Form verteilen, ein Drittel vom Parmesan darüber streuen. Fleisch, Paprika und Kapern vermischen, zur Hälfte auf die Nudeln geben. Auf diese Weise die Form füllen, den Abschluß bilden Nudeln und zuletzt Käse.

Die Eier mit dem Mascarpone und der Milch verquirlen, mit Salz und Pfeffer würzen und über die Nudeln gießen.

Den Auflauf im Ofen (Mitte) 30–40 Minuten garen, bis er gestockt ist und eine goldbraune Kruste hat.

Inzwischen für die Sauce die Zwiebel und den Knoblauch schälen, würfeln und im Öl andünsten. Das Tomatenmark kurz mitdünsten. Zuletzt die Tomaten unterrühren und alles etwa 20 Minuten kochen lassen.

Falls getrockneter Oregano verwendet wird, diesen nun einstreuen und 10 Minuten mitkochen lassen. Die Sauce mit Salz, Pfeffer und 1 Prise Zucker abschmecken und mit dem Pürierstab etwas zerkleinern; eventuell durch ein Sieb streichen. Jetzt, falls verwendet, den frischen Oregano einrühren. Die Sauce getrennt zu dem Auflauf servieren.

Variante:

Die Tomatensauce läßt sich mühelos abwandeln: Braten Sie mit den Zwiebeln auch ein paar Speckstreifen, Pilze, Paprika- oder Auberginenwürfel an. Auch Kapern, Sardellen oder Thunfisch geben der Sauce eine spezielle Würze, ebenso aromatische frische Kräuter. Und ein Schuß Sahne macht sie besonders fein.

Tips!

Falls Sie die Nudeln im voraus zubereiten, vermischen Sie sie nach dem Abgießen mit 2 Eßlöffeln Öl, damit sie später nicht zusammenkleben.
Die Nudeln lassen sich leichter essen, wenn Sie sie vor dem Garen in mundgerechte Stücke brechen.

Die Mühe lohnt sich für diesen köstlichen Auflauf, der ein prima Essen für kalte Winterabende ist.

Lasagne al Forno

Gut vorzubereiten

Zutaten für 2 Personen
Für das »Ragù all bolognese«:
1 kleine Zwiebel
1/2 Karotte
1/2 Stange Staudensellerie
25 g Speck
150 g gemischtes Hackfleisch
150 g Tomaten
50 g Butter
1/2 Glas trockener Rotwein
70–80 ml kräftige Fleischbrühe
Salz
Pfeffer
Milch nach Bedarf
Für die Béchamelsauce:
25 g Butter
25 g Mehl
1/4 l Milch
Salz
Pfeffer
Außerdem:
200 g Lasagne verdi (breite Blätter aus grünem Nudelteig)
zerlassene Butter für die Form
1 Kugel Mozzarella (125 g)
2 Eßlöffel geriebener Parmesan
Butterflöckchen

Pro Portion: 5500 kJ/ 1300 kcal
51 g E · 76 g F · 95 g Kh
Zubereitungszeit: 45 Minuten
Garzeit: 3 Stunden 40 Minuten

Für das Hackfleischragout die Zwiebel schälen, die Karotte schaben, die Selleriestange putzen, mit dem Speck zusammen ganz fein hacken und gut unter das Hackfleisch rühren. Die Tomaten mit kochendem Wasser überbrühen, dann abziehen, dabei die Stielansätze entfernen und pürieren.

In einer Kasserolle die Butter langsam erhitzen, das Hackfleisch anbraten, bis es die Farbe verloren hat, dann mit dem Rotwein aufgießen und fleißig rühren, bis dieser verdampft ist. Jetzt etwa 4 Eßlöffel Brühe zugießen und bei kleiner Hitze schmoren* lassen, dabei nach und nach den Rest Brühe dazugeben. Ist auch diese verdampft, die Tomaten untermischen, salzen, pfeffern und so viel Milch aufgießen, daß alles bedeckt ist. Nun zugedeckt bei ganz milder Hitze 3 Stunden kochen lassen. Bei Bedarf mit etwas Brühe oder Milch verdünnen.

Für die Béchamelsauce in einem Topf die Butter schmelzen, das Mehl unter ständigem Rühren leicht anschwitzen, langsam die Milch zugießen, dabei mit dem Schneebesen kräftig schlagen, damit keine Klümpchen entstehen. Mit Salz und Pfeffer würzen. Kurz aufkochen lassen. Die Sauce darf nicht zu dick werden, bei Bedarf mit Milch verdünnen.

Die Teigblätter nach Anweisung auf der Packung in reichlich Salzwasser portionsweise (nur 3–4 Stück auf einmal) kochen, auf einem sauberen Küchentuch auslegen. Den Mozzarella in kleine Stücke schneiden.

Den Backofen auf 180° vorheizen. Eine rechteckige flache Back- oder Auflaufform gut mit zerlassener Butter ausstreichen. Eine Lage Nudeln einfüllen. Löffelweise Hackfleischragout und Béchamelsauce darüber verteilen. Mozzarellastückchen dazwischen legen, mit frisch gemahlenem Pfeffer und geriebenem Parmesan würzen. So oft wiederholen, bis alle Zutaten aufgebraucht sind. Die letzte Nudelschicht muß gut mit Béchamelsauce bestrichen werden. Darüber verteilt man reichlich Butterflöckchen. Im vorgeheizten Backofen je nach Höhe der Lasagne 30–40 Minuten backen.

Tips!

Das zeitaufwendige Hackfleischragout kann man gut einfrieren und bei Bedarf auftauen.
Sie können die Lasagne bereits 1–2 Stunden vor dem Servieren vorbereiten und einschichten. Sie müssen jedoch darauf achten, daß keine Nudeln überstehen, sie trocknen sonst aus und bleiben dann hart. Kontrollieren Sie die Lasagne auch während des Backens: Sollten Nudelenden herausragen, drücken Sie diese mit einer Gabel in die Sauce zurück.

Gemüse-Lasagne

Preiswert

Zutaten für 3 Personen
Für die Füllung:
50 g durchwachsener Räucherspeck ohne Schwarte
1 Zwiebel
1 Knoblauchzehe
1/2 Eßlöffel Öl
350 g Möhren
2 Eßlöffel Butter
Salz
Pfeffer, frisch gemahlen
350 g Broccoli
Muskatnuß, frisch gerieben
Für die Béchamelsauce:
1 Eßlöffel Butter
1 Eßlöffel Mehl
1/2 l Milch
1 Teelöffel abgeriebene Schale von einer unbehandelten Zitrone
Salz · Cayennepfeffer
Außerdem:
8 Lasagneblätter (ohne Vorkochen)
1–2 Eßlöffel geriebener Fontina
Fett für die Form

Pro Portion: 2100 kJ/ 510 kcal
19 g E · 23 g F · 59 g Kh
Zubereitungszeit: 50 Minuten
Backzeit: 40 Minuten

Den Speck sehr klein würfeln, in einer Pfanne bei mittlerer Hitze knusprig ausbraten* und herausnehmen. Die Zwiebel und den Knoblauch schälen, fein hacken. Das Öl in die Pfanne geben, Zwiebel und Knoblauch im Speckfett und Öl goldgelb braten.

Für die Sauce die Butter zerlassen, das Mehl einrühren und kurz anschwitzen. Die Milch unter Rühren hinzufügen. Die Sauce offen 20 Minuten köcheln lassen, ab und zu umrühren, mit der Zitronenschale, Salz und Cayennepfeffer würzen.

Inzwischen die Möhren putzen und in Scheiben schneiden. In einem Topf 1 Eßlöffel Butter schmelzen, die Möhren darin andünsten, etwas Wasser hinzufügen, salzen, pfeffern und bei schwacher Hitze 10 Minuten garen. Mit der Speck-Zwiebel-Mischung und der Petersilie vermischen.

Den Broccoli putzen, waschen und in Röschen teilen. Stiele fein würfeln. Beides in Salzwasser in 5 Minuten bei schwacher Hitze knackig garen, kalt abschrecken und abtropfen lassen. Mit 1 Eßlöffel Butter vermengen und mit Salz, Pfeffer und Muskat würzen.

Den Backofen auf 200° vorheizen. Eine Auflaufform fetten. Den Boden mit etwas Béchamelsauce bedecken. Eine Schicht Nudelblätter in die Form geben. Darauf schichtweise Möhren, Nudeln und Broccoli geben und jeweils mit etwas Sauce bedecken. Die letzte Schicht Nudelblätter obenauf legen, mit der restlichen Sauce begießen und mit Käse bestreuen.

Die Lasagne im Ofen (Mitte) 40 Minuten backen, bis sie eine goldbraune Kruste hat.

Spinat-Cannelloni

Gut vorzubereiten

Zutaten für 2 Personen
150 g tiefgekühlter Blattspinat
200 g Doppelrahm-Frischkäse
1 Ei · 75 g Parmesan, gerieben
Salz · weißer Pfeffer
Muskatnuß · 1 Teelöffel Butter
1 Teelöffel Mehl · 1/4 l Milch
1 Eßlöffel Tomatenmark
125 g Cannelloniröllchen (ohne Vorkochen)
Fett für die Form

Pro Portion: 3900 kJ/ 930 kcal
41 g E · 57 g F · 63 g Kh
Zubereitungszeit: 40 Minuten
Backzeit: 30 Minuten

Den Spinat nach Packungsangabe auftauen, sehr gut ausdrücken und fein hacken. Mit dem Frischkäse, dem Ei und 50 g Parmesan mischen, mit Salz, Pfeffer und Muskat abschmecken.

Das Mehl in der Butter anschwitzen. Die Milch einrühren, etwa 8 Minuten köcheln lassen. Das Tomatenmark untermischen, die Sauce salzen und pfeffern. Den Backofen auf 200° vorheizen. Eine feuerfeste Form fetten.

Die Käsemasse mit einem Spritzbeutel in die Cannelloni füllen, nebeneinander in die Form setzen. Die Sauce darüber gießen, den restlichen Parmesan darüber streuen. Die Cannelloni im heißen Ofen (Mitte) in 30 Minuten knusprig backen.

Nudelauflauf mit Broccoli

Gelingt leicht

Zutaten für 2 Personen
75 g Vollkorn-Hörnchennudeln
Salz
300 g Broccoli
75 g Tomaten
1/2 Bund Petersilie
weißer Pfeffer, frisch gemahlen
Muskatnuß, frisch gerieben
2 Eier
125 g Doppelrahm-Frischkäse
4 Eßlöffel frisch geriebener Emmentaler

Pro Portion: 1600 kJ/ 380 kcal
30 g E · 16 g F · 30 g Kh
Zubereitungszeit: 45 Minuten
Backzeit: 45 Minuten

Für die Nudeln reichlich Wasser mit 1 kraftigen Prise Salz zum Kochen bringen. Die Nudeln darin knapp »al dente*« garen. Die Nudeln abschrecken und abtropfen lassen.

Den Broccoli waschen. Die Röschen abschneiden, die Stiele schälen. Den Broccoli in reichlich sprudelnd kochendem Salzwasser etwa 2 Minuten blanchieren*, dann abschrecken und gut abtropfen lassen.

Die Tomaten überbrühen*, häuten, dabei von den Stielansätzen befreien und klein würfeln. Die Petersilie waschen, trockenschütteln und fein hacken.

Das Gemüse mit den Nudeln und der Petersilie mischen und mit Salz, Pfeffer und Muskat abschmecken.

Die Eier trennen. Die Eigelbe mit dem Frischkäse und dem Emmentaler gründlich verquirlen und unter die Gemüsemasse mischen. Die Eiweiße steif schlagen und unterheben.

Die Nudelmasse in eine feuerfeste Form füllen.

Die Form in den Backofen (Mitte) stellen. Den Auflauf bei 200° etwa 45 Minuten backen, bis er schön gebräunt ist.

Nudelauflauf mit Schafkäse

Raffiniert

Zutaten für 2 Personen
75 g Vollkorn-Bandnudeln
Salz
100 g Schafkäse
1/2 junge Zucchini
1/2 rote Paprikaschote
1/2 Bund Frühlingszwiebeln
50 g kleine Champignons
1 Teelöffel Zitronensaft
weißer Pfeffer, frisch gemahlen
Cayennepfeffer
2 Eier
100 g Sahne
4 Eßlöffel frisch geriebener Parmesan

Pro Portion: 2500 kJ/ 600 kcal
29 g E · 39 g F · 28 g Kh
Zubereitungszeit: 45 Minuten
Backzeit: 45 Minuten

Reichlich Wasser mit 1 kräftigen Prise Salz zum Kochen bringen. Die Nudeln in Stücke brechen und darin knapp »al dente*« garen. Die Nudeln dann abschrecken und abtropfen lassen.

Den Schafkäse klein würfeln. Die Zucchini putzen und in dickere Stifte schneiden. Die Paprikaschote putzen, waschen und in kleine Würfel schneiden. Die Frühlingszwiebeln putzen und in feine Ringe schneiden. Die Champignons putzen, vierteln und mit dem Zitronensaft mischen.

Die Nudeln mit dem Schafkäse und dem Gemüse mischen und mit Salz, Pfeffer und Cayennepfeffer pikant abschmecken.

Die Eier trennen. Die Eigelbe mit der Sahne und dem Käse verquirlen und unter die Nudelmasse mischen. Die Eiweiße steif schlagen* und vorsichtig unterheben.

Die Nudelmasse in eine feuerfeste Form füllen. Die Form in den Backofen (Mitte) geben. Den Auflauf bei 200° etwa 45 Minuten garen, bis er schön gebräunt ist.

Im Bild vorne:
Nudelauflauf mit Schafkäse
Im Bild hinten:
Nudelauflauf mit Broccoli

Risibisi mit Maronenröhrlingen

Braucht etwas Zeit

Zutaten für 2 Personen
175 g Maronenröhrlinge (ersatzweise Austernpilze)
1/2 mittelgroße Zwiebel
2 Eßlöffel Distelöl
100 g Reis
50 g ausgepalte frische Erbsen
150 ml Gemüsebrühe
schwarzer Pfeffer, frisch gemahlen
50 g Maiskörner (aus der Dose)
Salz
1/2 Bund Schnittlauch
1 kleiner Zweig Bohnenkraut

Pro Portion: 1400 kJ/ 330 kcal
9 g E · 12 g F · 46 g Kh
Zubereitungszeit: 50 Minuten

Die Maronenröhrlinge putzen, waschen und abtrocknen. Die Pilze in nicht zu dünne Scheiben schneiden. Die halbe Zwiebel schälen und fein hacken.

Das Öl in einer schweren Pfanne erhitzen, die Zwiebel darin glasig* dünsten. Den Reis dazugeben und kurz mitbraten. Die Pilzscheiben und die Erbsen untermischen und alles unter Rühren bei starker Hitze anbraten.

Die Gemüsebrühe angießen, mit Pfeffer würzen und den Reis und die Pilze zugedeckt bei schwacher Hitze etwa 15 Minuten garen.

Den Mais unter den Pilzreis rühren und noch etwa 5 Minuten ziehen lassen. Mit Pfeffer und Salz nochmals würzig abschmecken.

Den Schnittlauch und das Bohnenkraut waschen und trockenschütteln, den Schnittlauch in Röllchen schneiden, vom Bohnenkraut die Blättchen abzupfen und hacken. Die Kräuter unter den fertig gegarten Reis mischen.

Tip!

Besonders aromatisch wird dieses Reisgericht, wenn Sie es zusätzlich mit Pilzpulver würzen.

Reis nach kubanischer Art

Exotisch

Zutaten für 2 Personen
250 g Tomaten
6 Teelöffel Olivenöl, kaltgepreßt
Salz
schwarzer Pfeffer, frisch gemahlen
1 Prise Zucker
1 Knoblauchzehe
40 g durchwachsener Speck
200 g Reis
375 ml Hühnerbrühe
2 kleine Bananen
1 Eßlöffel Mehl
3 frische Eier

Pro Portion: 3900 kJ/ 930 kcal
23 g E · 48 g F · 85 g Kh
Zubereitungszeit: 45 Minuten

Die Tomaten überbrühen, häuten, von den Stielansätzen befreien, entkernen, kleinschneiden und in 1 Teelöffel von dem Olivenöl in etwa 5 Minuten zu Mus kochen. Mit etwas Salz, Pfeffer und dem Zucker abschmecken.

Den Knoblauch schälen und mit dem Speck fein hacken. 2 Teelöffel von dem Olivenöl erhitzen und den Knoblauch mit dem Speck kurz anbraten. Den Reis dazugeben und unter Rühren etwa 3 Minuten braten. Mit der Brühe ablöschen, mit Salz und Pfeffer abschmecken und etwa 15 Minuten garen.

Die Bananen schälen, zuerst quer, dann längs halbieren. In dem Mehl und in 1 verquirltem Ei wenden. Die Bananen in 1 Teelöffel Öl goldgelb braten. In dem restlichen Olivenöl 2 Spiegeleier braten. Mit etwas Salz und Pfeffer würzen.

Den Reis abgießen, abtropfen lassen und anrichten. Die Sauce darauf verteilen und das Gericht mit den Spiegeleiern und den Bananen servieren.

Tip!

Wer gerne Knoblauch ißt, streut zum Servieren einige in Olivenöl geröstete Knoblauchscheibchen über den Reis.

Lauch-Reis mit Schafkäse

Braucht etwas Zeit

Zutaten für 2 Personen
knapp 700 g Lauch (möglichst dünne Stangen)
2 Möhren
250 g Tomaten
2 Knoblauchzehen
4 Eßlöffel Olivenöl
1/4 l Gemüsebrühe
70 g Parboiled-Reis
1 Teelöffel Zucker
1 Teelöffel Paprikaflocken (türkisches Lebensmittelgeschäft)
1/4 Teelöffel getrockneter Dill
je 1/4 Teelöffel getrockneter Oregano und Thymian
1/4 Teelöffel getrocknetes Basilikum
Salz
Pfeffer, frisch gemahlen
Saft von 1/2 Zitrone
100 g fetter Schafkäse

Pro Portion: 2200 kJ/ 530 kcal
18 g E · 29 g F · 50 g Kh
Zubereitungszeit: 1 Stunde

Den Lauch putzen, längs aufschlitzen und sorgfältig waschen. Die hellen Teile in 6–7 cm lange Stücke schneiden.

Die Möhren waschen, schälen und in etwa 1/2 cm dicke Scheiben schneiden. Die Tomaten mit kochendem Wasser überbrühen, häuten und würfeln, dabei die Stielansätze entfernen. Den Knoblauch schälen und fein hacken.

Die Hälfte des Olivenöls mäßig erhitzen. Knoblauch, Lauch und Möhren darin etwa 5 Minuten dünsten*, aber nicht bräunen. Die Hitze zurückschalten. Die Tomatenwürfel unterrühren. Alles zugedeckt etwa 5 Minuten bei schwacher Hitze dünsten.

Die Brühe dazugießen. Reis, Zucker, Gewürze, Kräuter, Salz und Pfeffer unterrühren. Alles zugedeckt etwa 20 Minuten bei schwacher Hitze garen. Etwas abkühlen lassen. Dann das restliche Olivenöl und den Zitronensaft darüber träufeln. Den Schafkäse darüber zerbröckeln. Lauwarm oder kalt mit Fladenbrot servieren.

Curryreis mit Wirsing

Preiswert

Zutaten für 2 Personen
300 g Langkornreis
Salz
40 g Rosinen
150 g zarter Wirsing
1/2 Zwiebel
1 Knoblauchzehe
2 Eßlöffel Öl
50 g gehackte Walnüsse
1 Teelöffel Curry
1/2 Teelöffel Kurkumapulver (Gelbwurz)
1/2 Teelöffel Ingwerpulver
schwarzer Pfeffer
1 Eßlöffel Zitronensaft
125 g Joghurt

Pro Portion: 2300 kJ/ 550 kcal
6 g E · 19 g F · 90 g Kh
Zubereitungszeit: 40 Minuten

Den Reis in reichlich kochendem Wasser zugedeckt bei mittlerer Hitze etwa 20 Minuten garen. In ein Sieb abgießen und beiseite stellen.

Die Rosinen in lauwarmem Wasser einweichen. Den Wirsing waschen, putzen und in feine Streifen schneiden. Die halbe Zwiebel und den Knoblauch schälen und fein würfeln.

1 Eßlöffel Öl erhitzen. Die Nüsse darin unter Rühren 1 Minute anrösten, dann den Wirsing 5 Minuten mitbraten. Die Mischung auf einen Teller geben.

Das restliche Öl erhitzen. Zwiebel und Knoblauch darin 2 Minuten braten. Mit Curry, Kurkuma und Ingwer bestäuben und 1 Minute anschwitzen. Rosinen und Reis hinzufügen und 5 Minuten pfannenrühren.

Den Wirsing und die Nüsse untermischen und 3 Minuten erhitzen. Mit Salz, Pfeffer und Zitronensaft würzen. Den Joghurt dazu reichen.

Risotto mit Rucola

Preiswert

Zutaten für 2 Personen
Für den Risotto:
1 kleine Zwiebel
4 Teelöffel Butter
200 g Risotto-Reis (z. B. Arborio, Carnaroli oder Vialone Nano)
50 ml trockener Weißwein
400 ml kräftige heiße Gemüsebrühe
25 g Parmesan, frisch gerieben
Salz
Pfeffer, frisch gemahlen
Außerdem:
50 g Rucola
frisch geriebener Parmesan zum Bestreuen

Pro Portion: 2400 kJ/ 400 kcal
17 g E · 15 g F · 82 g Kh
Zubereitungszeit: 35 Minuten

Die Zwiebel schälen und fein hacken. In einem breiten, flachen Topf 3 Teelöffel Butter erhitzen. Die Zwiebel darin bei schwacher Hitze hellgelb andünsten.

Den Reis nach und nach zur Zwiebel geben und 2–3 Minuten anbraten. Dabei ständig rühren, die Reiskörner sollten alle glänzen, vom Fett überzogen sein und fast glasig aussehen. Sie dürfen dabei aber keinesfalls braun werden. Wichtig ist jedoch, daß der Reis durch und durch heiß ist.

Dann den Wein zum Reis geben und unter Rühren völlig einkochen lassen. Anschließend soviel heiße Brühe dazugießen, daß der Reis gerade davon bedeckt ist. Unter ständigem Rühren leicht brodelnd köcheln lassen, bis die Flüssigkeit fast vollständig verdampft ist.

Diesen Vorgang wiederholen, bis der Reis gar ist, das dauernt je nach Reissorte und Korngröße 15–20 Minuten. Die Körner müssen außen weich sein, sollten innen aber noch einen winzigen bißfesten Kern haben.

Kurz vor Garzeitende den Rucola verlesen, waschen, trockentupfen und in Stücke zupfen. Drei Viertel der Rucolablätter unter den Risotto heben und noch 2 Minuten mitgaren.

Den Topf vom Hord ziehen, die restliche Butter in Stückchen, den Käse und den restlichen Rucola unter den Risotto ziehen. Mit Salz und Pfeffer abschmecken.

Den Risotto noch 2 Minuten zugedeckt ziehen lassen, mit Parmesan bestreuen, dann sofort servieren.

Tip!

Diesen Risotto können Sie auch als Vorspeise servieren. Dann reicht die Menge für etwa 4 Personen. Als Beilage für 3 bis 4 Personen paßt der Risotto – mit oder ohne Kräuter – besonders gut zu gebratenem Fleisch und Geflügel.

Variante:

Anstelle von Rucola können Sie 1/2 Bund fein gehackte Petersilie oder 2 bis 3 Eßlöffel gemischte feingehackte Kräuter unter den Risotto mischen.

Ein italienischer Risotto überzeugt immer wieder mit seinem feinen Geschmack und seiner herrlichen cremigen Konsistenz.

Pilz-Risotto

Preiswert

Zutaten für 2 Personen
175 g gemischte Pilze (Egerlinge, Austernpilze, Pfifferlinge)
Salz
Pfeffer, frisch gemahlen
etwas Zitronensaft
1 kleine Zwiebel
1 kleine Knoblauchzehe
3 Teelöffel Butter
200 g Risotto-Reis (z. B. Arborio, Carnaroli oder Vialone Nano)
50 ml trockener Weißwein
1/2 Teelöffel getrockneter Thymian
400 ml kräftige, heiße Gemüsebrühe
1 kleine Handvoll Spinat (etwa 20 g)
40 g Parmesan, frisch gerieben

Pro Portion: 3400 kJ/ 820 kcal
25 g E · 18 g F · 25 g Kh
Zubereitungszeit: 40 Minuten

Die Pilze putzen, in Scheiben schneiden. Ohne Fett in einer Pfanne bei starker Hitze anbraten. Salzen, pfeffern, mit Zitronensaft würzen.

Zwiebel und Knoblauch schälen, hacken und bei mittlerer Hitze in 2 Teelöffeln Butter anbraten. Den Reis einrühren, andünsten und mit Wein ablöschen. Den Thymian dazugeben und anschließend soviel heiße Brühe aufgießen, daß der Reis gerade davon bedeckt ist. Unter ständigem Rühren leicht brodelnd köcheln* lassen, bis die Flüssigkeit fast verdampft ist. Diesen Vorgang wiederholen, bis der Reis gar ist, das dauert je nach Reissorte und Korngröße 15–20 Minuten.

Den Spinat waschen und streifig schneiden. Mit den Pilzen unter den Reis heben und heiß werden lassen. Die übrige Butter und den Käse untermischen, salzen, pfeffern. Den Risotto kurz ziehen lassen, dann servieren.

Hackfleisch-Paprika-Risotto

Braucht etwas Zeit

Zutaten für 2 Personen
je 1/2 rote und grüne Paprikaschote
1 Zwiebel · 1 Knoblauchzehe
375 ml Fleischbrühe
1–2 Eßlöffel Schweineschmalz
200 g gemischtes Hackfleisch
100 g Reis
1 Schuß Weißwein
2 milde eingelegte Peperoni
Salz · schwarzer Pfeffer
edelsüßes Paprikapulver
1/2 Bund glatte Petersilie
1 Teelöffel Kapern
1 Teelöffel Zitronensaft
2 Eßlöffel frisch geriebener alter Gouda

Pro Portion: 2400 kJ/ 570 kcal
28 g E · 33 g F · 45 g Kh
Zubereitungszeit: 1 Stunde

Von den Paprikaschoten Trennwände, Kerne und Stielansatz entfernen und die Schotenhälften unter fließendem Wasser waschen. In schmale Streifen und diese in kleine Würfel schneiden. Die Zwiebel schälen und hacken, die Knoblauchzehe schälen.

In einem Topf die Fleischbrühe erhitzen und kochendheiß bereithalten. In einer großen Pfanne das Schmalz erhitzen. Die Zwiebeln darin anbraten, die Knoblauchzehen durch die Presse dazudrücken. Das Hackfleisch portionsweise dazugeben und unter Rühren bei starker Hitze krümelig braten. Die Paprikawürfel einrühren und kurz mitbraten. Danach den Reis gründlich unterheben. Mit dem Weißwein ablöschen*.

Nach und nach die Brühe angießen und den Reis unter Rühren bei schwacher Hitze offen etwa 15 Minuten garen.

Die Peperoni halbieren, die Kerne entfernen und die Schoten kleinhacken. Unter den Reis mischen und alles weitere 15 Minuten garen. Mit Salz, Pfeffer und Paprikapulver würzen.

Gegen Ende der Garzeit die Petersilie waschen, trockenschütteln und fein hacken. Die Kapern unter den Risotto mischen, mit den Gewürzen und dem Zitronensaft abschmecken. Den Käse und die Petersilie aufstreuen und den Risotto sehr heiß servieren.

Risotto mit Leber

Für Geübte

Zutaten für 2 Personen
1/2 kleine Möhre
1/2 Zwiebel · 1/2 Knoblauchzehe
3 Teelöffel Butter
125 g Risotto-Reis
50 ml trockener Weißwein
1 Teelöffel Tomatenmark
375 ml heiße Hühnerbrühe
125 g frische Hühnerleber
25 g durchwachsener Speck, ohne Schwarte
4 Salbeiblätter
Salz
Pfeffer, frisch gemahlen
2 Eßlöffel frisch geriebener Parmesan

Pro Portion: 2500 kJ/ 590 kcal
26 g E · 15 g F · 80 g Kh
Zubereitungszeit: 40 Minuten

Möhre, Zwiebel und Knoblauch schälen, fein würfeln, in 2 Teelöffeln Butter andünsten. Den Reis einrühren, andünsten, mit Wein ablöschen. Tomatenmark hinzufügen. Soviel heiße Brühe aufgießen, daß der Reis gerade bedeckt ist. Unter ständigem Rühren köcheln lassen, bis die Flüssigkeit fast verdampft ist. Diesen Vorgang wiederholen, bis der Reis gar ist, das dauert je nach Reissorte und Korngröße 15–20 Minuten.

Die Leber waschen, putzen, trockentupfen, in Stücke schneiden. Den Speck in der übrigen Butter ausbraten*. Leber und Salbei hinzufügen, die Leber in 3 Minuten bei mittlerer Hitze braun braten. Salzen und pfeffern.

Den Käse unter den Reis rühren. Den Risotto abschmecken*, noch kurz ziehen lassen, in tiefe Teller verteilen, die Leber darauf anrichten und servieren.

Risotto-Geflügel-Auflauf

Für Gäste

Zutaten für 3 Personen
125 g Hähnchenbrustfilet
1 Eßlöffel Zitronensaft
7 Teelöffel Sonnenblumenöl
schwarzer Pfeffer, frisch gemahlen
375 ml Hühnerbrühe
125 ml trockener Weißwein
1 Lorbeerblatt · 1/2 Zwiebel
150 g Risotto-Reis
1 Teelöffel Currypulver
250 g kleine Zucchini
150 g Mozzarella
50 g Sahne
Salz · Cayennepfeffer
1 Eßlöffel Butter

Pro Portion: 2300 kJ/ 550 kcal
25 g E · 28 g F · 45 g Kh
Marinierzeit: 2 Stunden
Zubereitungszeit: 1 Stunde
Backzeit: 15 Minuten

Das Hähnchenbrustfilet in etwa 1/2 cm dünne Scheiben schneiden. Den Zitronensaft mit 3 Teelöffeln Öl und Pfeffer verrühren, die Schnitzelchen damit begießen und im Kühlschrank etwa 2 Stunden durchziehen lassen.

Die Brühe mit dem Wein und dem Lorbeerblatt zum Kochen bringen. Die Zwiebel schälen und hacken. In einer Pfanne 3 Teelöffel Öl erhitzen. Die Zwiebel darin glasig werden lassen, dann den Reis und das Currypulver untermischen.

Mit einer Schöpfkelle kochendheißer Brühe ablöschen. Rühren, bis die Flüssigkeit verdampft ist. Nach und nach heiße Brühe zugießen, den Reis unter Rühren in etwa 25 Minuten bei schwacher Hitze ausquellen lassen.

Den Backofen auf 225° vorheizen. Eine feuerfeste Form mit dem restlichen Öl ausstreichen. Die Zucchini putzen und waschen, 3/4 davon grob raspeln, den Rest in Scheiben schneiden. Den Mozzarella ebenfalls in Scheiben schneiden.

Die Sahne und die geraspelten Zucchini unter den fertigen Reis mischen, mit Salz, Pfeffer und Cayennepfeffer abschmecken. Den Reis in die Form füllen und glattstreichen. Das Fleisch auf der Oberfläche verteilen, mit den Zucchini und Mozzarellascheiben abdecken. Mit Salz und Pfeffer würzen, die Butter in Flöckchen darauf setzen. Den Auflauf im heißen Ofen (Mitte) etwa 15 Minuten überbacken, bis die Schnitzel gar sind.

Paella

Etwas teurer

Zutaten für 4 Personen
50 g mageres Schweinefleisch
75 g Lammbrust
4 kleine ausgenommene Tintenfische, frisch oder tiefgekühlt
200 g Miesmuscheln
1/2 rote Paprikaschote
6 Eßlöffel Olivenöl, kaltgepreßt
1 1/2 Knoblauchzehen
1/2 Hähnchen, in 4 Stücke geteilt
50 g kleine Bratwürstchen (z. B. Nürnberger)
1 Zwiebel
225 g Rundkornreis
50 g grüne Bohnen, frisch oder tiefgekühlt
50 g Erbsen, frisch oder tiefgekühlt
1 Tomate
2 Scheiben Meeraal oder Seeteufel
1 Teelöffel Tomatenmark
375 ml kochendheißes Wasser oder Fleischbrühe
3 Artischockenherzen (aus der Dose)
Salz · schwarzer Pfeffer
1 Prise Safran
3 Scampi oder Riesengarnelen

Pro Portion: 3300 kJ/ 790 kcal
67 g E · 39 g F · 47 g Kh
Zubereitungszeit: 1 1/4 Stunden

Das Schweinefleisch und die Lammbrust waschen, abtrocknen und in etwa 3 cm große Würfel schneiden.

Die Tintenfische waschen und trockentupfen. Die küchenfertigen Tintenfische in Ringe schneiden.

Die Muscheln waschen und entbarten. Die halbe Paprikaschote putzen und in schmale Streifen schneiden. Das Olivenöl in einer Paellapfanne (etwa 36 cm Durchmesser) oder in einer großen Bratpfanne erhitzen. 1 Knoblauchzehe schälen, halbieren, kurz fritieren, dann wieder herausnehmen.

Die Hähnchenstücke, die Würstchen, die Tintenfische, das Schweine- und das Lammfleisch bei mittlerer Hitze im Öl anbraten. Die Zwiebel und die restliche halbe Knoblauchzehe schälen und fein hacken und mit der Paprika in die Pfanne geben. Alles etwa 5 Minuten braten.

Den Reis dazugeben und anziehen lassen, bis er glasig wird. Frische Bohnen und/oder Erbsen waschen und putzen.

Die Tomate häuten*, vom Stielansatz befreien und kleinschneiden. Den Fisch würfeln. Tomatenstücke und Fischwürfel mit dem Tomatenmark unter die Paella mischen. Nach etwa 3 Minuten, wenn die Tomaten heiß sind, das Wasser oder die Brühe dazugießen und die Bohnen, Erbsen und Artischockenherzen obenauf verteilen. Mit Salz, Pfeffer und dem Safran würzen.

Die Scampi oder Garnelen auf den Reis legen und die Muscheln am Rand verteilen. Die Paella etwa 15 Minuten kochen lassen. Eventuell den Reis etwas nachwürzen. Nicht mehr umrühren, sondern die Pfanne von Zeit zu Zeit bei beiden Henkeln oder am Stiel fassen und leicht rütteln. Der Reis soll nicht verkochen und eher trocken sein.

Die fertige Paella sofort in der Pfanne servieren.

Varianten:

Paella Campesina

Für diese andalusische Paella schneiden Sie das Hähnchen in Stücke, braten es an und geben dann Schinkenwürfel und Scheiben von Paprikawurst dazu. Dünsten Sie alles halbweich, fügen Sie dann die Zwiebeln und den Reis hinzu und garen Sie die Paella fertig.

Paella del mar

Für eine Paella del mar lassen Sie das Fleisch weg und verwenden ausschließlich Fisch, Tintenfisch, Muscheln und Krustentiere.

Paella, eine der berühmtesten europäischen Reis-Spezialitäten, garantiert einen schönen Abend mit Gästen.

Kernige Roggengrütze

Schnell

Zutaten für 2 Personen
125 g Roggen, sehr grob geschrotet (Reformhaus oder Naturkostladen; bei Steinmühlen 10 % mehr schroten lassen und das Feinmehl absieben)
1/2 Lorbeerblatt
1/2 Eßlöffel gekörnte Gemüsebrühe
4 Eßlöffel Sonnenblumenkerne
1 Teelöffel frische Thymianblättchen
15 g Butterflöckchen
1 Eßlöffel frisch gehackte Petersilie

Pro Portion: 1400 kJ/ 330 kcal
11 g E · 17 g F · 36 g Kh
Zubereitungszeit: 30 Minuten

Den Roggen mit dem Lorbeerblatt, 1/4 l Wasser und der gekörnten Brühe in einem Topf mischen und 10–20 Minuten bei schwacher Hitze zugedeckt kochen. Dabei gelegentlich umrühren, da geschrotetes Getreide leicht ansetzt. Eventuell noch 1-2 Eßlöffel Wasser zugießen. Anschließend das Getreide auf der ausgeschalteten Kochstelle noch 10–20 Minuten ausquellen* lassen.

Inzwischen die Sonnenblumenkerne in einer Pfanne ohne Fett bei mittlerer Hitze unter Rühren goldgelb rösten*.

Die Grütze offen etwas ausdampfen lassen. Den Thymian und die Butter mit einer Gabel locker unterheben. Zum Schluß die Sonnenblumenkerne und die Petersilie unterziehen. Zu der Grütze schmeckt Sommergemüse aus Lauch, Gurken und Tomaten oder Mangold, Wirsing oder Grünkohl.

Grünkernbratlinge

Raffiniert

Zutaten für 2 Personen
100 g Grünkern, sehr grob geschrotet (Reformhaus oder Naturkostladen)
40 g Buchweizen, ganze Körner
1/2 Eßlöffel gekörnte Gemüsebrühe
1 kleine Zwiebel
3 Eßlöffel Sahne
1 Ei
3/4 Teelöffel getrockneter Majoran
2 Eßlöffel frisch gehackte Petersilie
Muskatnuß, frisch gerieben
weißer Pfeffer, frisch gemahlen
Meesalz
30 g Haselnüsse, fein gemahlen
Zum Braten:
30 g ungehärtetes Kokosfett

Pro Portion: 2500 kJ/ 600 kcal
13 g E · 37 g F · 52 g Kh
Zubereitungszeit: 50 Minuten

Den Grünkernschrot mit dem Buchweizen, der gekörnten Brühe und 200 ml Wasser verrühren. Bei ganz schwacher Hitze aufkochen und in etwa 15 Minuten ausquellen lassen, bis alle Flüssigkeit aufgesogen ist. Umrühren ist meist nicht nötig.

Das Getreide im offenen Topf ausdampfen lassen. Die Zwiebel fein hacken. Die Sahne, das Ei, die Zwiebel und die Petersilie unterrühren. Die Masse mit Muskat, Pfeffer und Salz abschmecken und kalt werden lassen.

Aus dem ziemlich feuchten Teig Küchlein formen und in den Nüssen wenden. Die Grünkernküchlein in etwas Kokosfett von beiden Seiten bei mittlerer Hitze goldgelb braten.

Dazu schmecken gedünstetes Gemüse und ein Frischkostsalat.

Tip!

Die herzhaften Getreideküchlein schmecken auch kalt mit etwas Butter und mildem Käse sehr gut.

Kohlrabi mit Spinat-Hirse

Gelingt leicht

Zutaten für 2 Personen
75 g tiefgekühlter Blattspinat (mit dem Hackmesser vom ganzen Stück abgeteilt oder in vorgefertigten Portionsstücken)
Salz
2 Kohlrabi (etwa 500 g)
1 Schalotte · 1 Knoblauchzehe
1 Eßlöffel Öl
50 g Hirse
1 Teelöffel gekörnte Gemüsebrühe
1 Ei
50 g mittelalter Gouda, frisch gerieben
1 Teelöffel Sojasauce
schwarzer Pfeffer, frisch gemahlen
75 g Vollmilch-Joghurt
100 g saure Sahne
1 Eßlöffel Zitronensaft
1 Bund Dill

Pro Portion: 1800 kJ/ 430 kcal
22 g E · 22 g F · 33 g Kh
Zubereitungszeit: 1 Stunde 25 Minuten
Backzeit: 30 Minuten

Den Spinat auftauen lassen. Die Kohlrabi schälen, quer halbieren und in Salzwasser etwa 15 Minuten kochen lassen. Mit einer Schaumkelle herausnehmen, 1/4 l Kochwasser beiseite stellen. Die Kohlrabi mit einem Kugelausstecher oder Löffel bis auf einen etwa 1 cm breiten Rand aushöhlen. Etwa 75 g Kohlrabifleisch klein würfeln.

Die Schalotte schälen und fein würfeln, den Knoblauch abziehen und zerdrücken, beides im Öl glasig dünsten. Die Hirse hinzufügen und unter Rühren etwa 3 Minuten rösten. Mit 1/8 l Kohlrabikochwasser ablöschen, das Brühpulver einrühren. Zugedeckt etwa 20 Minuten quellen lassen.

Den Backofen auf 200° vorheizen. Den Spinat, das gewürfelte Kohlrabifleisch, das Ei und den Käse (1–2 Eßlöffel beiseite lassen) unter die Hirse mischen. Mit der Sojasauce, Salz und Pfeffer würzen. In die Kohlrabi füllen, diese in eine Gratinform setzen, mit dem übrigen Käse bestreuen. 1/8 l Kohlrabiwasser angießen.

Die Kohlrabi im Ofen (Mitte) etwa 30 Minuten backen. Inzwischen den Joghurt, die saure Sahne und den Zitronensaft cremig rühren, salzen und pfeffern. Den Dill abspülen, trockenschleudern und fein hacken, unter die Sauce rühren. Getrennt zu den Kohlrabi servieren.

Mandel-Aprikosen-Couscous

Raffiniert

Zutaten für 2 Personen
2 getrocknete Aprikosen
75 g Couscous
150 ml Milch
200 g reife Aprikosen
1 Teelöffel Mandelstifte
1 Teelöffel Mandelmus (Reformhaus oder Naturkostladen)
1 Teelöffel flüssiger Honig oder Ahornsirup
1 Teelöffel Zitronensaft

Pro Portion: 1600 kJ/ 380 kcal
9 g E · 4 g F · 66 g Kh
Zubereitungszeit: 15 Minuten
Quellzeit: 30–60 Minuten

Die getrockneten Aprikosen in sehr feine Würfel schneiden. Mit dem Couscous und der Milch mischen und 30–60 Minuten quellen lassen.

Dann die frischen Aprikosen waschen und klein würfeln, dabei entsteinen. Die Mandelstifte in einer trockenen Pfanne unter Rühren bei mittlerer Hitze goldgelb rösten*.

Den Coucous mit den Mandelstiften, dem Mandelmus, dem Honig oder dem Ahornsirup und dem Zitronensaft verrühren und in Schälchen füllen. Die frischen Aprikosen darauf verteilen.

Mangoldröllchen mit Grünkern

Braucht etwas Zeit

Zutaten für 2 Personen
500 g Mangold
Salz
1/2 Möhre (etwa 60 g)
1 kleine Zwiebel
3 Teelöffel Butter
100 g Grünkern, geschrotet
gut 1/4 l Gemüsebrühe
schwarzer Pfeffer, frisch gemahlen
1/2 Bund Petersilie
einige Blätter Basilikum
30 g Vollkornbrösel (3 Eßlöffel)
2 Eßlöffel Tahin (Sesampaste aus dem Glas; türkisches Lebensmittelgeschäft)
1 Ei
Cayennepfeffer
1 Teelöffel Zitronensaft
125 g Sahne
1 gestrichener Teelöffel Speisestärke

Pro Portion: 2900 kJ/ 690 kcal
22 g E · 41 g F · 54 g Kh
Zubereitungszeit: 1 1/2 Stunden

Die Mangoldblätter vom Strunk abtrennen und waschen, die weißen Blattstiele abschneiden und beiseite legen. 4–6 große Blätter etwa 1/2 Minute in kochendes Salzwasser geben, dann kalt abschrecken und auf Küchenpapier nebeneinander auslegen, die dicken Mittelrippen flach schneiden. Die übrigen kleineren Mangoldblätter fein hacken und für die Füllung beiseite legen. Die Mangoldstiele wie Rhabarber abziehen, die Hälfte davon in feine Streifen schneiden, die andere Hälfte fein würfeln.

Die Möhre schälen und in sehr kleine Würfel schneiden. Die Zwiebel schälen, fein würfeln und in 1 Teelöffel Butter andünsten. Die Möhrenwürfel und die gewürfelten Mangoldstiele hinzufügen und unter Rühren etwa 3 Minuten andünsten*. Den Grünkern dazugeben, kurz mitdünsten. Mit 150 ml heißer Brühe aufgießen, mit Salz und Pfeffer würzen. Den Grünkern bei schwacher Hitze zugedeckt etwa 10 Minuten ausquellen* lassen.

Inzwischen die Petersilie waschen, trockenschütteln und fein hacken. Die Basilikumblätter kleinschneiden. Den Schrotbrei etwas abkühlen lassen, die Kräuter, die gehackten Mangoldblätter, die Vollkornbrösel und die Sesampaste unter den Grünkern heben, dann die Eier unterrühren. Alles mit Salz, Pfeffer, 1 Prise Cayennepfeffer und dem Zitronensaft abschmecken.

Die Füllung auf die Mangoldblätter verteilen, große Blätter eventuell vorher längs halbieren.
Die Blätter dann wie Kohlrouladen aufrollen.

Die übrige Butter in einem breiten Topf erhitzen, die Röllchen darin sanft anbraten, wieder herausnehmen. Dann die in Streifen geschnittenen Mangoldstiele andünsten, mit der übrigen Brühe ablöschen, die Sahne (2 Eßlöffel vorher abnehmen) einrühren. Die Röllchen einlegen und zugedeckt bei mittlerer Hitze etwa 10 Minuten schmoren lassen.

Die Röllchen aus dem Topf nehmen und warm stellen. Die Speisestärke mit der übrigen Sahne verrühren, in die Sauce einrühren und köcheln lassen, bis sie gebunden ist. Die Mangoldröllchen in der Sauce servieren.

Tip!

Statt des geschroteten Grünkerns können Sie ebensogut Hirse, Buchweizen- oder Hafergrütze als Grundlage für die Füllung nehmen. Auch Quinoa (»Kienwa« ausgesprochen), eine Körnerfrucht mit jeder Menge an wertvollen Inhaltsstoffen, eignet sich dafür: Die winzigen Samen müssen nur etwa 20 Minuten quellen und verleihen der Füllung einen dezent nussigen Geschmack.

Mangold und Grünkern – zwei Zutaten mit einem besonders aparten Geschmack – gehen hier eine harmonische Verbindung ein.

Gemüse-Couscous

Aus Arabien

Zutaten für 2 Personen
1 kleine Zwiebel
75 g Lauch
100 g Wirsing
1 mittelgroße Möhre
50 g Knollensellerie
1 sehr kleine Zucchini
1/2 Petersilienwurzel
1 Eßlöffel Olivenöl, kaltgepreßt
50 g Broccoliröschen
1 Teelöffel Tomatenmark
1/4 l Gemüsebrühe
knapp 1/4 Teelöffel Kümmel
1 Döschen Safranpulver
Meersalz
knapp 1/4 Teelöffel grob gestoßener Pfeffer
1/2 Knoblauchzehe
1/2 Lorbeerblatt (der untere Teil, mit Stiel)
1 Gewürznelke
75 g gegarte Kichererbsen (aus dem Glas oder der Dose)
Für den Couscous:
Meersalz
2 Teelöffel Butterschmalz
150 g Couscous-Grieß
Für die Harissa-Sauce:
1 Teelöffel Harissa (Asienladen)
1 Teelöffel Tomatenmark

Pro Portion: 2400 kJ/ 570 kcal
17 g E · 15 g F · 93 g Kh
Zubereitungszeit: 40 Minuten

Die Zwiebel schälen. Das Gemüse waschen, putzen. Die Zwiebel, den Lauch und den Wirsing kleinschneiden. Die Möhre und den Sellerie schälen und zusammen mit der Zucchini in 2 cm große Würfel schneiden. Die halbe Petersilienwurzel schälen und klein würfeln.

In einem Topf das Olivenöl bei mittlerer Hitze heiß werden lassen und die Zwiebel darin 2 Minuten dünsten. Dann Lauch, Möhre, Sellerie, Zucchini, Petersilienwurzel, Broccoli und Wirsing unterrühren und unter Wenden 5 Minuten dünsten*. Das Tomatenmark untermischen und nach 1 Minute alles mit der Gemüsebrühe aufgießen.

Den Gemüsetopf aufkochen lassen. Mit Kümmel, Safran, Salz und Pfeffer würzen. Die halbe Knoblauchzehe schälen, mit dem Stück Lorbeerblatt und der Nelke spicken und zum Gemüse geben. Das Ganze zugedeckt 10–15 Minuten garen. Die Kichererbsen abtropfen lassen und in den letzten 5 Minuten mitgaren.

Inzwischen für den Couscous gut 150 ml Salzwasser in einem Topf aufkochen lassen, dann vom Herd ziehen. 1 Teelöffel Butterschmalz einrühren und den Couscous-Grieß untermischen. Den Grieß 5 Minuten quellen lassen. Er soll die Flüssigkeit dann aufgenommen haben.

Das restliche Butterschmalz in einem Pfännchen bei schwacher Hitze schmelzen lassen. Den Couscous zurück auf den Herd stellen und bei schwacher Hitze mit einer Gabel wenden, bis der Couscous locker und körnig ist. Dann das zerlassene Butterschmalz unterrühren.

Für die scharfe Harissa-Sauce das Harissa mit dem Tomatenmark vermischen. 4–5 Eßlöffel Gemüsebrühe aus dem Gemüsetopf schöpfen und untermischen. Den Couscous und das Gemüse getrennt voneinander in Schüsseln servieren und die Harissa-Sauce ebenfalls separat dazureichen.

Variante:

Sie können dieses fleischlose Gericht auch mit Geflügel ergänzen. Garen Sie pro Portion 1 Hähnchenschenkel in 1/8 l Hühnerbrühe bei schwacher Hitze und richten Sie ihn vor dem Servieren auf der Couscous-Portion an.

Tip!

Sie können das für die Sauce benötigte Harissa auch selbst herstellen: Entkernen Sie eine rote Paprikaschote und heben Sie die Hälfte der Samen auf. Backen Sie die Schote 20 Minuten bei 180°, enthäuten Sie sie und hacken sie fein. Geben Sie die Paprika, die Samen, 1/2 frische kleine Chilischote ohne Samen, 1 Teelöffel Kreuzkümmel, einige Korianderkörner, etwas Salz und 1–2 Eßlöffel Olivenöl in den Mixer und pürieren Sie alles zu einer Paste.

Deftiges Gemüse-Bulgur

Preiswert

Zutaten für 3 Personen
750 g Suppengemüse (Lauch, Knollensellerie, Möhren und Petersilienwurzel gemischt)
1 Gemüsezwiebel
200 g braune Champignons
2 Eßlöffel Zitronensaft
4 Eßlöffel Sonnenblumenöl
250 g Bulgur
1/2 l Gemüsebrühe
Salz
weißer Pfeffer
1/2 Teelöffel gemahlener Kümmel
100 g Sahne
1 Bund Koriander

Pro Portion: 2400 kJ/ 580 kcal
14 g E · 28 g F · 69 g Kh
Zubereitungszeit: 45 Minuten

Das Suppengemüse putzen, waschen und würfeln. Die Zwiebel schälen und hacken.

Für das Bulgur die Champignons putzen, gegebenenfalls waschen, hacken und mit dem Zitronensaft mischen.

1 Eßlöffel Öl erhitzen. Das Bulgur darin unter Rühren anbraten. Die Gemüsebrühe hinzufügen, das Bulgur aufkochen und zugedeckt bei schwacher Hitze etwa 20 Minuten garen.

Das restliche Öl erhitzen und die Zwiebel darin glasig* dünsten. Das Suppengemüse hinzufügen und unter Rühren einige Sekunden mitdünsten. Mit Salz, Pfeffer und dem Kümmel würzen. Die Sahne zugießen, das Gemüse einmal aufkochen und zugedeckt bei schwacher Hitze in etwa 5 Minuten bißfest* garen.

Die Pilze unter das Bulgur mischen und erhitzen. Die Petersilie waschen, trockentupfen und fein hacken. Das Gemüse und das Bulgur damit bestreuen.

Zucchini mit Polenta

Gut vorzubereiten

Zutaten für 2 Personen
2 Zucchini (etwa 400 g)
25 g durchwachsener Räucherspeck
1 kleine Möhre (etwa 75 g)
2 Frühlingszwiebeln (etwa 50 g)
1/2 Knoblauchzehe
1/2 Eßlöffel Olivenöl
50 g Polenta (Maisgrieß)
1/4 l kochendheiße Gemüsebrühe
1/2 Teelöffel gehackter Thymian
1/4 Teelöffel gehackter Rosmarin
Salz · schwarzer Pfeffer
1 Eßlöffel Butter
Für die Form: Öl

Pro Portion: 1300 kJ/ 310 kcal
7 g E · 19 g F · 25 g Kh
Zubereitungszeit: 50 Minuten
Backzeit: 25 Minuten

Die Zucchini waschen, längs halbieren, das Fruchtfleisch mit einem Löffel herausschaben und hacken. Zucchini innen salzen.

Den Speck und die geschälte Möhre klein würfeln. Die Frühlingszwiebeln waschen, putzen, das Weiße und das Grüne getrennt in Ringe schneiden. Den Knoblauch schälen.

Das Öl in einem Topf erhitzen, den Speck bei schwacher Hitze ausbraten*. Den Knoblauch dazupressen. Das Weiße der Frühlingszwiebeln, die Möhre und das Zucchinifleisch hinzufügen und etwa 3 Minuten andünsten. Dann den Maisgrieß leicht anrösten. Die heiße Brühe angießen, aufkochen und bei schwacher Hitze zugedeckt etwa 15 Minuten quellen lassen.

Die Kräuter und das Grüne der Frühlingszwiebeln unter den Grießbrei mengen, salzen und pfeffern.

Den Backofen auf 200° vorheizen. Eine Gratinform einfetten. Die Polenta in die Zucchinihälften verteilen, diese in die Form setzen. Mit der Butter in Flöckchen belegen. Im Ofen (Mitte) in 20–25 Minuten goldbraun backen.

Koriander-Bratkartoffeln

Scharf

Zutaten für 2 Personen
Für die Joghurtsauce:
1 Knoblauchzehe
150 g Vollmilch-Joghurt
Salz
schwarzer Pfeffer, frisch gemahlen
2 Teelöffel Zitronensaft
Für die Bratkartoffeln:
500 g festkochende Kartoffeln
4 Eßlöffel Öl
1 kleine Zwiebel
1/2 Bund glatte Petersilie
1 Teelöffel Butter
1 gehäufter Teelöffel gemahlener Koriander
1 Teelöffel scharfes Currypulver
Salz
schwarzer Pfeffer, frisch gemahlen

Pro Portion: 1600 kJ/ 395 kcal
8 g E · 20 g F · 45 g Kh
Zubereitungszeit: 45 Minuten

Die Knoblauchzehe schälen, zerdrücken und mit dem Joghurt verrühren. Den Joghurt mit Salz, Pfeffer und Zitronensaft würzen. Die Sauce bis zum Servieren zugedeckt kalt stellen.

Die Kartoffeln waschen, schälen und auf dem Gurkenhobel in sehr dünne Scheiben schneiden. Die Kartoffelscheiben auf Küchenpapier ausbreiten und gut trockentupfen.

3 Eßlöffel Öl in einer großen, schweren Pfanne erhitzen. Die Kartoffeln darin unter Wenden etwa 5 Minuten kräftig anbraten, bis sie goldbraun sind. Die Zwiebel schälen und in dünne Ringe schneiden. Mit dem übrigen Öl zu den Kartoffeln geben und hellgelb braten. Dann die Hitze reduzieren und die Kartoffeln noch 12–15 Minuten braten.

Die Petersilie abbrausen, trockenschütteln und die Blätter abzupfen. Die Butter, den Koriander und den Curry unter die Kartoffeln mischen und kurz mitrösten. Mit Salz und Pfeffer abschmecken und mit den Petersilienblättchen bestreut servieren. Die Joghurtsauce getrennt dazu reichen.

Bauernfrühstück

Deftig

Zutaten für 2 Personen
350 g gekochte Kartoffeln
40 g Räucherspeck
100 g Fleischwurst
1/2 Zwiebel
Salz
schwarzer Pfeffer, frisch gemahlen
1/4 Teelöffel Kümmel
3 Eier
1 Eßlöffel frischer, in feine Röllchen geschnittener Schnittlauch
Zum Braten: Butterschmalz
Zum Garnieren: Gewürzgurken

Pro Portion: 2400 kJ/ 570 kcal
22 g E · 41 g F · 30 g Kh
Zubereitungszeit: 30 Minuten

Die Kartoffeln pellen und in Scheiben schneiden. Den Speck klein würfeln. Die Wurst häuten, halbieren und in Scheiben schneiden. Die halbe Zwiebel schälen und klein würfeln.

Etwa 3 Teelöffel Fett erhitzen. Den Speck darin anbraten, dann die Wurst und zum Schluß die Zwiebel kurz mitbraten. Die Kartoffeln hinzufügen, mit Salz, Pfeffer und Kümmel kräftig würzen. Die Kartoffeln in etwa 10 Minuten unter häufigem Wenden knusprig braten.

Die Eier mit 3 Teelöffeln Wasser verquirlen, leicht salzen und pfeffern. Sind die Kartoffeln schön braun und knusprig, die Eier gleichmäßig darüber gießen und bei schwacher Hitze vollständig stocken lassen.

Das Omelett auf einer vorgewärmten Platte anrichten, mit dem Schnittlauch bestreuen und mit den Gewürzgurken garnieren. Dazu schmeckt Tomatensalat.

Die indisch inspirierten Koriander-Bratkartoffeln sind mit frischen Salaten ein wahrer Genuß.

Pellkartoffeln mit Quark

Gelingt leicht

Zutaten für 2 Personen
500 g kleine neue, mehligkochende Kartoffeln
gut 1/2 Teelöffel Kümmelsamen
250 g Quark (20 % Fett i. Tr.)
60 ml Milch
1 kleine Zwiebel
Salz
weißer Pfeffer, frisch gemahlen
edelsüßes Paprikapulver
1 Bund Schnittlauch
Nach Belieben:
Paprikapulver zum Bestreuen
kaltgepreßtes Leinöl (Reformhaus)
Butter

Pro Portion: 1700 kJ/ 410 kcal
22 g E · 14 g F · 45 g Kh
Zubereitungszeit: 45 Minuten

Die Kartoffeln waschen. In einen Topf geben. Etwa 2 cm hoch Wasser angießen. 1/2 Teelöffel Kümmel dazugeben. Alles aufkochen lassen. Die Kartoffeln dann in etwa 20 Minuten bei schwacher Hitze garen.

Während die Kartoffeln kochen, den Quark zubereiten. Den Quark in eine Schüssel geben und mit der Milch cremig rühren. Die Zwiebel schälen und in kleine Würfel schneiden. Unter den Quark mischen und mit Salz, Pfeffer, Paprikapulver und Kümmel pikant abschmecken. Den Schnittlauch waschen und in kleine Röllchen schneiden. Den Quark mit dem Schnittlauch und nach Belieben mit Paprikapulver bestreuen.

Sind die Pellkartoffeln gar, das Wasser abgießen. Die Kartoffeln ausdampfen lassen. In eine Schüssel füllen und in der Schale zu Tisch bringen. Leinöl und Butter dazustellen.

Jeder pellt sich seine Kartoffeln selbst und nimmt nach Belieben zum Quark Leinöl oder Butter.

Gemüsequark

Preiswert

Zutaten für 2 Personen
500 g gleich große, nicht zu große, überwiegende festkochende Kartoffeln
1 mittelgroße Möhre
1 Stange Staudensellerie
1 mittelgroße Tomate
1/2 großes Bund Schnittlauch
250 g Schichtkäse oder Quark (40 % Fett i. Tr.)
2 Eßlöffel Sahne
Salz
edelsüßes Paprikapulver

Pro Portion: 2000 kJ/ 480 kcal
19 g E · 22 g F · 47 g Kh
Zubereitungszeit: 15 Minuten

Die Möhre schälen, putzen und auf der Rohkostreibe fein raspeln. Den Staudensellerie waschen, putzen, von den harten Fasern befreien und in feine Scheiben schneiden. Die Tomate waschen und klein würfeln, dabei den Stielansatz entfernen. Den Schnittlauch waschen und in feine Röllchen schneiden.

Den Schichtkäse oder Quark mit dem vorbereiteten Gemüse und der Sahne glattrühren. Den Gemüsequark mit Salz und Paprikapulver pikant abschmecken, in eine Schüssel füllen und mit den Schnittlauchröllchen bestreuen.

Zu Pellkartoffeln, die man sich bei Tisch selbst schält, servieren.

Kartoffelhacksteaks

Deftig

Zutaten für 3 Personen
1/2 altbackenes Brötchen
50 ml Milch
1 Frühlingszwiebel
50 g Champignons
50 g durchwachsener Räucherspeck
1/2 Bund Petersilie
4 Eßlöffel Butterschmalz
250 g mehligkochende Kartoffeln
200 g gemischtes Hackfleisch
1 Ei
Salz · Pfeffer

Pro Portion: 2300 kJ/ 550 kcal
13 g E · 32 g F · 65 g Kh
Zubereitungszeit: 1 Stunde

Das halbe Brötchen würfeln und in der Milch einweichen. Die Frühlingszwiebel putzen, längs halbieren, waschen und in Streifen schneiden. Die Champignons putzen und hacken, den Speck ohne Schwarte fein würfeln. Die Petersilie waschen und die Blättchen hacken.

1/2 Eßlöffel Butterschmalz erhitzen und den Speck darin anbraten. Die Frühlingszwiebeln und die Pilze bei mittlerer Hitze 1 Minute mitbraten. Dann die Petersilie kurz mitbraten, alles herausnehmen und abkühlen lassen.

Das Brötchen gut ausdrücken. Kartoffeln gründlich waschen, schälen und fein raspeln. Die Masse in ein Geschirrtuch geben, gut ausdrücken und mit Brötchen, Hackfleisch, Eiern und der Speckmischung vermengen. Mit Salz und Pfeffer würzen.

Aus der Masse mit feuchten Händen 3–4 Küchlein formen. Das übrige Fett erhitzen und die Küchlein darin bei mittlerer Hitze in 15–20 Minuten auf beiden Seiten langsam knusprig braten.

Dazu paßt ein mit einer Saure-Sahne-Sauce angemachter Endiviensalat oder ein Joghurtdip mit vielen Kräutern.

Bunter Kartoffelkuchen

Gut vorzubereiten

Zutaten für eine Springform von 26 cm ø (ergibt 16 Portionsstücke):
Für den Teig:
750 g mehligkochende Kartoffeln
2 Eigelbe
Für die Füllung:
1 Kopf Blumenkohl (etwa 600 g)
500 g Broccoli
200 g Möhren
150 g Gouda
1/2 l Milch
6 Eier
100 g Mandelblättchen
Außerdem:
Salz
Muskatnuß, frisch gerieben
Butter für die Form

Pro Portion: 610 kJ/ 150 kcal
8 g E · 8 g F · 12 g Kh
Zubereitungszeit: 1 1/2 Stunden
Backzeit: 1 1/4 Stunden

Für den Teig die Kartoffeln gründlich waschen und in Salzwasser in 20–30 Minuten bißfest* kochen. Heiß pellen und durch die Presse drücken oder fein zerstampfen. Die heiße Masse sofort mit den Eigelben vermengen. Mit Salz und Muskat abschmecken und abkühlen lassen.

Für die Füllung reichlich Salzwasser aufkochen lassen. Den Blumenkohl und den Broccoli putzen, in kleine Röschen teilen und gründlich waschen. Die Möhren schälen, längs vierteln und in Würfel schneiden. Eiswasser bereitstellen.

Den Blumenkohl in Salzwasser in 3–5 Minuten bißfest kochen, herausnehmen und in Eiswasser abschrecken*. Die Möhren und zum Schluß den Broccoli in dem Sud ebenfalls 3–5 Minuten jeweils bißfest kochen und anschließend abschrecken.

Den Käse reiben. Die Milch erhitzen und den Käse darin schmelzen lassen. Abkühlen lassen und mit den Eiern verquirlen. Mit Salz und Muskat würzen.

Den Backofen auf 180° vorheizen. Die Form buttern und mit dem Kartoffelteig auskleiden, dabei einen 4 cm hohen Rand formen. Den Teig im Backofen (Mitte) etwa 10 Minuten vorbacken.

Den Boden abkühlen lassen und dann das Gemüse dekorativ in die Form geben, dabei immer wieder ein paar Mandeln dazwischen streuen. Die Eier-Käse-Masse darüber gießen und den Kuchen mit den übrigen Mandeln bestreuen.

Den Kuchen im Backofen (Mitte) 1 1/4 Stunden garen, bis die Eimasse gestockt ist und die Mandeln leicht gebräunt sind.

Kartoffelpuffer auf zwei Arten

Braucht etwas Zeit

Zutaten für 2 Personen
Für je 3–4 Puffer:
Für die italienischen Puffer:
3 Sardellenfilets
50 ml Mineralwasser
1/2 Bund glatte Petersilie
1 Teelöffel kleine Kapern
1/2 Knoblauchzehe
2–3 Eßlöffel Parmesan, frisch gerieben
Für die indischen Puffer:
1/2 Teelöffel Koriander
1 Teelöffel Sesamsamen
1 Teelöffel Currypulver
2 Frühlingszwiebeln
1 Stück frischer Ingwer (knapp haselnußgroß)
Außerdem:
600 g mehligkochende Kartoffeln
Salz · Pfeffer
Butterschmalz zum Braten
100 g Crème fraîche
100 g Joghurt

Pro Portion: 2900 kJ/ 680 kcal
17 g E · 44 g F · 57 g Kh
Zubereitungszeit: 1 1/2 Stunden

Für die italienischen Puffer die Sardellen 30 Minuten im Mineralwasser einlegen, dann kleinschneiden. Die Petersilie waschen und die Blättchen hacken. Den Knoblauch schälen und würfeln.

Für die indischen Puffer Koriander- und Sesamsamen in einer trockenen Pfanne 1 Minute rösten, das Currypulver dazugeben und alles abkühlen lassen. Die Frühlingszwiebeln putzen, längs halbieren, waschen und in feine Streifen schneiden. Den Ingwer schälen und reiben.

Kartoffeln waschen, schälen und reiben. Die Masse in einem Tuch so ausdrücken, daß sie noch etwas feucht ist. Je zur Hälfte mit den Zutaten mischen. Mit Salz und Pfeffer würzen.

Reichlich Fett in einer Pfanne erhitzen. Jeweils etwas Masse hineinsetzen und glattstreichen. Die Puffer je etwa 3–5 Minuten auf beiden Seiten knusprig braten. Fertige Puffer warm halten. Schmand und Joghurt verrühren und zu den Puffern servieren.

Kartoffelpuffer mit Kompott

Preiswert

Zutaten für 2 Personen
Für das Kompott:
100 g tiefgekühlte Waldbeeren
1 säuerlicher Apfel
1/2 Teelöffel Zitronensaft
1 Teelöffel Speisestärke
80 ml ungesüßter Holundersaft
1–2 Eßlöffel Zucker
Für 4–6 Kartoffelpuffer:
1 Ei · 1 Eßlöffel saure Sahne
1 Eßlöffel zarte Haferflocken
350 g mehligkochende Kartoffeln
1/2 Zwiebel · Salz
reichlich Öl zum Braten

Pro Portion: 2300 kJ/ 540 kcal
20 g E · 5 g F · 49 g Kh
Zubereitungszeit: 1 Stunde

Für das Kompott die Beeren auftauen lassen. Den Apfel schälen, halbieren, entkernen, würfeln und mit dem Zitronensaft mischen. Die Stärke mit 1 Eßlöffel Holundersaft glattrühren. Den Apfel mit dem Zucker im übrigen Saft und 50 ml Wasser aufkochen lassen, die Beeren und die Stärke einrühren und 1 Minute kochen lassen. Die Hälfte der Früchte herausnehmen, den Rest zerstampfen, die Früchte wieder dazugeben.

Für die Kartoffelpuffer das Ei trennen, das Eigelb mit saurer Sahne und Haferflocken verrühren. 10 Minuten quellen lassen.

Die Kartoffeln waschen, wie die Zwiebel schälen, beides fein reiben. Die Masse in einem Küchentuch gut ausdrücken, mit der Eisahne verrühren, mit Salz würzen.

Das Eiweiß mit 1 Prise Salz steif schlagen*, unter die Masse ziehen. Reichlich Öl in einer Pfanne erhitzen, je 1 Eßlöffel Masse darin glattstreichen. Die Kartoffelpuffer nacheinander in 3–5 Minuten auf beiden Seiten knusprig braten, mit dem Kompott servieren.

Im Bild vorne:
Kartoffelpuffer mit Kompott
Im Bild hinten:
Kartoffelpuffer auf italienische (hinten) und indische (vorne) Art.

Fleisch & Geflügel

Ein saftiges Steak oder ein herzhaftes Kotelett, würzige Rouladen – manchmal sehnt man sich richtig nach einem Gericht mit Fleisch, das sich einfach, schnell und doch delikat zubereiten läßt. Es muß nicht unbedingt ein großer Braten sein.

Geflügel wie Huhn und Pute sind nicht nur beliebt, weil sie wenig kosten. Damit lassen sich wunderbare Gerichte aus der südlichen Küche zubereiten, auch für Gäste. Geflügelfleisch ist außerdem mager, leicht verdaulich und schnell gar.

Bei Fleisch spielt die Qualität heute mehr denn je eine wichtige Rolle. Deshalb der Rat: weniger ist mehr. Das heißt, lieber nur ein- bis zweimal pro Woche für ein Fleischgericht einkaufen, doch dann von Tieren aus garantiert ökologischer Aufzucht. Das kostet zwar etwas mehr, weil auch der Aufwand höher liegt. Doch kann man dieses Fleisch um so beruhigter genießen.

Warum Fleisch auch für die Gesundheit wichtig ist: Es liefert vor allem Eiweiß, Vitamin A, B, Kalzium, Phosphor und Eisen.

Tips für den Fleischeinkauf

- Kaufen Sie möglichst kein in Folie verpacktes Fleisch, so wie es in den Kühltruhen liegt, sondern lassen Sie sich das Gewünschte an der Frischetheke zeigen und dann abwiegen.

- Wer ein wenig bei Freunden und Bekannten, die auf bewußte Ernährung Wert legen, herumfragt, vielleicht auch im Naturkostladen oder bei Verbraucherverbänden, wird so mit Sicherheit erfahren, wo man Bio-Fleisch kaufen kann.

- Sagen Sie dem Metzger, für welches Gericht Sie das Fleisch verwenden möchten. Ein guter Metzger wird dann passend dafür auswählen.

Woran man einen guten Metzger erkennt ?

- Er kann über Fütterung, Haltung, Alter und Geschlecht der Tiere Auskunft geben.

- Er kennt den Zeitpunkt der Schlachtung und weiß über die Reifung des Fleisches Bescheid. Von diesen Faktoren hängt wesentlich das Safthaltevermögen, die Zartheit und der Geschmack des Fleisches ab.

Schweinefleisch immer frisch kaufen

Im Gegensatz zu Rindfleisch darf Schweinefleisch nicht abgehangen sein. Das Fleisch von jungen Schlachttieren ist hellrot und hat fast weißes Fett. Das Fleisch von älteren Tieren ist dunkler und grobfaseriger. Vorsicht bei trocken aussehendem Fleisch mit dunklen Rändern, es ist nicht mehr frisch. Blaß und wässrig aussehendes Fleisch stammt von überzüchteten und gestreßten Tieren.

Zum Kurzbraten oder Schmoren

Zum kurzen Braten eignen sich magere Stielkoteletts oder Filetkoteletts mit einem Filetanteil. Das Filet selbst ist das zarteste und teuerste Stück vom Schwein. Es kann ganz oder in Scheiben geschnitten kurzgebraten werden. Besonders preiswert, jedoch auch fetter sind aus dem Nacken geschnittene Koteletts. Schnitzel werden aus dem Schinken oder Schlegel geschnitten. Diese liefern auch Fleisch für beste Braten. Mit Fett durchzogene Stücke aus der Schulter eignen sich für Ragouts, Gulasch oder auch Braten.

Schweinefleisch sollte spätestens am Tag nach dem Kauf zubereitet werden. In einer Marinade eingelegt hält es sich im Kühlschrank zwei Tage.

Marinade für Schweinekoteletts oder -filet zum Braten oder Grillen:

Für 2 Personen 2 Koteletts oder 350–400 g Schweinefilet in eine Marinade aus je 1 Eßlöffel süßem Senf, Honig und Maiskeimöl, je 1 Prise Cayennepfeffer und gemahlenem Ingwer einlegen bzw. darin wenden.

Rindfleisch – am besten abgehangen

Damit Rindfleisch reifen kann und dadurch zart wird, hängt man es im Kühlhaus bei einer bestimmten Temperatur und Luftfeuchtigkeit kürzer oder länger auf. Bei Fleisch für eine Suppe oder den Eintopf reichen ein paar Tage. Für Steaks, die zart und saftig bleiben sollen, sind etwa drei Wochen Abhängen erforderlich.

Kalb- und Rindfleisch einkaufen

Das Fleisch von jüngeren Tieren, auch vom Kalb, zum Beispiel für Schnitzel, ist hell und zart. Das von älteren Tieren, zeigt sich, teils auch durch das längere Abhängen – dunkelrot bis bräunlich und fester in der Struktur. Filet- oder Rumpsteaks und Ochsenkoteletts zum Kurzbraten sollten marmoriert sein, das heißt, von feinen Fettäderchen durchzogen – Fett ist Aromaträger, man muß es aber nicht mitessen. Gute Bratenstücke stammen aus der Hüfte oder der Hinterkeule.

Die Flüssigkeit beim Schmoren ist die Grundlage der Bratensauce.

Tips für die Zubereitung

Das Fett nicht vor dem Braten oder Schmoren, sondern erst danach abschneiden, dann bleibt das Fleisch auch saftiger. Beim Steak oder Kotelett den Fettrand mehrmals einschneiden, damit sie sich beim Braten nicht wölben. Kalb- oder Rindfleisch für die Pfanne kann man im Kühlschrank etwa drei Tage aufbewahren, wenn man es in eine Marinade aus Olivenöl mit Pfeffer, Kräutern wie Lorbeer, Thymian, Majoran, Rosmarin oder Salbei und Knoblauch einlegt. Im Essigmarinadebad für Sauerbraten hält sich ein Bratenstück im Kühlschrank etwa eine Woche. Hackfleisch sollte spätestens am Tag nach dem Kauf verarbeitet werden.

Geflügel – preiswert und zart

Passend für eine oder mehrere Personen gibt es Geflügel sozusagen maßgeschneidert. Das Angebot reicht von kleinen Stubenküken über Hähnchen, Huhn, Poularde, Ente, Gans bis zum kiloschweren Puter. Teilstücke wie Flügel, Schenkel, Brust oder – bei Puter – Braten stehen ebenfalls zur Auswahl.

Frisches Geflügelfleisch von Tieren, die artgerecht aufgezogen und gemästet wurden, ist immer

Eine stabile Küchenschere kann die teure Geflügelschere ersetzen.

am besten. Es sollte nach dem Kauf umgehend verbraucht werden. Auf das Mindesthaltbarkeitsdatum achten!

Tiefgekühltes Geflügel zum Auftauen aus der Verpackung nehmen und in einem Gefäß mit Siebeinsatz und Deckel im Kühlschrank langsam auftauen lassen. Das Tauwasser unbedingt weggießen. Dann das Geflügel unter kaltem, fließendem Wasser gründlich abspülen, abtrocknen und umgehend zubereiten.

Geflügel sollte immer richtig durchgegart werden und darf innen nicht mehr roh und rosig sein. Test: Läßt sich bei einem im Ganzen geschmorten Hähnchen ein Bein mühelos ablösen, ist es gar.

Sommerkotelett aus der Folie

Für Gäste

Zutaten für 2 Personen
1/2 Zwiebel
3 Knoblauchzehen
1 Teelöffel Butter
1 Fleischtomate (etwa 125 g)
1 Bund glatte Petersilie
Salz
schwarzer Pfeffer, frisch gemahlen
1 Eßlöffel Öl
2 Schweinekoteletts

Pro Portion: 2000 kJ/ 480 kcal
40 g E · 33 g F · 7 g Kh
Zubereitungszeit: 1 Stunde

Die halbe Zwiebel und den Knoblauch schälen und beides sehr fein hacken.

Die Butter in einer Pfanne erhitzen und die Zwiebel bei schwacher Hitze weich dünsten, nicht bräunen.

Inzwischen die Tomate überbrühen*, häuten, entkernen und klein würfeln. Den Backofen auf 200° vorheizen.

Die Petersilie fein hacken. Mit der Knoblauch-Zwiebel-Mischung und der Tomate mischen, salzen und pfeffern.

In einer Pfanne das Öl erhitzen und die Koteletts beidseitig kurz und kräftig anbraten, salzen und pfeffern.

2 Stück Alufolie mit der Glanzseite nach oben bereitlegen. Je 1 Kotelett darauflegen, mit der Tomatenmischung bedecken und locker einwickeln. Die Nahtstellen gut zusammendrücken.

Die Päckchen auf ein Backblech setzen und im Backofen (Mitte) 20–25 Minuten garen. Dazu paßt ein bunter griechischer Salat.

Scharfe Schweinekoteletts

Aus Spanien

Zutaten für 2 Personen
2 Schweinekoteletts
Salz
2 Eßlöffel Olivenöl
1 Zwiebel
1 kleine Knoblauchzehe
40 g roher spanischer Schinken (Serrano; ersatzweise Schinkenspeck)
1 frische rote Chilischote
1 Fleischtomate
1 Messerspitze Safranfäden
1 Eßlöffel edelsüßes Paprikapulver
1/2 getrocknete rote Chilischote

Pro Portion: 1800 kJ/ 440 kcal
29 g E · 31 g F · 12 g Kh
Zubereitungszeit: 1 Stunde

Die Koteletts mit Küchenpapier trockentupfen und salzen. In einer Schmorpfanne das Öl bei mittlerer Hitze heiß werden lassen und die Koteletts darin 5 Minuten pro Seite anbraten.

Die Zwiebel und den Knoblauch schälen und fein würfeln. Die Koteletts aus der Pfanne heben. Knoblauch und Zwiebel bei mittlerer Hitze im verbliebenen Öl in 7 Minuten glasig dünsten.

Den Schinken fein würfeln. Die frische Chilischote waschen, entkernen und hacken. Die Tomate kurz überbrühen*, häuten, halbieren, entkernen und ohne Stielansatz grob hacken.

Den Schinken mit der frischen Chili, Tomate, Safran und Paprika zu der Zwiebel geben. Die Koteletts darauflegen und 10 Minuten zugedeckt schmoren*. Salzen und die getrocknete Chilischote darüber bröseln. Zugedeckt 20 Minuten weiterschmoren lassen. Den Deckel abnehmen und die Sauce eventuell noch 5 Minuten dick einkochen.

Sommerkotelett aus der Folie – ein leichtes, mediterran inspiriertes Essen für einen warmen Sommerabend.

Pikantes Schweinegulasch

Schnell

Zutaten für 2 Personen
250 g Schweinenacken ohne Knochen (ersatzweise Putenfleisch aus der Oberkeule)
1 kleine Aubergine (etwa 125 g)
1 Eßlöffel Olivenöl
1 Päckchen Tomatenstückchen mit Zwiebeln und Knoblauch (370 g Inhalt)
3 Eßlöffel Rotwein
1/4 Teelöffel getrockneter Oregano
1/4 Teelöffel getrockneter Rosmarin
1/4 Teelöffel getrockneter Thymian
1 Messerspitze Cayennepfeffer
1/2 Dose Kichererbsen (400 g Inhalt)
Salz
schwarzer Pfeffer
1 Teelöffel frisch gehackte Petersilie

Pro Portion: 2100 kJ/ 490 kcal
21 g E · 30 g F · 33 g Kh
Zubereitungszeit: 20 Minuten

Das Fleisch mit Küchenpapier trockentupfen, zuerst in Scheiben, dann in dünne Streifen schneiden. Die Aubergine waschen, längs halbieren und ohne Stielansatz quer in Scheiben schneiden.

In einem Schmortopf das Öl bei mittlerer Hitze heiß werden lassen, das Fleisch darin in 5 Minuten rundum braten, die Aubergine dazugeben und noch 5 Minuten mit anbräunen. Tomaten und Wein dazugeben, mit den Kräutern und Cayennepfeffer würzen, zugedeckt 25 Minuten schmoren*. Eventuell noch etwas Wasser nachgießen.

Die Kichererbsen abtropfen lassen und untermischen, salzen, pfeffern, noch 5 Minuten miterhitzen. Mit der Petersilie bestreuen und servieren.

Überbackene Steaklets

Würzig

Zutaten für 2 Personen
2 Eßlöffel Öl
4 Tiefkühl-Steaklets (300 g)
1 Knoblauchzehe
1 Tomate
1 Kugel Mozzarella (Abtropfgewicht 125 g)
Salz
schwarzer Pfeffer, frisch gemahlen
2 Stengel Basilikum

Pro Portion: 2500 kJ/ 600 kcal
35 g E · 42 g F · 19 g Kh
Zubereitungszeit: 15 Minuten

Das Öl in einer Pfanne erhitzen. Die Steaklets unaufgetaut in die Pfanne geben und bei mittlerer Hitze nach Packungsanweisung etwa 10 Minuten braten, dabei mehrmals wenden.

Inzwischen die Knoblauchzehe schälen und längs in 4 dünne Scheibchen schneiden. Die Tomate waschen, trockenreiben und ebenfalls quer in 4 Scheiben schneiden, dabei den Stielansatz entfernen. Den Mozzarella abtropfen lassen und in 4 gleich dicke Scheiben schneiden.

Auf die Steaklets jeweils zuerst 1 Knoblauchscheibe, dann 1 Tomatenscheibe und zum Schluß 1 Scheibe Mozzarella geben. Mit Salz und Pfeffer würzen. Zugedeckt bei schwacher Hitze etwa 5 Minuten garen, bis der Käse zu schmelzen beginnt.

Das Basilikum abbrausen, trockenschütteln, die Blättchen abzupfen und vor dem Anrichten die Steaklets damit garnieren.

Dazu passen Blattsalat und Brot.

Tip!

Die würzigen Steaklets sind auch eine schöne Vorspeise in einem Menü für vier Personen.

Süßsaures Schweinefleisch

Klassiker

Zutaten für 2 Personen
300 g mageres Schweinefleisch
Für die Marinade:
1 Eßlöffel Sojasauce
1 Eßlöffel Reiswein oder Sherry
1 Prise Salz
1 Prise Pfeffer
1 Prise chinesisches Fünf-Gewürz-Pulver
Für den Teig:
1 kleines Ei
1 Eßlöffel Mehl
1 Eßlöffel Speisestärke
1 Eßlöffel Hühnerbrühe oder Mineralwasser
1/4 Teelöffel Salz
Für die Sauce:
je 1/2 grüne und rote Paprikaschote
2 Eßlöffel Mixed Pickles
2 Eßlöffel Ananasstücke
1 Teelöffel Öl
1 Stück frischer Ingwer (etwa 4 cm)
1 Knoblauchzehe
60 ml Hühnerbrühe oder halb Ananassaft halb Hühnerbrühe
2 Eßlöffel Zucker (wenn nur Hühnerbrühe verwendet wird),
1 Eßlöffel Zucker (wenn Ananassaft mitverwendet wird)
1 Eßlöffel Tomatenketchup
2 Eßlöffel milder Weinessig
1 Teelöffel Sojasauce
1 Prise Salz
1 Teeöffel Speisestärke
Zum Fritieren:
geschmacksneutrales Öl

Pro Portion: 2000 kJ/ 485 kcal
38 g E · 24 g F · 27 g Kh
Vorbereitungszeit: 30 Minuten
Zubereitungszeit: 20 Minuten

Das Schweinefleisch in etwa 2 cm große Würfel schneiden, dabei noch vorhandenes Fett entfernen.

Die Zutaten für die Marinade mischen, über die Fleischwürfel gießen und alles zugedeckt 20 Minuten stehenlassen.

Für den Teig das Ei verquirlen und mit dem Mehl, der Speisestärke, der Hühnerbrühe oder dem Mineralwasser und dem Salz verrühren. Den Teig etwa 15 Minuten ruhen lassen.

Für die Sauce alle Zutaten vorbereiten und bis zur Verwendung beiseite stellen. Die Paprikaschoten nochmals halbieren, Rippen und Kerne entfernen, waschen und in etwa 1 cm große Würfel schneiden. Die Mixed Pickles fein hacken. Die Ananasstücke in 1 cm große Würfel schneiden. Den Ingwer und die Knoblauchzehe schälen und fein hacken. Das Öl in eine Pfanne geben.

Das Fritieröl in einem Fritiertopf oder in der elektrischen Friteuse erhitzen. Die Fleischwürfel in den Ausbackteig tauchen, leicht abtropfen lassen und rasch hintereinander in das heiße Öl geben. Etwa 6 Minuten fritieren*, bis sie rundherum knusprig braun sind. Nicht zu viel Fleisch auf einmal fritieren, da das Öl sonst zu schnell an Hitze verliert. Die garen Fleischwürfel mit dem Schaumlöffel aus dem Öl heben und auf Küchenkrepp abtropfen lassen. Nach und nach alle Fleischwürfel ausbacken und nach dem Abtropfen in einer Schüssel im Backofen bei etwa 75° heiß halten. Gut darauf achten, daß das Öl während des Fritierens nicht zu heiß ist, da das Fleisch sonst zu dunkel wird.

Für die Sauce das Öl in einer Pfanne erhitzen, bis es zu rauchen beginnt. Die Hitze dann sofort reduzieren. Die Ingwer- und die Knoblauchstückchen und die Paprikawürfel (je 1 Teelöffel rote und grüne Würfel zur Verzierung zurücklassen) anbraten. Dann die gehackten Mixed Pickles und die Ananaswürfel zugeben und nicht länger als 2–3 Minuten unter Rühren braten. Die Hühnerbrühe oder die Hühnerbrühe mit Ananassaft, den Zucker, das Ketchup, den Essig, die Sojasauce und das Salz zufügen und etwa 1 Minute aufkochen lassen. Die mit wenig kaltem Wasser angerührte Speisestärke dazugießen und bei schwacher Hitze kochen, bis die Sauce dick und klar ist.

Die fritierten Fleischwürfel erst kurz vor dem Servieren in die Sauce geben, mit den restlichen Paprikawürfeln bestreuen und heiß servieren.

Dazu paßt jede Art von Reis, ein Salat und als Nachtisch Obst.

Fleischbällchen in Sauce

Aus Mexiko

Zutaten für 2 Personen
Für die Fleischbällchen:
200 g Rinderhackfleisch
1 Eßlöffel Semmelbrösel
1 Eßlöffel Milch
1 kleines Ei
Salz
schwarzer Pfeffer, frisch gemahlen
etwas gemahlener Kreuzkümmel
etwas getrockneter Oregano
Für die Sauce:
1 kleine Zwiebel
1/4 grüne Paprikaschote
2 Teelöffel neutrales Öl
1 Teelöffel Mehl
1/2 Dose geschälte Tomaten (400 g)
Salz
Cayennepfeffer
1 Eßlöffel gemahlene Mandeln

Pro Portion: 1900 kJ/ 450 kcal
26 g E · 31 g F · 16 g Kh
Zubereitungszeit: 1 Stunde

Für die Fleischbällchen alle Zutaten gründlich vermischen. Die Masse pikant abschmecken* und zu kleinen Bällchen formen.

Für die Sauce die Zwiebel schälen und klein würfeln. Das Paprikaviertel waschen, putzen und klein würfeln. Das Öl in einer breiten Pfanne erhitzen, die Zwiebel darin glasig* werden lassen. Die Paprika kurz mit anbraten.

Das Mehl über das Gemüse streuen und unter Rühren kurz anschwitzen. Die Tomaten mit etwas Saft dazugeben. Die Tomaten mit einem Löffel zerdrücken.

Die Sauce mit Salz und Cayennepfeffer würzen und offen bei starker Hitze etwas einkochen lassen. Die Fleischbällchen hineingeben, zugedeckt etwa 30 Minuten bei schwacher Hitze garen.

Die Mandeln unter die Tomatensauce rühren, alles noch einmal aufkochen lassen und herzhaft abschmecken.

Chinesische Fleischbällchen

Braucht etwas Zeit

Zutaten für 2 Personen
Für die Fleischbällchen:
50 g Wasserkastanien (Dose; Asienladen)
1 zarte Frühlingszwiebel
1 Stück frischer Ingwer (etwa 1 cm)
100 g Schweinehackfleisch
1 Teelöffel Sojasauce
1 kleines Ei
1 Teelöffel Sesamsamen
1 Teelöffel Speisestärke
1 Eßlöffel Öl
Für die Sauce:
1/2 Knoblauchzehe
75 ml Hühnerbrühe
1 Teelöffel Speisestärke
1 zarte Frühlingszwiebel
etwas Sojasauce

Pro Portion: 1200 kJ/ 290 kcal
23 g E · 20 g F · 13 g Kh
Zubereitungszeit: 1 Stunde

Für die Fleischbällchen die Wasserkastanien abtropfen lassen. Die Frühlingszwiebel waschen und putzen. Den Ingwer schälen. Alles fein hacken und mit dem Hackfleisch, der Sojasauce, dem Ei, den Sesamsamen und 1/2 Teelöffel Speisestärke vermischen. Die restliche Stärke auf einen kleinen Teller geben.

Aus der Hackfleischmasse kleine Bällchen formen, diese in Speisestärke wenden. In einer breiten Pfanne das Öl leicht erhitzen, die Bällchen darin rundherum bei schwacher Hitze etwa 20 Minuten braten. Herausnehmen.

Für die Sauce den Knoblauch schälen und in die Pfanne pressen, leicht anbraten. Die Brühe mit der Speisestärke glattrühren, in die Pfanne gießen und köcheln* lassen.

Inzwischen die Frühlingszwiebel waschen, putzen und in sehr schräge, feine Ringe schneiden. In die Sauce rühren, mit Sojasauce abschmecken. Die Fleischbällchen kurz darin erhitzen.

Im Bild vorne:
Chinesische Fleischbällchen
Im Bild hinten:
Fleischbällchen in Sauce

Wiener Schnitzel

Für Gäste

Zutaten für 2 Personen
2 Kalbsschnitzel (je etwa 180 g), etwa 1/2 cm dick (quer gegen die Faser aus der Keule geschnitten)
Salz
1 Ei
50 g Mehl
75 g Semmelbrösel
125 g Butterschmalz oder Öl
1/2 unbehandelte Zitrone

Pro Portion: 2800 kJ/ 660 kcal
48 g E · 32 g F · 45 g Kh
Zubereitungszeit: 40 Minuten

Die Schnitzel waschen, trockentupfen, sanft klopfen und leicht salzen.

Das Ei auf einem flachen Teller mit einer Gabel verquirlen. Das Mehl und die Semmelbrösel ebenfalls jeweils auf flache Teller geben.

Die Schnitzel erst in dem Mehl wenden, danach in das verquirlte Ei tauchen, abtropfen lassen und zuletzt in den Semmelbröseln wenden.

Das Butterschmalz oder das Öl in einer großen Pfanne erhitzen. Die Schnitzel so hineingeben, daß sie weder einander noch den Pfannenrand berühren. Die Schnitzel von beiden Seiten in jeweils etwa 4 Minuten goldgelb braten. Die Pfanne während des Bratvorganges öfters schwenken, damit Schnitzel und Fett in Bewegung bleiben.

Die Zitronenhälfte vierteln. Die fertigen Schnitzel gründlich mit Küchenpapier abtupfen und auf einer vorgewärmten Platte mit den Zitronenvierteln garniert anrichten.

Cordon bleu

Für Gäste

Zutaten für 2 Personen
2 Kalbsschnitzel (je etwa 180 g; vom Metzger je eine Tasche einschneiden lassen)
Salz
weißer Pfeffer, frisch gemahlen
einige Stengel frische Petersilie
1 dickere Scheibe gekochter Schinken (etwa 50 g)
1 Scheibe Emmentaler (etwa 50 g)
1 Eßlöffel Mehl
1 kleines Ei
4 Eßlöffel Paniermehl
3 Eßlöffel Butterschmalz
1/2 unbehandelte Zitrone
Außerdem: 2 Zahnstocher

Pro Portion: 2300 kJ/ 550 kcal
56 g E · 28 g F · 18 g Kh
Zubereitungszeit: 25 Minuten

Die Kalbsschnitzel waschen, mit Küchenpapier abtupfen und innen und außen salzen und pfeffern. Die Petersilie waschen, trockenschütteln, die Blättchen abzupfen und fein hacken. In die Taschen der Kalbsschnitzel streuen.

Den Schinken nach Belieben vom Fettrand befreien und die Scheibe halbieren. Von dem Emmentaler die Rinde entfernen und den Käse ebenfalls durchschneiden.

Je 1 Schinken- und Käsescheibe in die Schnitzeltaschen legen und die Öffnungen mit den Zahnstochern zustecken.

Das Mehl in einen Teller schütten. Das Ei in einen zweiten Teller aufschlagen und verquirlen, salzen und pfeffern. Das Paniermehl auf einen dritten Teller geben.

Die gefüllten Schnitzel erst in dem Mehl wenden, dann durch das Ei ziehen. Anschließend mehrmals in dem Paniermehl wenden und die Panade gut andrücken.

Das Butterschmalz in einer großen Pfanne erhitzen und die gefüllten Schnitzel darin bei mittlerer Hitze auf beiden Seiten je etwa 4 Minuten braten.

Die Zahnstocher entfernen. Die Zitrone längs vierteln und je 2 Schnitze mit den Cordon bleus anrichten.

Dazu passen Buttererbsen oder grüne Bohnen mit Speck und als Getränk ein Riesling oder Silvaner.

Zwiebelrostbraten

Etwas teurer

Zutaten für 2 Personen
2 Rinderlendenschnitten (Roastbeef; je etwa 200 g)
schwarzer Pfeffer, frisch gemahlen
2 große Zwiebeln
50 ml Öl
Salz
Zum Wenden: Mehl

Pro Portion: 2500 kJ/ 600 kcal
42 g E · 46 g F · 4 g Kh
Zubereitungszeit: 45 Minuten

Das Fleisch von Fett und Sehnen befreien, kalt abwaschen und trockentupfen. Mit dem Handballen flach drücken. Auf beiden Seiten mit Pfeffer würzen und in Mehl wenden.

Die Zwiebeln schälen und in feine Ringe schneiden. Die Hälfte des Öls in einer großen Pfanne erhitzen. Die Lendenschnitten darin bei mittlerer Hitze auf jeder Seite etwa 4 Minuten braten*. Das Fleisch herausnehmen, mit Salz würzen und zugedeckt warm stellen.

Das restliche Öl in die Pfanne geben. Die Zwiebelringe darin bei mittlerer Hitze goldbraun und knusprig braten. Das Fleisch auf vorgewärmten Tellern anrichten und die Zwiebeln darauf verteilen. Dazu passen Spätzle und ein grüner Salat.

Rinderrouladen

Gut vorzubereiten

Zutaten für 2 Personen
2 kleine Zwiebeln
1 Gewürzgurke (aus dem Glas)
50 g fetter Speck
1 Ei
schwarzer Pfeffer, frisch gemahlen
etwas Zitronensaft
Streuwürze
1 Prise Zucker
3 Teelöffel Semmelbrösel
2 Scheiben Rinderrouladen (je etwa 150 g)
Salz
1 Eßlöffel scharfer Senf
3 Teelöffel Butterschmalz
1–2 Teelöffel Mehl

Pro Portion: 2600 kJ/ 620 kcal
38 g E · 32 g F · 14 g Kh
Zubereitungszeit: 2 Stunden

1 Zwiebel schälen. Mit der Gurke und zwei Dritteln vom Speck in kleine Würfel schneiden. In einer Schüssel das Ei verquirlen, mit den Gurken-, Zwiebel- und Speckwürfeln mischen. Mit Pfeffer, Zitronensaft, Streuwürze und Zucker kräftig abschmecken. Die Semmelbrösel unterrühren und die Masse quellen lassen.

Die Rouladenscheiben ausbreiten und eventuell noch etwas breitklopfen. Mit Salz und Pfeffer würzen und eine Seite mit Senf bestreichen.

Die Füllung gleichmäßig auf den Rouladen verteilen und glattstreichen. Dabei den Rand etwas freilassen, damit die Masse beim Braten nicht austritt. Die Rouladen fest aufrollen und mit Küchengarn umwickeln.

Das Butterschmalz in einem Schmortopf erhitzen. Die Rouladen darin bei starker Hitze scharf anbraten. Sie müssen von allen Seiten richtig braun sein, denn nur so bekommt später die Sauce Würze und Geschmack.

Die restliche Zwiebel schälen, mit dem übrigen Speck grob zerkleinern. Seitlich in den Topf legen und ebenfalls anbraten. Die Rouladen mit 1/4 l heißem Wasser ablöschen* und zugedeckt etwa 1 1/4 Stunden bei schwacher Hitze köcheln lassen.

Die Rouladen herausheben. Das Mehl in etwas kaltem Wasser anrühren und die Sauce damit sämig binden. Die Rouladen wieder zurück in den Topf geben und die Sauce noch etwa 10 Minuten köcheln lassen. Die Rouladen nun aus dem Topf nehmen und das Garn entfernen. Die Rouladen quer oder längs aufschneiden und mit Salzkartoffeln und Rotkohl servieren

Huhn mit Mandelsauce

Aus Spanien

Zutaten für 2 Personen
1 Ei
1/2 Brathähnchen (etwa 750 g)
1 kleine Zwiebel
2 Knoblauchzehen
50 g roher Schinken
3 Eßlöffel Olivenöl, kaltgepreßt
1/2 Scheibe Weißbrot (vom Vortag)
6 geschälte Mandeln
etwas Zitronensaft
1/4 l Hühnerbrühe
1 Prise Nelkenpulver
1/2 Lorbeerblatt
Salz
schwarzer Pfeffer, frisch gemahlen
1 Messerspitze Safran

Pro Portion: 4100 kJ/ 980 kcal
88 g E · 65 g F · 11 g Kh
Zubereitungszeit: 1 Stunde

Das Ei hart kochen, abschrecken und schälen. Das Brathähnchen in 4 Stücke teilen. Die Zwiebel und den Knoblauch schälen, die Zwiebel hacken, den Knoblauch halbieren. Den Schinken würfeln.

Das Öl erhitzen und das Brot, die Mandeln und 1/2 Knoblauchzehe darin goldgelb braten. Dann alles herausnehmen und abtropfen lassen. Im gleichen Öl die Zwiebeln anbraten. Nach etwa 3 Minuten das Hähnchen und den Schinken dazugeben und mit dem Zitronensaft und der Brühe übergießen. Mit dem Nelkenpulver, dem halben Lorbeerblatt, Salz und Pfeffer würzen. Das Hähnchen zugedeckt bei schwacher Hitze etwa 25 Minuten garen.

Das Brot, die Mandeln und den restlichen kleingeschnittenen Knoblauch im Mörser zerstoßen. Den Safran hinzufügen. Das Ei halbieren, das Eigelb durch ein Sieb drücken und dazugeben. Mit 1/2–1 Eßlöffel von der Brühe zu einer Paste verrühren.

Das Hähnchen herausnehmen und den Sud um etwa ein Drittel einkochen* lassen. Das Lorbeerblatt entfernen. Die Paste unterrühren und den Sud mit Salz und Pfeffer abschmecken. Die Hähnchenteile wieder dazugeben und kurz erwärmen.

Huhn mit Tomaten und Oliven

Preiswert

Zutaten für 2 Personen
1/2 Brathähnchen (etwa 750 g)
Saft und Schale von 1/2 unbehandelten Zitrone
1 frische rote Chilischote
1 Knoblauchzehe
2 Zweige frischer Rosmarin
3 Teelöffel Olivenöl
Salz
300 g Tomaten
60 ml trockener Weißwein
25 g schwarze Oliven

Pro Portion: 2600 kJ/ 610 kcal
60 g E · 31 g F · 18 g Kh
Zubereitungszeit: 30 Minuten
Marinierzeit: 4 Stunden
Garzeit: 45 Minuten

Das Hähnchen waschen und trockentupfen. Die Chilischote waschen, putzen, längs halbieren. Die Kerne unter fließendem Wasser entfernen, die Schote fein hacken. Den Knoblauch schälen, durch die Presse drücken. Den Rosmarin waschen, die Nadeln abzupfen und fein schneiden.

Zitronenschale und 1 Teelöffel Saft, Chili, Knoblauch, Rosmarin und Öl miteinander mischen und mit Salz würzen. Das Hähnchen rundum damit einreiben und mindestens 4 Stunden im Kühlschrank ziehen lassen. Die Tomaten mit kochendem Wasser überbrühen, häuten und ohne die Stielansätze klein würfeln.

Einen Schmortopf heiß werden lassen. Das Hähnchen darin rundum bei starker Hitze kräftig braun anbraten. Tomaten und Wein dazugeben, die Oliven untermischen und die Sauce mit Salz abschmecken. Das Hähnchen zugedeckt bei mittlerer Hitze 45 Minuten schmoren*. Dabei ein- bis zweimal wenden.

Ein Fest der Aromen erwartet Sie mit diesem aus Spanien stammenden Rezept für Huhn mit Mandelsauce.

Knoblauchhuhn mit Apfelwein

Für Gäste

Zutaten für 2 Personen
1/2 Hähnchen (etwa 600 g)
Salz
schwarzer Pfeffer, frisch gemahlen
Mehl zum Wenden
2 Eßlöffel Olivenöl
7–10 Knoblauchzehen (je nach Größe)
1/4 l Apfelwein oder trockener Cidre
1/2 Bund Frühlingszwiebeln
1 Messerspitze Cayennepfeffer

Pro Portion: 2400 kJ/ 570 kcal
63 g E · 25 g F · 21 g Kh
Zubereitungszeit: 1 1/2 Stunden

Das Hähnchen in 2 Portionsstücke teilen und die Haut entfernen. Die Stücke salzen, pfeffern und in Mehl wenden.

Das Olivenöl in einem Bräter erhitzen. Die Hähnchenteile darin rundum kräftig anbraten und wieder herausnehmen. Die Knoblauchzehen schälen und im Bratfett goldgelb braten.

Die Geflügelteile wieder in den Bräter legen. Mit dem Apfelwein aufgießen und zugedeckt bei schwacher Hitze etwa 40 Minuten ziehen lassen.

Die Frühlingszwiebeln waschen, putzen und nach etwa 25 Minuten in den Bräter legen.

Nach Ende der Garzeit das Hähnchen und die Frühlingszwiebeln herausnehmen und warm stellen. Die Sauce im offenen Topf noch etwas einkochen* lassen. Zuletzt mit Salz, Pfeffer und dem Cayennepfeffer würzen.

Die Hähnchenteile auf eine Platte legen, mit der Sauce übergießen und mit den Frühlingszwiebeln umlegen.

Hähnchenbrust mit Traubensauce

Raffiniert

Zutaten für 2 Personen
2 Hähnchenbrustfilets (je etwa 150 g)
8 Blätter frischer Salbei
Salz
weißer Pfeffer, frisch gemahlen
2 Scheiben milder roh geräucherter Schinken
100 g kleine helle Weintrauben (möglichst ohne Kerne)
1 Eßlöffel Butterschmalz
60 ml trockener Weißwein
1/2 Teelöffel Zitronensaft
1/2 Teelöffel Zucker
Außerdem:
2 Zahnstocher

Pro Portion: 1200 kJ/ 290 kcal
35 g E · 9 g F · 11 g Kh
Zubereitungszeit: 30 Minuten

Die Hähnchenbrustfilets und die Salbeiblätter waschen und trockentupfen. Das Fleisch mit Salz und Pfeffer würzen, mit den Salbeiblättern belegen und mit den Schinkenscheiben umwickeln. Den Schinken mit Zahnstochern feststecken.

Die Trauben waschen, nach Belieben halbieren und eventuell entkernen.

Den Backofen auf 50° vorheizen. Das Butterschmalz in einer Pfanne erhitzen. Die Brüstchen hineingeben und bei mittlerer Hitze auf jeder Seite 5–8 Minuten braten. Aus der Pfanne nehmen und im Backofen warm halten.

Die Weintrauben ins Bratfett geben und kurz unter Rühren anbraten. Mit dem Weißwein und dem Zitronensaft ablöschen und mit Salz, Pfeffer und dem Zucker würzen. Die Traubensauce etwa 5 Minuten offen köcheln lassen. Die Sauce zu den Hähnchenbrüstchen servieren.

Dazu paßt Reis oder Nudeln.

Variante:

Nach demselben Rezept können Sie Entenbrust mit Traubensauce zubereiten. Verwenden Sie dafür jedoch blaue Weintrauben, die Sie in jedem Fall halbieren und entkernen müssen.

Putengeschnetzeltes

Gut vorzubereiten

Zutaten für 2 Personen
300 g Putenbrust
Saft von 1/2 Zitrone
100 ml medium Sherry
3 Eßlöffel Sojasauce
1 Bund Suppengrün (1 kleine Stange Lauch, 1 Möhre, 1 Stück Sellerie)
1 Zwiebel
3 Eßlöffel neutrales Pflanzenöl
1 Teelöffel Currypulver
Salz
weißer Pfeffer, frisch gemahlen
150 ml Fleischbrühe (Instant)
2 Eßlöffel Crème fraîche

Pro Portion: 1700 kJ/ 410 kcal
39 g E · 20 g F · 9 g Kh
Zubereitungszeit: 30 Minuten

Die Putenbrust waschen, trockentupfen und in Streifen schneiden. Mit Zitronensaft, Sherry und Sojasauce beträufeln und etwa 30 Minuten marinieren* lassen.

Inzwischen das Suppengrün putzen: Die Lauchstange in schmale Ringe schneiden, gründlich waschen, abtropfen lassen. Die Möhre mit dem Sparschäler schälen, waschen, in Scheiben schneiden. Den Sellerie mit einem kleinen Küchenmesser schälen, waschen, in Scheiben, in Streifen, dann in Würfel schneiden. Anschließend die Zwiebel schälen und fein würfeln.

Das Fleisch in einem Sieb abtropfen lassen, dabei die Marinade auffangen. In einer Pfanne 2 Eßlöffel Öl erhitzen Das Fleisch darin bei starker Hitze scharf anbraten. Herausnehmen, auf einen Teller geben und mit Curry, Salz sowie Pfeffer würzen.

Eventuell noch 1 Eßlöffel Öl in die Pfanne geben, Suppengrün und Zwiebelwürfel im Bratfett bei mittlerer Hitze dünsten, bis die Zwiebeln glasig sind. Die Brühe und Marinade dazugießen und das Gemüse zugedeckt etwa 5 Minuten dünsten*. Das Fleisch zurück in die Pfanne geben und kurz aufwärmen, die Crème fraîche daraufgeben. Das Geschnetzelte nach Belieben mit Sojasauce und Sherry abschmecken.

Hähnchenbrust mit Broccoli

Gelingt leicht

Zutaten für 2 Personen
200 g Hähnchenbrustfilet
1 Teelöffel Speisestärke
2 Eßlöffel Sojasauce
3 Eßlöffel Öl
150 g Broccoli
100 g kleine Egerlinge
2 Frühlingszwiebeln
75 ml Geflügelfond (Glas)
1 Eßlöffel trockener Sherry
1 Teelöffel Zitronensaft
50 g ungesalzene Cashewkerne
Salz · schwarzer Pfeffer

Pro Portion: 2100 kJ/ 500 kcal
29 g E · 34 g F · 24 g Kh
Zubereitungszeit: 45 Minuten

Die Hähnchenbrust in 1/2 cm dünne Scheiben schneiden. Die Hälfte Speisestärke und Sojasauce mit 1/2 Eßlöffel Öl verquirlen. Das Fleisch damit vermengen und 30 Minuten ziehen lassen.

Inzwischen den Broccoli waschen und putzen. Die Röschen in kleine Stücke zerteilen, die Stiele schräg in 1/2 cm dünne Scheiben schneiden. Die Pilze putzen und halbieren. Die Frühlingszwiebeln waschen, putzen und schräg in 1/2 cm dünne Scheiben schneiden. Fond, Sherry, übrige Sojasauce und Zitronensaft mit der restlichen Speisestärke glattrühren.

1 Eßlöffel Öl in einer großen Pfanne erhitzen, die Nüsse darin 1 Minute unter Wenden hellbraun braten, herausheben. Das Fleisch im heißen Öl goldbraun braten, herausnehmen.

Das übrige Öl in der Pfanne erhitzen. Darin die Broccolistiele 2 Minuten anbraten, dann die Röschen 2 Minuten mitbraten. Pilze und Frühlingszwiebeln dazugeben, alles noch 4 Minuten braten.

Die Würzsauce angießen, das Fleisch und die Cashewkerne hinzufügen. Alles bei starker Hitze 1 Minute rühren, bis die Sauce angedickt ist. Mit Salz und Pfeffer abschmecken.

Fisch & Meeresfrüchte

Je öfter Fisch und Meeresfrüchte auf den Tisch kommen, desto besser. Sie zählen zu unseren gesündesten Nahrungsmitteln und ihre Zubereitungsmöglichkeiten sind vielfältig.

Weil Fisch nur wenige Minuten garen muß, eignet er sich ideal für die schnelle Küche, vor allem, wenn der Fischhändler das Ausnehmen und Schuppen übernimmt oder wenn Fischfilet gekauft wird.

Fisch und Meeresfrüchte liefern dem Körper wertvolles, leicht verdauliches Eiweiß, die Vitamine A, B, D und E, außerdem Mineralstoffe wie Kalium, Eisen und Phosphor – gut für das Gehirn – sowie wichtige Spurenelemente wie Jod und Selen. Fettreiche Fische wie Hering, Makrele, Sardine und Lachs besitzen einen hohen Gehalt an mehrfach ungesättigten Fettsäuren, den sogenannten Omega-3-Fettsäuren, die dem Herzinfarkt vorbeugen und sogar helfen, den Cholesterinspiegel im Blut zu senken. Ein-, besser zweimal pro Woche Fisch essen, das empfehlen Ärzte gerade auch geistig arbeitenden Menschen. Bei den köstlichen Rezepten der folgenden Seiten gibt es dagegen sicher keine Einwände.

So erkennt man frischen Fisch

Über geschlossene Kühlketten erreicht Frischfisch heute in kürzester Zeit seinen Verkaufsort. Muß er dann jedoch lange in der Theke oder in der Auslage auf Käufer warten, verliert er rasch an Frische und Qualität.
Tip: Sich beim Händler oder im Supermarkt nach den Liefertagen für frischen Fisch erkundigen.

Trotzdem, vor dem Kauf sollte man Fisch oder Meeresfrüchte immer erst prüfen, die eigenen Augen und die Nase mitentscheiden lassen. Um zu erkennen, ob Fisch frisch oder alt ist, dafür gibt es verschiedene Kriterien:

- Frischer Fisch riecht angenehm nach Meer und Jod. Ammoniakartiger Geruch ist mit Sicherheit kein Kennzeichen von Frische.
- Frischer Fisch hat eine glänzende, pralle Haut. Die Schuppen müssen fest anliegen und ebenfalls glänzen. Rücken-, Seiten- und Schwanzflossen dürfen nicht angetrocknet sein oder zusammenkleben.
- Ein frischer Fisch besitzt klare Augen, die glänzend und leicht gewölbt vorstehen.
- Die Kiemen glänzen bei frischem Fisch feucht, sind hellrot bis kräftig rot gefärbt, nicht braunrot oder grau.
- Bei frischem Fisch oder Fischfilet ist das Fleisch elastisch. Ein Fingerdruck darf jedoch keine Delle hinterlassen. Das passiert nur bei altem Fisch.
- Fisch nach dem Kauf aus der Verpackung nehmen und zwischen zwei Porzellanteller legen, mit denen er in den Kühlschrank kommt. Möglichst am gleichen Tag zubereiten.

Tiefkühlfisch einkaufen

Direkt nach dem Fang, auf hoher See wird Fisch in Fabrikschiffen zu Fischfilet verarbeitet und eingefroren. Vom Schiff bis in die Tiefkühltheke des Supermarktes darf er nie wärmer werden als minus 18° C. Nur so behält er seine Qualität. Deshalb:

- Nie aus überfüllten Truhen kaufen, bei denen die Packungen über die Kältemarkierung hinausragen. Darauf achten, daß das Truhenthermometer wirklich mindestens minus 18° C anzeigt.
- Keine beschädigte Packung kaufen.
- Packungen, die schneeartige Ablagerungen aufweisen, haben oder hatten zeitweise nicht die erforderlichen Minusgrade.
- Auf das Abpack- oder Mindesthaltbarkeitsdatum achten.
- Fisch rasch in einer Isoliertasche nach Haus bringen. Was nicht sofort verbraucht wird, im Tiefkühlfach deponieren. Mageren Fisch innerhalb von drei Monaten, fettreicheren Fisch und Meeresfrüchte alsbald verbrauchen.

Bevor Fisch gegart wird

In der Regel ist heute ein ganzer Fisch, den man kauft, bereits ausgenommen und geschuppt. Wenn nicht, bitten Sie den Fischhändler darum, diese Arbeiten zu erledigen. Zu Hause wird der Fisch außen und innen unter fließendem kaltem Wasser gründlich abgespült, mit Küchenpapier abgetrocknet und nach Rezept weiterverarbeitet.

Fischfilet wird beidseitig abgespült und abgetrocknet. Verbliebene Gräten werden entfernt – am besten mit einer Pinzette.

Garmethoden

Kleine Fische wie Sardinen und Rotbarben, Portionsfische von 350 bis 450 g wie grüne Heringe, Makrelen und Forellen werden im Ganzen gegrillt oder gebraten.

Fischfilet oder -scheiben sind ebenfalls gut zum Braten, aber auch zum Dämpfen in würzigem Wein-Kräuter-Sud geeignet.

Größere Fische wie Kabeljau oder Schellfisch läßt man sanft im Sud garziehen oder darüber in Dampf garen, dann bleiben sie saftig und verlieren nichts von ihrem Aroma.

Garnelen und Tintenfische vorbereiten

Frische Garnelen sind hellgrau, das Fleisch leicht glasig. Gart man Garnelen im Panzer, wird vorher der Kopf abgedreht und weggeworfen. Wer das Fleisch aus dem Panzer lösen möchte, schneidet diesen am Rücken entlang auf. Dann wird auch der dünne schwarze Darm sichtbar, den man entfernt. Mit einer drehenden Bewegung läßt sich das Fleisch aus dem Schwanzteil herausziehen.

Garnelen am Rücken aufschneiden und Darm vorsichtig entfernen.

Tintenfischmäntel sind häufig fertig geputzt. Nicht vorbereitete Tintenfische hält man am Kopf mit den Tentakeln, den Fangarmen, fest und zieht ihn mit einem Ruck mit den Innereien aus dem Körper. Diese werden am Kopf abgeschnitten, die Kauwerkzeuge zwischen den Fangarmen herausgedrückt und ebenfalls entfernt. Dann wird der Tintenfischmantel herumgedreht und alles was noch darin sitzt – beim Sepia der Schilf, eine längliche Schale – entfernt. Die schwarzen Häutchen lassen sich bei den Fangarmen leicht abrubbeln.

Tintenfische garen

Delikat und einfach: Kleine gegrillte oder gebratene Tintenfische. Für 2 Portionen 350 bis 400 g fertig geputzte ganze Tintenfische mit Olivenöl einpinseln, je nach Größe von jeder Seite 2 bis 3 Minuten grillen oder braten, auf Rucolablättern anrichten und mit einer Sauce aus 2 Eßlöffeln Olivenöl, 1 Teelöffel Zitronensaft, Salz, Pfeffer, 1 zerdrückten Knoblauchzehe und reichlich gehackter Petersilie beträufeln.

Muscheln gründlich waschen

Frische Muscheln werden heute bereits gereinigt und vorgewaschen angeboten. Vor der Zubereitung legt man sie 15 bis 20 Minuten in reichlich kaltes Wasser. Muscheln, die sich während dieser Zeit nicht schließen, wirft man weg. Die geschlossenen Muscheln mehrmals waschen, bis sich kein Sand mehr am Schüsselboden absetzt. Ebenfalls werden Muscheln weggeworfen, die sich nach dem Kochen nicht geöffnet haben.

Paprika-Heilbutt-Pfanne

Für Gäste

Zutaten für 2 Personen
300 g Heilbuttfilet
1 Teelöffel Zitronensaft
Salz
weißer Pfeffer, frisch gemahlen
250 g Paprikaschoten, rot, gelb und grün gemischt
1 Eßlöffel Mehl
3 Teelöffel Sonnenblumenöl
1 Knoblauchzehe
50 ml trockener Weißwein
1–2 Eßlöffel Sahne
1 Teelöffel Tomatenmark
edelsüßes Paprikapulver
je 1/2 Teelöffel frisch gehackter Thymian und Oregano (oder je 1/4 Teelöffel getrockneter)
1 Prise Zucker

Pro Portion: 1300 kJ/ 310 kcal
32 g E · 13 g F · 10 g Kh
Zubereitungszeit: 35 Minuten

Das Heilbuttfilet waschen, trockentupfen und in mundgerechte Würfel schneiden. Mit dem Zitronensaft beträufeln, salzen und pfeffern.

Die Paprikaschoten putzen, von den Kerngehäusen befreien, waschen und in schmale Streifen schneiden.

Das Mehl in einen Teller geben, die Fischwürfel darin wenden und das überschüssige Mehl abschütteln. Das Öl in einer großen Pfanne erhitzen. Die Fischwürfel etwa 1 Minute darin rundum anbraten, dann herausnehmen und zugedeckt beiseite stellen.

Die Paprikastreifen im verbliebenen Bratfett etwa 3 Minuten anbraten. Den Knoblauch schälen und dazupressen. Den Weißwein, die Sahne und das Tomatenmark daruntermischen. Alles mit Salz, Pfeffer, Paprikapulver, dem Thymian, dem Oregano und dem Zucker würzen. Zugedeckt bei schwacher Hitze etwa 8 Minuten schmoren* lassen.

Die Fischwürfel zum Gemüse geben und darin etwa 2 Minuten erwärmen. Dazu paßt Reis oder Baguette.

Fischfilet in Tomatensauce

Aus Barbados

Zutaten für 2 Personen
2 Fischfilets (Rotbarsch oder Heilbutt; je etwa 180 g)
Salz
1/2 Zwiebel · 1 Knoblauchzehe
3 Teelöffel Olivenöl
125 ml Tomatensaft
Salz
1/2 Teelöffel Zucker
1/2 Teelöffel gemahlener Koriander
2 Spritzer Tabasco
Saft von 1/2 Limette
1 Eßlöffel Crème double (ersatzweise Crème fraîche)

Pro Portion: 950 kJ/ 230 kcal
29 g E · 9 g F · 7 g Kh
Zubereitungszeit: 20 Minuten

Die Fischfilets waschen, trockentupfen und mit Salz würzen. Die Zwiebel schälen und klein würfeln. Den Knoblauch schälen.

Das Öl in einer Pfanne erhitzen und die Zwiebelwürfel darin goldgelb braten. Den Knoblauch dazupressen und kurz mitbraten. Alle anderen Zutaten, bis auf die Fischfilets, in die Pfanne geben. Alles bei schwacher Hitze etwa 5 Minuten unter Rühren köcheln lassen.

Die Fischfilets in die Sauce legen und von beiden Seiten je 2–3 Minuten garen. Mit Reis servieren.

Variante:

Fisch mit Avocadosauce

2 Fischfilets in Öl braten. Mit Thymian, Oregano, Salz und Pfeffer würzen. 1 reife Avocado pürieren. Mit Salz und Pfeffer würzen. Kalt zu den Fischfilets reichen.

Die Paprika-Heilbutt-Pfanne ist ein schnell gezaubertes feines Fischessen, mit dem Sie Ihre Gäste überraschen können.

Kabeljau in Sesamhülle

Für Gäste

Zutaten für 2 Personen
1/2 kleine reife Mango
3 Teelöffel Zitronensaft, frisch gepreßt
1 Teelöffel Magerquark
Salz
weißer Pfeffer, frisch gemahlen
1 Prise Cayennepfeffer
50 g Sesamsamen
375 g Kabeljaufilet
3 Eßlöffel Mehl
1 Ei
3 Eßlöffel Sesamöl

Pro Portion: 2100 kJ/ 500 kcal
42 g E · 27 g F · 23 g Kh
Zubereitungszeit: 40 Minuten

Die halbe Mango vorsichtig mit dem Sparschäler oder einem scharfen kleinen Messer schälen, das Fruchtfleisch, falls nötig, vom Kern schneiden und mit 1 Teelöffel Zitronensaft und dem Quark pürieren. Mit Salz, Pfeffer und Cayennepfeffer abschmecken.

Die Sesamsamen im Blitzhacker oder in der Getreidemühle grob mahlen.

Den Fisch waschen, trockentupfen und in zwei Portionen teilen. Mit dem restlichen Zitronensaft beträufeln, salzen und pfeffern. Das Mehl in einen Teller geben. Das Ei in einem zweiten Teller verschlagen. Den Fisch zuerst im Mehl wenden, dann durch das Ei ziehen und mit dem gemahlenen Sesam panieren.

Das Öl in einer großen Pfanne erhitzen und den Fisch darin bei mittlerer Hitze in etwa 8 Minuten goldbraun braten, dabei einmal wenden. Mit der Mangosauce servieren.

Tip!

Sie können dem Kabeljau auch andere nussige Hüllen geben. Ersetzen Sie die Sesamsamen durch Mandeln, Haselnüsse, Pistazien, Pinienkerne oder Erdnüsse.

Renkenfilets im Parmesanmantel

Etwas teurer

Zutaten für 2 Personen
375 g Renkenfilets (Felchen)
3 Teelöffel Zitronensaft, frisch gepreßt
Salz
weißer Pfeffer, frisch gemahlen
1 Ei
75 g Paniermehl
2–3 Eßlöffel frisch geriebener Parmesan
2–3 Eßlöffel feingemahlene Mandeln
1/2 Teelöffel getrockneter Oregano
2 Eßlöffel Butterschmalz
1/2 unbehandelte, gewaschene Zitrone

Pro Portion: 2500 kJ/ 600 kcal
47 g E · 27 g F · 39 g Kh
Zubereitungszeit: 25 Minuten

Die Renkenfilets kalt abspülen und trockentupfen, mit dem Zitronensaft beträufeln, salzen und pfeffern.

Das Mehl in einen Teller schütten, das Ei in einem zweiten Teller verquirlen. Die Semmelbrösel mit dem Parmesan und den Mandeln in einem dritten Teller mischen, mit dem Oregano, Salz und Pfeffer würzen.

Die Fischfilets im Mehl wenden, das überschüssige Mehl abschütteln. Anschließend durch das verquirlte Ei ziehen, in die Parmesanpanade legen, wenden und die Panade leicht andrücken. Die überschüssige Panade vorsichtig abschütteln.

Das Butterschmalz in einer großen Pfanne erhitzen und den Fisch bei mittlerer Hitze in 3–4 Minuten goldbraun braten, dabei einmal wenden.

Die halbe Zitrone nochmals halbieren und mit den Renkenfilets anrichten. Dazu paßt saftiger Kartoffelsalat, mit Gurken gemischt.

Rotbarsch im Bierteig

Gelingt leicht

Zutaten für 2 Personen
100 g Mehl
100 ml helles Bier
1 Ei
Salz
weißer Pfeffer, frisch gemahlen
375 g Rotbarschfilet
1 kleines Eiweiß
3 Eßlöffel Maiskeimöl
1/2 unbehandelte, gewaschene Zitrone

Pro Portion: 2200 kJ/ 540 kcal
42 g E · 22 g F · 42 g Kh
Zubereitungszeit: 45 Minuten

Das Mehl in eine Schüssel sieben. Das Bier und das Ei sorgfältig unterrühren, bis der Teig glatt ist. Mit Salz und Pfeffer kräftig würzen. Zugedeckt 15–20 Minuten quellen lassen.

Das Rotbarschfilet unter fließendem kaltem Wasser waschen, trockentupfen, salzen, pfeffern und zugedeckt beiseite stellen. Das Eiweiß steif schlagen und unter den ausgequollenen Bierteig heben.

Die Fischfilets vorsichtig im Bierteig wenden. Das Öl in einer breiten Pfanne erhitzen und die Filets darin bei mittlerer Hitze von beiden Seiten in 10–15 Minuten goldbraun backen.

Die Zitrone in dünne Scheiben schneiden und die Fischfilets damit garnieren.

Dazu passen eine Remouladensauce und Kartoffelsalat.

Fisch und Gemüse aus der Folie

Braucht etwas Zeit

Zutaten für 2 Personen
200 g beliebiges Fischfilet
2 Eßlöffel Zitronensaft, frisch gepreßt
Salz
weißer Pfeffer, frisch gemahlen
1/2 Knoblauchzehe
1/2 Möhre
1/2 dünne Stange Lauch
1/2 Knolle Fenchel
1 kleine Tomate
1/2 Teelöffel Butter
50 g Crème fraîche
1 Teelöffel gemischte tiefgefrorene Kräuter
extrastarke Alufolie

Pro Portion: 2000 kJ/ 460 kcal
41 g E · 26 g F · 13 g Kh
Zubereitungszeit: 1 Stunde

Die Fischfilets mit dem Zitronensaft beträufeln und mit Salz und Pfeffer würzen.

Den Knoblauch schälen und in feine Scheiben schneiden. Die halbe Möhre schälen und in streichholzdünne Streifen schneiden. Den Lauch putzen, waschen und in feine Ringe schneiden. Den Fenchel putzen, waschen und vierteln. Vom Strunk befreien und in feine Scheiben schneiden, diese nochmals gründlich waschen. Die Tomate waschen und würfeln.

Den Backofen auf 220° vorheizen. Ein großes Stück extrastarke Alufolie in eine feuerfeste Form legen. Das Gemüse auf die Folie geben und mit Salz und Pfeffer würzen. Die Fischfilets darauf verteilen, mit der Butter in kleinen Stücken belegen. Die Alufolie rundherum sehr gut verschließen.

Den Fisch in den heißen Backofen (Mitte) schieben und etwa 30 Minuten garen. Dann mit dem Gemüse auf eine Platte heben und im abgeschalteten Backofen warm halten.

Die Garflüssigkeit mit der Crème fraîche in einen Topf geben und bei starker Hitze unter Rühren etwas einkochen* lassen. Zuletzt die Kräuter untermischen, die Sauce mit Salz und Pfeffer abschmecken und zu Fischfilet und Gemüse servieren.

Dazu schmecken Kartoffeln oder Baguette.

Muscheln nach katalanischer Art

Aus Spanien

Zutaten für 2 Personen
1 kg Miesmuscheln (z. B. Venus- oder Teppichmuscheln)
1 kleine Zwiebel
2 Knoblauchzehen
50 ml Olivenöl, kaltgepreßt
2 Tomaten
1/2 Lorbeerblatt
1 Teelöffel Cognac
Salz
schwarzer Pfeffer, frisch gemahlen
1/4 Teelöffel edelsüßes Paprikapulver

Pro Portion: 2300 kJ/ 550 kcal
51 g E · 32 g F · 10 g Kh
Zeit zum Wässern: 2 1/2 Stunden
Zubereitungszeit: 25 Minuten

Die Muscheln gründlich waschen und entbarten. Anschließend für etwa 2 1/2 Stunden in kaltes Wasser legen, das Wasser dabei mehrmals wechseln.

Die Zwiebel und den Knoblauch schälen und fein hacken. In einer großen Pfanne das Olivenöl erhitzen. Die Zwiebel und den Knoblauch darin bei mittlerer Hitze etwa 3 Minuten braten.

Die Tomaten kurz in kochend heißes Wasser legen, häuten, dabei die Stielansätze entfernen. Die Tomaten vierteln, leicht auspressen, die Kerne entfernen und das Fruchtfleisch kleinschneiden. Mit dem Lorbeerblatt in die Pfanne geben und etwa 5 Minuten mitdünsten. Das Mus mit dem Cognac, etwas Salz und Pfeffer und dem Paprikapulver abschmecken.

Die gewässerten Muscheln dazugeben, jedoch bereits geöffnete wegwerfen, und zugedeckt bei starker Hitze garen, bis sich die Schalen öffnen. Noch geschlossene Muscheln wegwerfen. Die Muscheln anrichten, mit der Sauce übergießen und vor dem Servieren erkalten lassen.

Muscheln mit gelber Sauce

Gut vorzubereiten

Zutaten für 2 Personen
1 kg Miesmuscheln (z. B. Venus- oder Teppichmuscheln)
3 Teeöffel Olivenöl, kaltgepreßt
1/2 Zwiebel
125 ml trockener Weißwein
Salz
schwarzer Pfeffer, frisch gemahlen
1/2 Bund Petersilie
1/4 Teelöffel Kurkumapulver (Gelbwurz)
1 Prise Safran
2–3 Knoblauchzehen

Pro Portion: 2300 kJ/ 550 kcal
32 g E · 16 g F · 17 g Kh
Zeit zum Wässern: 2 1/2 Stunden
Zubereitungszeit: 30 Minuten

Die Muscheln gründlich waschen und entbarten. Anschließend für etwa 2 1/2 Stunden in kaltes Wasser legen, das Wasser dabei mehrmals wechseln.

Das Olivenöl in einem hohen Topf erhitzen. Die halbe Zwiebel schälen, hacken und in dem Olivenöl etwa 3 Minuten braten. Die Muscheln, bis auf bereits geöffnete Exemplare, die weggeworfen werden, den Wein, etwas Salz und reichlich Pfeffer dazugeben. Zugedeckt bei starker Hitze garen, bis sich die Muschelschalen öffnen. Inzwischen die Petersilie waschen und hacken. Die Muscheln in ein Sieb gießen und den Sud auffangen, nicht geöffnete Muscheln verwerfen.

Den Kurkuma, den Safran, die Petersilie und den geschälten Knoblauch in einem Mörser zerstoßen. Den Muschelsud durch ein feines Sieb passieren* und nach und nach ein wenig Sud zu den Gewürzen geben. Den restlichen Muschelsud inzwischen etwas einkochen lassen.

Die Sauce aus dem Mörser mit dem Sud mischen und abschmecken. Die Muscheln hinzufügen und erwärmen, aber nicht mehr kochen.

Im Bild oben:
Muscheln nach katalanischer Art
Im Bild unten:
Muscheln mit gelber Sauce

Fischstäbchen mit Mangold

Klassiker

Zutaten für 2 Personen
300 g Viktoriabarschfilet (ersatzweise Rotbarsch- oder Kabeljaufilet)
1/2 Eiweiß
1/4 Teelöffel Salz
schwarzer Pfeffer
400 g Mangold
2 Frühlingszwiebeln
1 Knoblauchzehe
1 Stück frischer Ingwer (etwa haselnußgroß)
3 Teelöffel Sojasauce
60 ml Fischfond (aus dem Glas)
1/2 Teelöffel Speisestärke
1 Eßlöffel Mehl
1/4 Teelöffel chinesisches Fünf-Gewürz-Pulver
1/4 l Öl zum Fritieren
einige Zitronenschnitze zum Garnieren

Pro Portion: 1600 kJ/ 380 kcal
35 g E · 19 g F · 20 g Kh
Zubereitungszeit: 1 Stunde 10 Minuten

Den Fisch in fingerdicke Stücke schneiden. Das Eiweiß mit Salz und Pfeffer verquirlen. Den Fisch darin wenden und 1 Stunde zugedeckt kalt stellen.

Inzwischen den Mangold waschen und putzen. Die Stiele in Scheiben, die Blätter in 1 cm breite Streifen schneiden. Die Frühlingszwiebeln waschen, putzen, längs halbieren und schräg in 3 cm lange Stücke teilen. Knoblauch und Ingwer schälen und fein würfeln.

Sojasauce, Fond und Speisestärke verquirlen. Den Fisch abtrocknen. Das Mehl mit dem Fünf-Gewürz-Pulver mischen und den Fisch damit bestäuben.

Das Öl auf mittlere Temperatur erhitzen (160°). Die Fischstäbchen darin portionsweise in 1–2 Minuten goldgelb ausbacken. Herausheben, auf dem Abtropfrost oder auf Küchenpapier abtropfen lassen, dann bis zum Servieren warm stellen.

Das Öl bis auf 1 Eßlöffel abgießen, erneut erhitzen. Knoblauch, Ingwer und Mangoldstücke darin 3 Minuten unter Rühren braten. Frühlingszwiebeln und Mangoldblätter dazugeben, 2 Minuten unter Rühren mitbraten. Die Würzsauce angießen, aufkochen lassen und weiterrühren, bis die Sauce andickt. Das Gemüse mit Salz und Pfeffer abschmecken.

Gemüse und Fischstäbchen auf einer vorgewärmten Platte anrichten. Mit Zitrone garnieren.

Tip!

Wenn Ihnen Mangold zu herb schmeckt, ersetzen Sie ihn durch frischen Blattspinat.

Garnelen in Senfsauce

Schnell

Zutaten für 2 Personen
400 g ausgelöste rohe Garnelen oder Nordseekrabben
2 Eßlöffel Zitronensaft
1 Schalotte oder kleine Zwiebel
1 Bund Petersilie
1 Teelöffel Butter
100 g Sahne
2 Teelöffel scharfer Senf
Salz
weißer Pfeffer, frisch gemahlen

Pro Portion: 1600 kJ/ 390 kcal
43 g E · 21 g F · 7 g Kh
Zubereitungszeit: 20 Minuten

Die Garnelen mit dem Zitronensaft mischen und etwa 10 Minuten ziehen lassen.

Die Schalotte oder Zwiebel schälen und sehr fein hacken. Die Petersilie waschen, trockenschütteln und ohne die groben Stiele fein hacken.

In einem Topf die Butter erhitzen, aber nicht braun werden lassen. Die Schalotte oder Zwiebel darin glasig* braten. Die Sahne, den Senf und die Petersilie dazugeben. Die Senfsauce mit Salz und Pfeffer pikant abschmecken und erwärmen.

Die Garnelen in die Sahne geben und in etwa 4 Minuten erwärmen. Dann sofort servieren.

Gambas mit Knoblauch

Scharf

Zutaten für 2 Personen
6 rohe Riesengarnelen in der Schale (ersatzweise 150 g geschälte Tiefseegarnelen)
2 Knoblauchzehen
2 getrocknete rote Chilischoten
Salz
Pfeffer, frisch gemahlen
2 Teelöffel Zitronensaft
4 Eßlöffel Fischfond (aus dem Glas) oder trockener Weißwein
1 Eßlöffel frisch gehackte glatte Petersilie
8 Eßlöffel Olivenöl

Pro Portion: 1500 kJ/ 360 kcal
14 g E · 33 g F · 3 g Kh
Zubereitungszeit: 30 Minuten

Den Backofen auf 225° vorheizen. Die Riesengarnelen schälen (mit dem Daumen auf der Bauchseite den Panzer aufbrechen und vom Fleisch ablösen), am Rücken aufschlitzen und mit einem spitzen Messer den dunklen Darm entfernen. In vier flache, ofenfeste Portionsförmchen verteilen.

Die Knoblauchzehen schälen und fein hacken. Die Chilischoten zerbröseln. Beides über die Riesengarnelen verteilen. Mit Salz und Pfeffer würzen. Zitronensaft, Fischfond, Petersilie und Olivenöl mischen und darüber verteilen.

Die Riesengarnelen im Backofen (Mitte) etwa 15 Minuten überbacken*. Mit Weißbrot und einem Tomaten-Zwiebel-Salat servieren.

Tip!

Wer sich die Mühe mit dem Vorbereiten der Riesengarnelen sparen möchte, kauft sie bereits ohne Schale und entdarmt beim Fischhändler oder verwendet garfertig vorbereitete Tiefkühlware.

Curry-Fisch

Exotisch

Zutaten für 2 Personen
500 g Fischfilet (Rotbarsch, Kabeljau oder Seelachs)
Saft von 1 Zitrone
Salz
weißer Pfeffer, frisch gemahlen
Für die Sauce:
2 Zwiebeln
1 Apfel
30 g Margarine oder Butter
1 Teelöffel Currypulver
75 ml Fleischbrühe (Instant) oder Wasser
2 Eßlöffel Kondensmilch
1 Teelöffel Speisestärke

Pro Portion: 1600 kJ/ 380 kcal
45 g E · 13 g F · 18 g Kh
Zubereitungszeit: 35 Minuten

Das Fischfilet unter fließendem Wasser abspülen, mit einem Küchentuch trockentupfen, auf einen Teller legen. Das Filet mit Zitronensaft beträufeln, gut salzen und pfeffern. Den Fisch dann in große Würfel schneiden und zugedeckt bis zur Verwendung ziehen lassen.

Für die Sauce die Zwiebeln schälen und in Scheiben schneiden. Den Apfel waschen, schälen, vierteln, das Kerngehäuse entfernen und die Apfelviertel ebenfalls in Scheiben schneiden.

In einem Schmortopf das Fett erhitzen, die Zwiebelscheiben hineingeben und bei starker Hitze goldgelb anbraten. Die Apfelscheiben dazugeben und etwa 3 Minuten mitdünsten. Den Curry darüberstäuben, die Brühe oder das Wasser dazugießen und alles aufkochen lassen.

Die Kondensmilch mit der Speisestärke verquirlen, in die Sauce geben und damit binden. Anschließend die Fischwürfel in die Sauce geben und darin in etwa 15 Minuten bei schwacher Hitze gar ziehen* lassen.

Mit Reis und einem grünen Salat servieren.

Aus dem Ofen

Gerichte aus dem Backofen duften nicht nur köstlich, sondern schmecken auch wunderbar, weil sich in der Ofenhitze die Aromen der Zutaten entfalten und verbinden.

Vorbereiten, in die Form packen und ab in den Ofen – Gerichte wie Auflauf, Tarte oder Quiche und Pizza lassen sich gut einplanen. Man vertraut sie dem Backofen an, stellt die Zeit ein und muß dann nur noch gelegentlich nach ihnen sehen.

Aufläufe und Gratins, Quiches und Tartes genießt man vom Norden bis in den Süden. Die Hausfrauen wissen ihre Vorzüge zu schätzen und bereiten diese Ofengerichte besonders gerne für den Alltag zu oder auch, wenn viele Gäste auf eine sättigende Mahlzeit warten. Leckere Ofengerichte müssen auch nicht teuer sein, vor allem, wenn Gemüse der Saison mit dabei ist. Mit ständig variierenden Zutaten, mit Fleisch, Fisch, Meeresfrüchten oder Pilzen, lassen sich die Zutaten der Ofengerichte immer wieder anders und abwechslungsreich zusammenstellen. Und bleibt etwas übrig, kann man den Rest einfrieren oder am nächsten Tag für eine zeitsparende Mahlzeit aufbacken. Dann schmeckt das Gericht oft noch einmal so gut.

Auflauf mit Gemüse oder Nudeln

Eine rechteckige oder runde, ofenfeste Auflaufform ist nicht teuer und findet sich in fast jedem Haushalt. Wichtig ist eine Randhöhe von 5 bis 8 cm, damit sich die Zutaten im bunten Wechsel oder in einzelnen Lagen richtig und dekorativ einschichten lassen. Das Gericht soll nicht nur gut schmecken, sondern auch appetitlich aussehen.
Die Basis eines Auflaufs bilden gegarte Nudeln oder Reis, Kartoffelscheiben oder -püree. Dazwischen fügen sich die anderen Zutaten, die je nach Rezept vorge-

Butterflocken auf dem Auflauf gleichmäßig verteilen

gart oder roh sein können. Dann wird alles mit einer Sauce oder mit Eiermilch übergossen und mit Käse und Butterflöckchen überstreut, damit das Gericht unter einer leckeren, goldbraunen Kruste saftig gart, bis es den Ofen fertig verläßt.

Quiche oder Tarte

Für diese feinen Ofenhits – wahrscheinlich eine französische Erfindung – sind flache, runde Bleche oder Porzellanformen mit einer Randhöhe von etwa 3 bis 4 cm am besten geeignet. Aber auch eine Springform kann verwendet werden. Vorbereitet und, wie es in der Küchensprache heißt, »blind« gebacken wird der dünn ausgerollte Mürbeteig, damit der Boden schön kross wird und auch beim zweiten Backen mit saftigen Zutaten nicht durchweichen kann. Zum Blindbacken den eingefetteten Formboden und den Rand mit Teig auskleiden. Dann den Teig

mit einer Gabel mehrmals einstechen, mit einem passenden Stück Pergament- oder Backpapier bedecken. Darauf schüttet und verteilt man Trockenerbsen. So kann sich der Boden beim Backen nicht wölben. Quark-Öl- oder Hefeteig können ebenfalls als Basis einer solch herzhaften Torte dienen. Klassiker unter den Quiches ist die aus Lothringen stammende Quiche Lorraine auf Seite 174.

Pizza & Co. selbstgemacht

Ob Margherita, Marinara, Prosciuto, Cappricciosa, Quatro Stagione – alle diese berühmten, leckeren Pizzen können Sie leicht und vielleicht sogar noch besser backen als der Pizza-Service um die Ecke. Und auch der Tiefkühlpizza zeigen sich Ihre Backkünste bestimmt gewachsen, denn Pizza backen ist ganz einfach. Aus Mehl, Milch, Hefe und Salz, eventuell mit etwas Öl wird der Teig gemacht. Dünn ausgerollt schmeckt er für Pizza am besten. Backen Sie doch gleich ein ganzes Blech voll und

Als Pizzabelag ist alles möglich, nur der Käse ist ein Muß.

frieren Reste, in Portionsstücke geschnitten, für später ein. Wenn Sie einmal sehr hungrig nach Hause kommen, ist ein Stück schnell aufgebacken. Etwas dicker ausfallen darf der Boden zum Beispiel für einen leckeren Zwiebelkuchen oder auch für die Hackfleischpizza mit Auberginen.

Quark-Ölteig – die schnelle Pizza-Basis

Für Hefeteig braucht man etwas Zeit, damit er schön aufgehen kann. Eine Alternative, die schneller geht und sich gut für Pizza eignet: ein Quark-Ölteig. Er läßt sich in wenigen Minuten herstellen, kann gleich verwendet, das heißt ausgerollt, auf das Blech gelegt, mit Zutaten nach Geschmack belegt und gebacken werden. Seine Konsistenz ist ähnlich wie bei Hefeteig. Die wichtigsten Zutaten: Mehl, etwas Backpulver, Quark und Öl. Übrigens läßt sich der Teig auch für einen Tarte- oder Quicheboden verwenden, oder für Süßes wie Obstkuchen oder -teilchen, sogar für Rosinen-Frühstücksbrötchen. Für süße Kuchen dem Teig etwas Zucker, nach Geschmack Vanillezucker und/oder abgeriebene Zitronenschale beimengen.

Quark-Ölteig – Grundrezept
Zutaten für eine große runde Pizzaform von 32 cm Durchmesser oder für ein halbes großes Backblech: 200 g Mehl und Mehl zum Ausrollen, 1/2 Teelöffel Salz, 1 gestrichener Teelöffel Backpulver, 100 g Speisequark, 10% Fett i. Tr., 4–5 Eßlöffel Milch, 4 Eßlöffel kaltgepreßtes Oliven-oder Sonnenblumenöl und Öl für das Blech.
Das Mehl mit Salz und Backpulver in eine Schüssel sieben und eine Mulde eindrücken. Quark, Milch und Olivenöl hineingeben und mit dem Handrührgerät oder einem Teiglöffel zuerst gründlich vermischen, dann mit den Händen durchkneten, bis ein glatter, geschmeidiger Teig entstanden ist. Den Teig auf einer bemehlten Fläche ausrollen, die Form einfetten und mit dem Teig auslegen. Mit den gewählten Pizzazutaten bedecken. Die Pizza im vorgeheizten Ofen bei 175 bis 200 ° je nach Dicke und Belag 15 bis 25 Minuten backen, bis die Ränder zu bräunen beginnen.
Tips: Dieser Teig kann statt mit weißem Mehl auch mit Vollkornmehl gebacken werden. Dann eventuell etwas mehr lauwarmes Wasser oder Milch dazugeben. Für die süße Variante den Teig statt mit Olivenöl mit neutralem Sonnen- oder Maiskeimöl zubereiten.

Für die feine Kruste

Ob für Auflauf, Quiche, Tarte oder Pizza, der Käse dafür kann nach Geschmack würzig oder mild sein, eine feste Kruste bilden oder zart schmelzen. Um diese Ansprüche zu erfüllen, kann man auch zwei Käsesorten auswählen: einen milden, sahnigen Mozzarella, den klassischen Pizza-Käse und dazu den würzigen geriebenen Parmesankäse oder den verwandten Grana Padano. Zart schmelzend und würzig zugleich sind Edamer, Gouda, Emmentaler oder ein anderer Bergkäse. Angeboten werden auch spezielle Pizzakäse, die besonders gut schmelzen.

Gemüse aus dem Ofen

Aus der griechischen Küche bekannt und immer lecker: mit Hackfleisch oder Käse gefüllte Gemüse, die im Ofen so richtig saftig und herzhaft backen. Dafür eignen sich vor allem Paprika, Auberginen und Zucchini. Probieren sollten Sie unbedingt auch die Crespelle, kleine, mit Gemüse gefüllte Pfannkuchen, die nebeneinander in die Form gelegt werden und in den Ofen kommen (s. Seite 185).

Paprika-Tomaten-Auflauf mit Käse

Raffiniert

Zutaten für 2 Personen
250 g kleine Kartoffeln · Salz
je 1 sehr kleine grüne, rote und gelbe Paprikaschote
125 g feste Kirschtomaten
150 g Schinkenwurst in etwa 1 cm dicken Scheiben
25 g Butter
2 kleine Eier · 100 g Sahne
75 g mittelalter Gouda, frisch gerieben
Muskatnuß, frisch gerieben
Cayennepfeffer

Pro Portion: 3300 kJ/ 780 kcal
34 g E · 63 g F · 21 g Kh
Vorbereitungszeit: 40 Minuten
Garzeit: 40 Minuten

Die Kartoffeln waschen, schälen und mit dem Gurkenhobel in dünne Scheiben schneiden. Reichlich Salzwasser aufkochen lassen und die Kartoffeln darin etwa 3 Minuten blanchieren*, in einem Sieb abtropfen lassen. Die Paprikaschoten waschen, achteln und von den Kerngehäusen befreien.

Die Kirschtomaten waschen. Jede Tomate mit einem Holzstäbchen zwei- bis dreimal einstechen. Die Schinkenwurst in etwa 1 cm große Würfel schneiden. Den Backofen auf 220° vorheizen. Eine feuerfeste Form dick mit etwa 1 Eßlöffel von der Butter einfetten. Die Hälfte der Kartoffeln einfüllen, darauf lagenweise die Hälfte der Paprikaachtel, die Schinkenwurst, die Tomaten und die restlichen Kartoffeln verteilen.

Eier, Sahne und 50 g Käse verquirlen, mit Muskatnuß, Cayennepfeffer und Salz würzen, über den Auflauf gießen. Die übrigen Paprikaachtel darauflegen.

Den Auflauf mit dem restlichen Käse bestreuen und die übrige Butter in kleinen Flöckchen gleichmäßig darüber verteilen. Die Form mit Alufolie überziehen und in den Backofen (Mitte) stellen. Den Auflauf 35–40 Minuten garen. Nach etwa 20 Minuten die Alufolie entfernen.

Broccoli-Käse-Auflauf

Braucht etwas Zeit

Zutaten für 2 Personen
500 g Broccoli · Salz
40 g Butter · 30 g Mehl
gut 150 ml Milch · 100 g Sahne
2 Eier, getrennt
75 g mittelalter Gouda, frisch gerieben
weißer Pfeffer, frisch gemahlen
Muskatnuß, frisch gerieben
2 Eßlöffel gemahlene Haselnüsse

Pro Portion: 1100 kJ/ 760 kcal
29 g E · 60 g F · 30 g Kh
Vorbereitungszeit: 30 Minuten
Garzeit: 1 Stunde

Den Broccoli waschen zerteilen. Die Stiele schälen, dicke halbieren, und in etwa 2 cm lange Stücke schneiden. 2 l Salzwasser aufkochen. Broccoliröschen und -stiele darin etwa 3 Minuten blanchieren*, abgießen, abschrecken und gut abtropfen lassen. Bis zur Verwendung auf einem Küchentuch ausbreiten.

30 g Butter in einem Topf zerlassen und das Mehl darin anschwitzen. Nach und nach die Milch, dann die Sahne einrühren. Etwa 20 Minuten bei schwacher Hitze köcheln lassen, hin und wieder umrühren. Die Sauce vom Herd nehmen. Die Eigelbe mit 50 g Käse und etwas Sauce verquirlen und in die Sauce einrühren. Mit Salz, Pfeffer und Muskatnuß würzen. Den Backofen auf 180° vorheizen.

Die Eiweiße mit etwas Salz zu schnittfestem Schnee schlagen, unter die Sauce ziehen*. Eine hohe Auflaufform mit der restlichen Butter einfetten und mit der Hälfte der Haselnüsse ausstreuen. Die Hälfte der Eischneemasse in die Form füllen, darauf den Broccoli verteilen und mit der restlichen Masse bedecken. Die übrigen Haselnüsse darüber streuen. Die Form in den Ofen (unten) stellen und den Auflauf etwa 1 Stunde garen. Stäbchenprobe machen!

Die zarte Käsecreme macht den Paprika-Tomaten-Auflauf zum Festessen.

Nudelauflauf mit drei Käsesorten

Gut vorzubereiten

Zutaten für 2 Personen
1/2 frische rote Chilischote
1 kleine Zwiebel
3 Teelöffel Olivenöl
1 Eßlöffel Butter
125 g Rinderhackfleisch
1 Knoblauchzehe
1/2 Dose geschälte Tomaten (200 g)
1/2 Teelöffel gerebelter Oregano
1/4 Teelöffel gerebelter Thymian
Salz
weißer Pfeffer, frisch gemahlen
200 g Rigatoni oder andere Röhrennudeln
1/2 Kugel Mozzarella (etwa 60 g)
60 g Parmesan, frisch gerieben
60 g Emmentaler, frisch gerieben
2 kleine Eier
50 g Crème fraîche
Muskatnuß, frisch gerieben

Pro Portion: 4800 kJ/ 1135 kcal
68 g E · 60 g F · 82 g Kh
Zubereitungszeit: 25 Minuten
Garzeit: 40 Minuten

Von der halben Chilischote, falls nötig, den Stielansatz entfernen. Die Schote längs halbieren, die Kerne herauskratzen. Die Schotenhälften waschen und sehr fein hacken. Die Zwiebel schälen und hacken, 2 Teelöffel Öl und die Butter in einer Pfanne erhitzen. Die Zwiebel darin bei mittlerer Hitze glasig braten. Die Chilischote und das Hackfleisch dazugeben und alles unter Rühren braten, bis das Fleisch krümelig ist. Die Knoblauchzehe schälen und durch die Presse zum Fleisch drücken. Die Tomaten grob hacken und mit ihrem Saft unter das Fleisch rühren.

Alles so lange unter gelegentlichem Rühren köcheln lassen, bis die Masse dickflüssig ist. Dann mit dem Oregano, dem Thymian, Salz und Pfeffer würzen.

In der Zwischenzeit 2 l Salzwasser aufkochen lassen. Die Nudeln darin in etwa 12 Minuten bißfest kochen. In ein Sieb abgießen, mit kaltem Wasser überbrausen und abtropfen lassen.

Den Mozarella grob würfeln. Den Backofen auf 200° vorheizen. Eine Auflaufform mit dem restlichen Öl einfetten.

Mit den Nudeln beginnend, die vorbereiteten Zutaten, 50 g Parmesan und den gesamten Emmentaler in die Form schichten. Den Abschluß sollten Nudeln bilden.

Die Eier mit der Crème fraîche verquirlen, mit Muskatnuß würzen. Den Auflauf damit begießen, mit dem restlichen Parmesan bestreuen und im Backofen (Mitte) etwa 40 Minuten garen.

Bandnudelauflauf mit Spinat

Gelingt leicht

Zutaten für 2 Personen
Salz
180 g Bandnudeln
1 Zwiebel
1/2 Knoblauchzehe
80 g Räucherspeck (ohne Schwarte)
100 g Emmentaler oder Greyerzer in Scheiben
1 Teelöffel Butter oder Margarine
150 g tiefgekühlter Spinat
125 g saure Sahne
1 gestrichener Teelöffel Speisestärke
1 Prise Muskatnuß, frisch gerieben
1/2 Teelöffel Worcestersauce
Für die Form:
Butter

Pro Portion: 4000 kJ/ 960 kcal
36 g E · 59 g F · 75 g Kh
Zubereitungszeit: 30 Minuten

In einem großen Topf etwa 3 l Wasser mit Salz zum Kochen bringen, die Nudeln darin in 6–8 Minuten (Garzeit auf der Nudelpakkung beachten) bißfest kochen.

In der Zwischenzeit die Zwiebel schälen, abspülen und fein würfeln. Die halbe Knoblauchzehe schälen und fein hacken. Den Räucherspeck erst in Scheiben, dann in Streifen und anschließend in Würfel schneiden. Den Käse in dünne Scheiben schneiden.

Eine Auflaufform einfetten. Die Nudeln abgießen, mit kaltem Wasser abschrecken und abtropfen lassen.

Die Butter oder Margarine in einer Pfanne erhitzen, den Speck hineingeben und bei mittlerer Hitze darin auslassen, Zwiebeln und Knoblauch dazugeben, kurz andünsten. Dann den Spinat und 3 Eßlöffel Wasser dazugeben. Den Spinat in etwa 10 Minuten bei schwacher Hitze auftauen lassen.

Den Backofen auf 200° vorheizen. Die saure Sahne mit der Speisestärke verquirlen, unter den Spinat rühren und alles kurz aufkochen. Mit Salz, Muskat und Worcestersauce abschmecken.

Die Nudeln in die Auflaufform geben, den Spinat darüberfüllen, mit den Käsescheiben belegen. Den Auflauf etwa 10 Minuten im Backofen (Mitte) überbacken*, sofort servieren.

Tip!

Wer den Auflauf vegetarisch zubereiten möchte, ersetzt den Räucherspeck durch 150 g geräucherten Tofu. Den gibt es in manchen großen Supermärkten, in Asienläden oder aber im Reformhaus oder Naturkostladen. Ersetzen Sie die Butter durch 1 Eßlöffel Olivenöl und braten Sie den in kleine Würfel geschnittenen Tofu darin an. Verfahren Sie weiter, wie im Rezept beschrieben.

Zucchini-Kartoffel-Gratin

Braucht etwas Zeit

Zutaten für 2 Personen
250 g Kartoffeln
250 g Austernpilze
1 Teelöffel Butter · Salz
weißer Pfeffer, frisch gemahlen
1/2 Knoblauchzehe
300 g Zucchini
125 g Sahne · 125 ml Milch
2 kleine Eier · 50 g Roquefort
Muskatnuß, frisch gerieben
Für die Form: Fett

Pro Portion: 2500 kJ/ 600 kcal
21 g E · 41 g F · 28 g Kh
Zubereitungszeit: 55 Minuten
Backzeit: 25 Minuten

Die Kartoffeln in der Schale in kochendem Wasser etwa 30 Minuten garen, schälen und in dickere Scheiben schneiden.

Inzwischen die Austernpilze kurz waschen, putzen und in schmale Streifen schneiden. Die Butter erhitzen und die Pilze darin anbraten, salzen und pfeffern. Den Knoblauch schälen und dazudrücken. Alles etwa 8 Minuten dünsten.

In einem großen Topf Salzwasser zum Kochen bringen. Die Zucchini putzen, waschen und längs in feine Scheiben schneiden. Im kochenden Wasser etwa 1/2 Minute blanchieren*, eiskalt abschrecken und gut abtropfen lassen.

Den Backofen auf 200° vorheizen. Die Sahne, die Milch und die Eier verquirlen. Den Käse zerbröckeln und untermischen, mit Salz, Pfeffer und Muskat würzen.

Eine feuerfeste Form fetten. Die Kartoffeln, die Pilze und die Zucchini hineinschichten und mit der Eier-Milch übergießen. Das Gratin im Backofen (Mitte) etwa 25 Minuten garen.

Variante:

Auberginen-Tomaten-Kartoffel-Gratin

Sie benötigen 250 g Kartoffeln, 300 g Fleischtomaten, frisch gemahlenen schwarzen Pfeffer, 3 in Salz eingelegte Sardellenfilets, 400 g Auberginen, 50 g schwarze Oliven und 1 Kugel Mozzarella; für den Guß Sahne, Milch, Eier und Roquefort wie im Rezept beschrieben. Die Kartoffeln wie im Rezept zubereiten. Die Tomaten überbrühen, häuten, von den Stielansätzen befreien und in große Würfel schneiden. Die Sardellen abspülen und längs halbieren. Die Auberginen waschen, von Stiel- und Blütenansatz befreien und quer in dünne Scheiben schneiden. Den Guß wie oben zubereiten, den Backofen auf 200° vorheizen. Lagenweise Kartoffeln, Gemüse und Sardellen einschichten, jeweils gut salzen und pfeffern, mit der Eiermilch übergießen und etwa 25 Minuten überbacken.

Quiche Lorraine

Gut vorzubereiten

Zutaten für 1 feuerfeste Form von 28 cm ø (ergibt 6 Stücke)
Für den Mürbeteig:
200 g Mehl · 1 Ei · 1 Prise Salz
5 Eßlöffel Milch
80 g kalte Butter
Für den Belag:
150 g durchwachsener Räucherspeck
2 Eßlöffel Butter
150 g gekochter Schinken
Für den Guß:
1 Bund Schnittlauch
200 g Sahne · 4 Eier
Muskatnuß, frisch gerieben
schwarzer Pfeffer · Salz
150 g Greyerzer, grob geraspelt
Für die Arbeitsfläche: Mehl

Pro Portion: 2900 kJ/ 700 kcal
30 g E · 52 g F · 26 g Kh
Zubereitungszeit: 20 Minuten
Kühlzeit: 45 Minuten
Backzeit: 40 Minuten

Aus den Zutaten für den Mürbeteig einen glatten Teig zubereiten. Den Teig auf etwas Mehl rund ausrollen und in die Form geben. Den Rand etwa 3 cm hochziehen. Den Boden mehrmals mit einer Gabel einstechen. Den Teig etwa 45 Minuten kühl stellen.

Den Speck von Knorpeln und Schwarte befreien und in kleine Würfel schneiden. Die Butter in einer Pfanne erhitzen und den Speck darin knusprig braten. Mit einem Schaumlöffel aus der Pfanne nehmen und abkühlen lassen. Den Schinken in dünne Streifen schneiden.

Den Schnittlauch in Röllchen schneiden. Sahne und Eier verquirlen. Mit Muskatnuß, Pfeffer und Salz pikant abschmecken. Den Backofen auf 200° vorheizen. Schinken, Speckwürfel, Käse und Schnittlauch unter die Eiersahne mischen, auf dem Teig verteilen und glattstreichen.

Die Quiche im Backofen (Mitte) in etwa 40 Minuten goldbraun backen. Vor dem Anschneiden noch 10 Minuten ruhen lassen.

Lauch-Quiche

Gelingt leicht

Zutaten für 1 feuerfeste Form von 28 cm ø (ergibt 6 Stücke)
Für den Mürbeteig:
200 g Mehl · 1 Ei · 2 Prisen Salz
5 Eßlöffel Milch
80 g kalte Butter
Für den Belag:
1 kg Lauch
150 g durchwachsener Räucherspeck
30 g Butter · Salz · weißer Pfeffer
Muskatnuß, frisch gerieben
1/2 Teelöffel gemahlener Kümmel
Für den Guß:
200 g Sahne · 4 Eier
100 g Greyerzer, frisch gerieben
Salz · weißer Pfeffer
Für die Arbeitsfläche: Mehl

Pro Portion: 2900 kJ/ 695 kcal
19 g E · 57 g F · 29 g Kh
Zubereitungszeit: 30 Minuten
Kühlzeit: 45 Minuten
Backzeit: 50 Minuten

Aus den Zutaten für den Mürbeteig einen glatten Teig zubereiten. Den Teig auf etwas Mehl rund ausrollen und in die Form geben. Den Rand etwa 3 cm hochziehen. Den Boden mehrmals mit einer Gabel einstechen. Den Teig etwa 45 Minuten kühl stellen.

Vom Lauch dunkles Grün und Wurzelansatz entfernen. Längs aufschlitzen, waschen und in dünne Scheiben schneiden. Den Speck von Knorpeln und der Schwarte befreien und in kleine Würfel schneiden. Die Butter in einer Pfanne erhitzen. Die Speckwürfel anbraten, mit einem Schaumlöffel aus der Pfanne nehmen, beiseite stellen. In dem Speckfett den Lauch 5 Minuten andünsten*. Mit Salz, Pfeffer, Muskatnuß und Kümmel würzen.

Sahne, Eier und Käse verquirlen. Mit Salz und Pfeffer pikant würzen. Den Backofen auf 200° vorheizen. Lauch und Speck mischen, auf dem Teig verteilen, den Guß darüber gießen. Die Quiche im Ofen (unten) in etwa 50 Minuten goldbraun backen. Vor dem Anschneiden 10 Minuten ruhen lassen.

Die herzhafte Lauch-Quiche ist eine sättigende Hauptmahlzeit.

Frühlingsquiche

Für Gäste

Zutaten für 1 feuerfeste Form von 28 cm ø (ergibt 6 Stücke)
Für den Mürbeteig:
200 g Mehl · 1 Ei · 1 Prise Salz
6 Eßlöffel Milch
80 g kalte Butter
Für den Belag:
600 g Magerquark
150 g Sahne · 3 Eier
1 Handvoll Bärlauch (ersatzweise 2 Knoblauchzehen)
je 1 Bund Petersilie, Schnittlauch
1 Eßlöffel Zitronensaft
weißer Pfeffer · Salz
1 Zweig frische Zitronenmelisse
Für die Arbeitsfläche: Mehl

Pro Portion: 1800 kJ/ 430 kcal
24 g E · 24 g F · 30 g Kh
Zubereitungszeit: 20 Minuten
Kühlzeit: 45 Minuten
Backzeit: 1 Stunde 10 Minuten

Aus den Zutaten für den Mürbeteig einen glatten Teig zubereiten. Den Teig auf etwas Mehl rund ausrollen und in die Form geben. Den Rand etwa 3 cm hochziehen. Den Boden mehrmals mit einer Gabel einstechen. Den Teig etwa 45 Minuten kühl stellen.

Den Backofen auf 200° vorheizen. Quark, Sahne und Eier verrühren. Alle Kräuter sorgfältig waschen, trockenschütteln und kleinschneiden (für den Bärlauch ersatzweise den Knoblauch schälen und fein hacken). Die Kräuter in die Quarkmasse einrühren. Mit dem Zitronensaft, Pfeffer und Salz pikant abschmecken.

Den Teig etwa 10 Minuten im Backofen (Mitte) vorbacken. Die Form aus dem Ofen nehmen und die Quarkmasse gleichmäßig auf dem Teig verstreichen.

Die Quiche etwa 1 Stunde backen. Wenn sie zu braun wird, mit Alufolie abdecken. Die fertige Quiche aus dem Ofen nehmen, 10 Minuten ruhen lassen, dann in Stücke schneiden. Die Zitronenmelisse waschen, trockenschütteln, die Quiche mit den Blättchen belegen.

Roquefortquiche

Gut vorzubereiten

Zutaten für 1 feuerfeste Form von 26 cm ø (ergibt 6 Stücke)
Für den Teig:
100 g Butter
5 Eßlöffel Weißwein (ersatzweise Wasser)
200 g Mehl
1 Teelöffel Salz
Für den Belag:
250 g Schalotten
2 Eßlöffel Butter
200 g Roquefort
150 g Crème fraîche
2 Eier
Salz
schwarzer Pfeffer
Für die Form: Fett
Für die Arbeitsfläche: Mehl

Pro Portion: 2300 kJ/ 550 kcal
14 g E · 39 g F · 33 g Kh
Zubereitungszeit: 30 Minuten
Backzeit: 40 Minuten

Die Butter in einen kleinen Topf geben und bei milder Hitze schmelzen. Den Topf vom Herd nehmen und den Weißwein dazugießen. Das Mehl und das Salz untermischen und alles zu einem geschmeidigen Teig verarbeiten. Zugedeckt 30 Minuten im Kühlschrank ruhen lassen.

Die Schalotten schälen und in feine Ringe schneiden. Die Butter in einer Pfanne erhitzen und die Schalottenringe darin in 10 Minuten bei milder Hitze weich dünsten*. Vom Herd nehmen und abkühlen lassen.

Den Roquefort in kleine Stücke schneiden und mit der Crème fraîche in eine Schüssel füllen. Die Eier dazugeben und alles gründlich verrühren. Die Schalottenringe untermischen, alles mit Salz und Pfeffer würzen. Den Backofen auf 200° vorheizen.

Eine Form einfetten. Den Teig auf einer bemehlten Arbeitsfläche ausrollen, in die Form legen und einen etwa 3 cm hohen Rand formen. Die Käse-Schalotten-Mischung gleichmäßig darauf verteilen. Quiche im Backofen (Mitte) 30 Minuten backen. Gleich heiß servieren. Dazu paßt Rucolasalat.

Quiche mit zweierlei Pilzen

Gelingt leicht

Zutaten für 1 feuerfeste Form von 26 cm ø (ergibt 4 Stücke)
300 g tiefgekühlter Blätterteig
2 Stangen Lauch (etwa 400 g)
2 Eßlöffel Butter
500 g Champignons
250 g Austernpilze
2 Knoblauchzehen
Salz · Pfeffer
1 Prise Cayennepfeffer
1 Teelöffel getrockneter Rosmarin
250 g saure Sahne · 3 Eier
1 Prise Muskatnuß
Für die Form: Fett
Für die Arbeitsfläche: Mehl

Pro Portion: 3000 kJ/ 720 kcal
16 g E · 51 g F · 52 g Kh
Zubereitungszeit: 30 Minuten
Backzeit: 40 Minuten

Den Blätterteig auslegen und auftauen lassen.

Den Lauch putzen, längs halbieren, gut ausspülen und in schmale Streifen schneiden. In einer breiten Pfanne in der Butter 10 Minuten dünsten.

Die Champignons und die Austernpilze putzen. Champignons vierteln, Austernpilze in schmale Streifen schneiden. Die Pilze zum Lauch geben. Den Knoblauch schälen und darüber pressen. Die Pilze dünsten*, bis fast alle Flüssigkeit verdampft ist. Mit Salz, Pfeffer, Cayennepfeffer und Rosmarin kräftig würzen.Vom Herd nehmen und die Pilze etwas abkühlen lassen.

Den Backofen auf 200° vorheizen. Die Form einfetten. Die Blätterteigplatten aufeinanderlegen und auf einer bemehlten Arbeitsfläche ausrollen. In die Form legen, einen 3 cm hohen Rand formen. Die Pilzmischung daraufgeben.

Die Sahne mit den Eiern verquirlen, mit Salz, Pfeffer und Muskat würzen und über die Pilze geben. Im Ofen (Mitte) in 40 Minuten goldbraun backen. Frisch aus dem Ofen servieren.

Orientalische Lammtarte

Braucht etwas Zeit

Zutaten für 1 feuerfeste Form von 26 cm ø (ergibt 4 Stücke)
Für den Teig:
5 Eßlöffel Olivenöl · Salz
Für den Belag:
2 Eßlöffel Öl · 600 g Lammhack
1 mittelgroße Aubergine
1 Zwiebel · 1 Knoblauchzehe
2 Fleischtomaten · 50 g Rosinen
2 Eßlöffel gehackte Mandeln
Salz · Pfeffer
1 Prise gemahlener Kreuzkümmel
1/2 Teelöffel Zimtpulver
1 Teelöffel abgeriebene Schale einer unbehandelten Zitrone
100 g Schafkäse
Für die Form: Fett
Für die Arbeitsfläche: Mehl

Pro Portion: 3900 kJ/ 940 kcal
32 g E · 64 g F · 62 g Kh
Zubereitungszeit: 45 Minuten
Backzeit: 35 Minuten

Das Mehl in eine Schüssel sieben, in die Mitte eine Mulde drücken. Das Öl mit 5 Eßlöffeln Wasser und Salz dazugeben. Zu einem Teig verarbeiten und 30 Minuten im Kühlschrank ruhen lassen.

Das Öl in einer großen Pfanne erhitzen und das Hackfleisch darin 10 Minuten anbraten.

Die Aubergine waschen, vom Stielansatz befreien und in 1 cm große Würfel schneiden. Zwiebel und Knoblauch schälen, beides fein hacken, mit der Aubergine unter das Fleisch mischen und schmoren lassen.

Die Tomaten überbrühen, häuten, entkernen und in grobe Würfel schneiden. Mit Rosinen und Mandeln in die Pfanne geben. Mit Salz, Pfeffer, Kreuzkümmel, Zimt und Zitronenschale würzen, 20 Minuten zugedeckt schmoren* lassen. Zum Schluß den Schafkäse zerbröckeln und untermischen. Den Backofen auf 200° vorheizen.

Die Form einfetten. Den Teig auf einer bemehlten Fläche ausrollen und in die Form legen. Einen Rand von 3 cm formen. Die Hackfleisch-Gemüse-Mischung auf dem Teigboden verteilen. Die Tarte im Ofen (Mitte) 30 Minuten backen.

Pizza Margherita

Preiswert

Für 2 Pizza-Formen von 28 cm ø (ergibt 4 Portionen)
Für den Teig:
1/2 Würfel frische Hefe (20 g; ersatzweise 1 Tütchen Trockenhefe)
400 g Mehl
1/2 Teelöffel Salz
2 Eßlöffel Olivenöl
etwas Öl für die Formen
etwas Mehl zum Ausrollen
Für den Belag:
1 große Dose geschälte Tomaten
250 g Mozzarella
1/2 Bund Basilikum
3 Eßlöffel Olivenöl, kaltgepreßt
4 Eßlöffel frisch geriebener Pecorino (ersatzweise Parmesan)

Pro Portion: 3200 kJ/ 760 kcal
30 g E · 32 g F · 89 g Kh
Zubereitungszeit: 45 Minuten
Ruhezeit: 1 1/4 Stunden

Die Hefe zerbröckeln. Von 1/4 l lauwarmem Wasser 4 Eßlöffel zur Hefe geben und verrühren. Das Mehl in eine Schüssel füllen und in die Mitte eine Mulde drücken. Dort hinein die Hefelösung gießen und mit etwas Mehl verrühren. Den Vorteig zugedeckt an einem warmen Platz 15–20 Minuten gehen lassen.

Salz, Öl und nach und nach das restliche Wasser unter den Vorteig mischen. Den Teig mit den Händen oder den Knethaken des Handrührgerätes noch so lange kräftig durchwalken, bis der Teig elastisch ist und nicht mehr klebt.

Den Teig halbieren, zu zwei Kugeln formen und zugedeckt an einem warmen, nicht zugigen Platz nochmals 1 Stunde gehen lassen, bis sich ihr Volumen ungefähr verdoppelt hat.

Den Backofen auf 250° vorheizen. Die Pizza-Formen dünn mit Öl auspinseln. Die Teigkugeln nochmals kräftig durchkneten, auf einer leicht bemehlten Arbeitsfläche ausrollen und die Pizza-Formen damit auslegen, die Ränder dabei etwas dicker lassen.

Für den Belag die Tomaten in einem Sieb gut abtropfen lassen, anschließend mit einer Gabel zerdrücken. Den Mozzarella in dünne Scheiben schneiden. Die Basilikumblätter in Stücke zupfen.

Die Tomaten auf dem Teig verteilen, dabei den Rand etwa fingerbreit frei lassen. Den Mozzarella auf die Tomaten legen. Alles mit Salz und frisch gemahlenem Pfeffer würzen und mit 2 Eßlöffeln Olivenöl beträufeln.

Die Pizzen im Ofen (unten) nacheinander zunächst 10 Minuten backen. Herausholen, mit Pecorino und Basilikumblättern bestreuen. Das restliche Öl auf die Kräuterblättchen träufeln. Die Pizzen wieder in den Ofen schieben und in weiteren 5–7 Minuten fertigbacken, bis die Kruste hellgelb geworden ist und der Belag brodelt.

Tips!

Der Pizza-Teig darf nicht zu fest sein, sonst trocknet der Boden beim Backen aus. Klebt der Teig beim Kneten an den Händen, kein Mehl hinzufügen, sondern stattdessen die Hände mit etwas Olivenöl einreiben. Die Teigmenge reicht auch für ein Backblech. Zum Servieren die Pizza dann in Quadrate schneiden. Wenn Sie die Pizza-Kruste schön dick mögen, die belegte Pizza vor dem Backen noch 10 Minuten stehenlassen.
Wollen Sie Hefeteig vorbereiten, gibt es zwei Möglichkeiten. Soll er eingefroren werden, formen Sie ihn nach dem letzten Knetvorgang zu einem Rechteck. Dann in einen Gefrierbeutel verpacken und einfrieren. Vor der Verwendung den Teig auftauen lassen und bei Zimmertemperatur formen und belegen. Wollen Sie den Teig nur über Nacht aufbewahren, stellen Sie ihn in einer Schüssel abgedeckt in den Kühlschrank. Vor der weiteren Verwendung sollte der Teig auch hier unbedingt Zimmertemperatur haben.

Aus nur wenigen Zutaten zaubern Sie diese klassische Pizza – ein Augen- und Gaumenschmaus.

Pizza Capricciosa

Braucht etwas Zeit

Für 2 Pizza-Formen von 28 cm ø (ergibt 4 Portionen)
Für den Teig:
1/2 Würfel frische Hefe (20 g; ersatzweise 1 Tütchen Trockenhefe)
400 g Mehl
1/2 Teelöffel Salz
2 Eßlöffel Olivenöl
etwas Öl für die Formen
etwas Mehl zum Ausrollen
Für den Belag:
1 Dose geschälte Tomaten (800 g)
2 Dosen Thunfisch naturell (je 150 g)
8 eingelegte Artischockenherzen (etwa 350 g)
250 g Mozzarella
Salz
Pfeffer, frisch gemahlen
100 g entsteinte schwarze Oliven
1 Teelöffel getrockneter Thymian
2 Eßlöffel Olivenöl, kaltgepreßt

Pro Portion: 3900 kJ/ 940 kcal
53 g E · 34 g F · 109 g Kh
Zubereitungszeit: 30 Minuten
Ruhezeit: 1 1/4 Stunden

Die Hefe zerbröckeln. Von 1/4 l lauwarmem Wasser 4 Eßlöffel zur Hefe geben und verrühren. Das Mehl in eine Schüssel füllen und in die Mitte eine Mulde drücken. Dort hinein die Hefelösung gießen und mit etwas Mehl verrühren. Den Vorteig zugedeckt an einem warmen Platz 15–20 Minuten gehen lassen. Salz, Öl und nach und nach das restliche Wasser unter den Vorteig mischen. Den Teig mit den Händen oder den Knethaken des Handrührgerätes noch so lange kräftig durchwalken, bis der Teig elastisch ist und nicht mehr klebt.

Den Teig halbieren, zu zwei Kugeln formen und zugedeckt an einem warmen, nicht zugigen Platz nochmals 1 Stunde gehen lassen, bis sich ihr Volumen ungefähr verdoppelt hat.

Die Tomaten abtropfen lassen und zerdrücken, Thunfisch und Artischocken abtropfen lassen. Den Thunfisch zerpflücken, die Artischockenherzen vierteln und den Mozzarella würfeln.

Den Backofen auf 250° vorheizen Die Pizza-Formen dünn mit Öl auspinseln. Die Teigkugeln nochmals kräftig durchkneten, auf einer leicht bemehlten Arbeitsfläche ausrollen und die Pizza-Formen damit auslegen, die Ränder dabei etwas dicker lassen.

Die Tomaten auf den Teig streichen, salzen und pfeffern. Thunfisch, Artischocken, Mozzarella und Oliven dekorativ darauf verteilen. Mit Thymian bestreuen und mit Öl beträufeln

Die Pizzen im Ofen (unten) 12–15 Minuten backen, bis die Teigränder goldgelb sind.

Pizza mit Spinat und Thunfisch

Gelingt leicht

Zutaten für 1 Backblech (ergibt 6 Portionen)
Für den Hefeteig:
250 g Weizen- oder Roggenmehl
1/2 Würfel frische Hefe (20 g)
1 Prise Zucker
125 ml lauwarmes Wasser
1 Teelöffel Salz · 2 Eßlöffel Öl
Mehl zum Ausrollen
Für den Belag:
750 g frischer Blattspinat (oder 600 g tiefgekühlter)
1 große Zwiebel
2 Knoblauchzehen
3 Eßlöffel Olivenöl
Salz · Pfeffer, frisch gemahlen
1 Prise Muskatnuß
500 g Fleischtomaten
2 Dosen Thunfisch naturell (je 150 g Abtropfgewicht)
250 g Mozzarella
1 Eßlöffel getrockneter Oregano
Für das Backblech: Fett

Pro Portion: 1900 kJ/ 445 kcal
24 g E · 23 g F · 33 g Kh
Zubereitungszeit: 1 Stunde
Ruhezeit: 1 1/2 Stunden

Für den Teig die Hefe mit 2 Eßlöffeln lauwarmem Wasser und Zucker verrühren. 2 Eßlöffel Mehl untermischen. Restliches Mehl in eine Schüssel geben, eine Mulde hineindrücken, die Hefemischung hineingeben, leicht mit Mehl bestäuben und zugedeckt 30 Minuten gehen lassen.

1 Teelöffel Salz und 2 Eßlöffel Olivenöl zum Mehl geben, nach und nach mit etwa 1/8 l lauwarmem Wasser zu einem glatten Teig kneten. Auf einem Backbrett oder auf der Arbeitsfläche kräftig durchwalken, dann den Teig wieder in die Schüssel geben. Mit einem Tuch bedeckt an einem warmen Ort 1 Stunde gehen lassen, bis das Teigvolumen sich verdoppelt hat.

Inzwischen für den Belag vom Spinat die Stengel abknipsen, die Blätter waschen und in einem Sieb abtropfen lassen. Tiefkühl-Spinat auftauen lassen.

Die Zwiebel schälen und fein hacken. Den Knoblauch schälen. In einem großen Topf 2 Eßlöffel Olivenöl erhitzen und die Zwiebel darin bei schwacher Hitze weich dünsten, den Knoblauch dazupressen. Den Spinat dazugeben und in etwa 3 Minuten zusammenfallen lassen. (Bei Tiefkühlspinat vorher den entstandenen Saft abgießen.) Mit Salz, Pfeffer und Muskat würzen. Vom Herd nehmen und beiseite stellen.

Die Tomaten kreuzweise einschneiden, überbrühen* und häuten. Grob hacken, unter den Spinat mischen und abschmecken. Den Thunfisch abgießen und mit zwei Gabeln grob zerpflücken.

Den Backofen auf 200° vorheizen. Das Blech fetten. Den Teig auf leicht bemehlter Arbeitsfläche noch einmal kräftig durchkneten, auf Blechgröße ausrollen und auf das Blech geben. Die Spinat-Tomatenmischung gleichmäßig darauf streichen und den Thunfisch darauf verteilen. Den Mozzarella in dünne Scheiben schneiden und obenauf legen. Mit Oregano bestreuen und dem restlichen Olivenöl beträufeln. Die Pizza im Backofen (Mitte) etwa 25 Minuten backen.

Schwäbischer Zwiebelkuchen

Preiswert

Zutaten für 1 Backblech (ergibt 6 Portionen)
Für den Teig:
400 g Mehl
1/2 Würfel frische Hefe (20 g)
1 Prise Zucker
125 ml warme Milch
1 Prise Salz · 1 Ei
2 Eßlöffel Butter
Für den Belag:
250 g Räucherspeck in dickeren Scheiben
1 Eßlöffel Butter
2 kg Zwiebeln
Salz · Pfeffer
2 Teelöffel Kümmelsamen
500 g saure Sahne · 5 Eier
Für das Backblech: Fett

Pro Portion: 3600 kJ/ 860 kcal
32 g E · 50 g F · 71 g Kh
Zubereitungszeit: 45 Minuten
Backzeit: 45 Minuten

Das Mehl in eine Schüssel geben und in die Mitte eine Mulde drücken. Die Hefe hineinbröckeln und mit Zucker bestreuen. Die Hälfte der Milch dazugießen und alles verrühren. Zugedeckt an einem warmen Ort 15 Minuten gehen lassen.

Das Salz, das Ei und die Butter in kleinen Stücken mit der restlichen Milch dazugeben und mit den Knethaken des Handrührers oder mit den Händen zu einem elastischen Teig verkneten. Den Teig zur Kugel formen und zugedeckt weitere 45 Minuten gehen lassen.

Den Räucherspeck ohne Schwarte klein würfeln. Die Butter in einer Pfanne schmelzen und die Speckwürfel auslassen*. Die Zwiebeln schälen, in kleine Würfel schneiden, unter die Speckwürfel mischen. Mit Salz, Pfeffer und Kümmel würzen und bei milder Hitze in 15 Minuten weich dünsten*. Die Pfanne vom Herd nehmen und die Zwiebeln abkühlen lassen.

Den Backofen auf 200° vorheizen. Das Blech einfetten und den Hefeteig darauf ausrollen und einen Rand formen. Die Sahne mit den Eiern verrühren, die Zwiebeln untermischen und gleichmäßig auf dem Teig verteilen. Den Zwiebelkuchen im Backofen (Mitte) 45 Minuten backen.

Diese Spezialität schmeckt besonders gut zu neuem Wein.

Griechische Paprika

Gelingt leicht

Zutaten für 2 Personen
2 grüne Paprikaschoten (je etwa 200 g)
Salz · 50 g Langkornreis
50 g Schafkäse
1 kleine weiße Zwiebel
1 kleine Knoblauchzehe
1/2 Bund glatte Petersilie
175 g gemischtes Hackfleisch
1 kleines Ei
1 Teelöffel rosenscharfes Paprikapulver
schwarzer Pfeffer, frisch gemahlen
2 Fleischtomaten (etwa 400 g)
6–8 schwarze Oliven
60 ml Gemüsebrühe
Für die Form: Olivenöl

Pro Portion: 2400 kJ/ 570 kcal
30 g E · 34 g F · 34 g Kh
Zubereitungszeit: 45 Minuten
Backzeit: 55 Minuten

Die Paprikaschoten waschen, längs halbieren und putzen. In kochendem Salzwasser 1 Minute blanchieren, abtropfen lassen.

Den Reis im kochenden Paprikawasser etwa 5 Minuten vorgaren, abtropfen lassen. Den Schafkäse würfeln. Die Zwiebel und den Knoblauch schälen und fein hacken. Die Petersilie abbrausen, etwas davon beiseite legen, den Rest fein hacken. Das Hackfleisch mit dem Reis, der Petersilie, den Käsewürfeln, den Zwiebeln, dem Knoblauch und dem Ei verkneten. Mit Salz, dem Paprikapulver und Pfeffer herzhaft würzen, in die Paprikaschoten füllen.

Den Backofen auf 200° vorheizen. Eine Auflaufform fetten. Die Tomaten häuten, vierteln, entkernen, würfeln und mit den Oliven in der Form verteilen. Salzen und pfeffern, die Brühe angießen. Die Schoten in die Form setzen und zugedeckt im Ofen (Mitte) in etwa 40 Minuten schmoren*, dann offen noch etwa 15 Minuten garen. Die übrige Petersilie aufstreuen.

Sauerkraut-Paprika

Gut vorzubereiten

Zutaten für 2 Personen
3 rote Paprikaschoten · Salz
375 g festkochende Kartoffeln
1/2 Zwiebel · 75 g Cabanossi
1/2 Eßlöffel Butterschmalz
150 g Sauerkraut
schwarzer Pfeffer, frisch gemahlen
1/2 Teelöffel getrockneter Majoran
1/4 Teelöffel Zucker
1/2 Bund Schnittlauch
125 ml Fleischbrühe
100 g Sahne
2 Eßlöffel saure Sahne
Für die Form: Fett

Pro Portion: 2500 kJ/ 600 kcal
17 g E · 39 g F · 43 g Kh
Zubereitungszeit: 40 Minuten
Garzeit: 50 Minuten

Von den Paprikaschoten jeweils einen Deckel abschneiden. Die Schoten putzen, waschen und innen salzen.

Die Kartoffeln waschen, schälen und in dünne Scheiben schneiden. Mit Salzwasser bedeckt etwa 5 Minuten vorkochen, abgießen.

Die Zwiebel schälen, fein würfeln. Die Cabanossi in dünne Scheiben schneiden. Das Schmalz in einer Pfanne erhitzen und die Wurst darin anbraten*. Zwiebelwürfel und Sauerkraut dazugeben, wenden. Mit Salz, Pfeffer, Majoran und Zucker würzen.

Den Backofen auf 200° vorheizen. Den Schnittlauch abspülen und in Röllchen schneiden. Die Hälfte unter das Sauerkraut mischen. Diese Mischung in die Paprikaschoten füllen.

Eine ofenfeste Form einfetten, die Kartoffeln hineingeben und die heiße Brühe angießen. Die Paprika darauf setzen, die Deckel auflegen. Im heißen Ofen (Mitte) etwa 40 Minuten garen.

Die Sahne und die saure Sahne verrühren, über die Kartoffeln gießen und offen noch etwa 10 Minuten schmoren lassen. Mit dem übrigen Schnittlauch bestreuen.

Im Bild oben: Griechische Paprika
Im Bild unten: Sauerkraut-Paprika

Gefüllte Zucchini

Gelingt leicht

Zutaten für 2 Personen
2 Stück Zucchini (etwa 400 g)
Salz
schwarzer Pfeffer, frisch gemahlen
125 g Mozzarella (1 Kugel)
100 g Cocktailtomaten
1/2 Teelöffel getrockneter Oregano
3 Teelöffel Olivenöl
1/2 Bund Basilikum oder Petersilie

Pro Portion: 910 kJ/ 220 kcal
14 g E · 15 g F · 6 g Kh
Zubereitungszeit: 35 Minuten
Garzeit: 15 Minuten

Die Zucchini waschen und längs halbieren. Das Zucchinifleisch bis auf einen etwa 1 cm breiten Rand herauskratzen, anderweitig verwenden. Die Zucchini salzen und pfeffern.

Den Backofen auf 225° vorheizen. Den Mozzarella vierteln, dann in dünne Scheiben schneiden. Die Tomaten waschen und quer zum Blütenansatz in Scheiben teilen, den Blütenansatz entfernen.

Abwechselnd je 1 Scheibe Tomate und Mozzarella fächerartig überlappend in die ausgehöhlten Zucchini legen. Mit Salz, Pfeffer und dem Oregano bestreuen.

Eine ofenfeste Form mit 2 Teelöffeln Olivenöl einstreichen und die Zucchini hineinsetzen. Mit dem übrigen Olivenöl beträufeln. Im Backofen (Mitte) 10–15 Minuten gratinieren.

Das Basilikum oder die Petersilie waschen, trockenschütteln, der Blätter abzupfen und auf die fertig gegarten Zucchini streuen.

Gefüllte Auberginen

Aus der Türkei

Zutaten für 2 Personen
2 mittelgroße Auberginen
3 Eßlöffel Olivenöl, kaltgepreßt
1 Zwiebel
2 Tomaten
125 g Hackfleisch vom Rind
1/2 Eßlöffel Tomatenmark
1/2 Bund glatte Petersilie
Salz
Pfeffer, frisch gemahlen
1 Prise Zucker
1 frische milde oder scharfe Peperoni

Pro Portion: 1400 kJ/ 330 kcal
19 g E · 22 g F · 17 g Kh
Zubereitungszeit: 1 Stunde
Backzeit: 30 Minuten

Die Auberginen waschen, am Stielansatz rundum abschälen, den Stiel nicht entfernen. Von den Auberginen im Abstand von 1 cm längs je 1 cm breite Streifen abschälen.

2 Eßlöffel Öl in einer Pfanne erhitzen und Auberginen darin rundherum anbraten. In eine Auflaufform legen. In jede Aubergine oben einen tiefen Schlitz schneiden.

Die Zwiebel schälen und würfeln. 1 Tomate kochendheiß überbrühen, häuten, den Stielansatz entfernen und das Fruchtfleisch in Würfel schneiden.

Das restliche Öl in einer Pfanne erhitzen, das Hackfleisch darin anbraten. Die Zwiebeln, die Tomaten und das Tomatenmark hinzufügen und anschmoren. Die Pfanne von der Kochstelle nehmen.

Den Backofen auf 180° vorheizen. Die Petersilie waschen, trockenschütteln und fein hacken. Zum Hackfleisch geben. Alles mit Salz, Pfeffer und dem Zucker abschmecken. Die Masse in die Auberginentaschen füllen.

Die Peperoni waschen, den Stiel entfernen und die Schote längs halbieren. Die restliche Tomate waschen, den Stielansatz entfernen und in Scheiben schneiden.

Auf jede Aubergine eine Peperonihälfte und 1–2 Tomatenscheiben legen. 1/4 l warmes Wasser angießen. Die Auberginen offen im Backofen (Mitte) etwa 30 Minuten backen. Heiß servieren.

Crespelle mit Gemüse

Für Gäste

Zutaten für 2 Personen
40 g Mehl
100 ml Milch
1 Ei
Salz
2 Teelöffel Sonnenblumenöl
1/2 Zwiebel
1 Möhre (etwa 100 g)
1 große Fenchelknolle
50 g Crème fraîche
75 g Quark (20 % Fett i. Tr.)
1 kleine Handvoll Sauerampfer
3–4 Eßlöffel frisch geriebener Parmesan
Pfeffer, frisch gemahlen
1/2 Dose Pizza-Tomaten (200 g)
1/2 Bund Basilikum
1/2 Bund Thymian
Für die Pfanne: etwas Öl
Für die Form: Fett

Pro Portion: 2100 kJ/ 500 kcal
24 g E · 32 g F · 27 g Kh
Zubereitungszeit: 45 Minuten
Backzeit: 15 Minuten

Das Mehl mit der Milch verquirlen, dann das Ei, eine Prise Salz und 1/2 Teelöffel vom Öl unterrühren, etwa 15 Minuten quellen lassen.

Inzwischen die halbe Zwiebel, die Möhre und die halbe Fenchelknolle sehr fein würfeln. In einem mittelgroßen Topf in 1/2 Teelöffel vom Öl andünsten*.

Die Crème fraîche einrühren und fast einkochen lassen. Den Topf vom Herd nehmen, den Quark einrühren.

Den Sauerampfer entstielen, die Blätter hacken und mit der Hälfte des geriebenen Parmesans unter das Gemüse mischen. Mit Salz und Pfeffer abschmecken.

Den Backofen auf 220° vorheizen. Eine beschichtete Pfanne mit Öl ausstreichen, aus dem Teig nacheinander 2 dünne Pfannkuchen (Crespelle) backen, sie sollen nur wenig bräunen. Fertige Pfannkuchen auf Küchenpapier legen und abkühlen lassen.

Auf jeden Pfannkuchen ein Viertel der Gemüsemischung geben und locker aufrollen. Eine flache Auflaufform mit Fett ausstreichen und die Crespelle nebeneinander hineinlegen.

Die Pizza-Tomaten erhitzen. Die Blättchen von Basilikum und Thymian einrühren, mit wenig Salz und Pfeffer abschmecken. Die Mischung über die Crespelle streichen und mit dem restlichen Parmesan bestreuen.

Die Crespelle im Backofen (Mitte) etwa 15 Minuten überbacken*, bis der Käse leicht gebräunt ist. Mit einem grünen Salat servieren.

Tips!

Zur Füllung der Crespelle gibt es in Italien eine Vielzahl von Rezepten. Beliebt ist eine Kombination aus in Butter gedünsteten Champignons und kurz gedünstetem Spinat (verwenden Sie je etwa 100 g, geputzt gewogen). Darunter werden 125 g Ricotta (italienischer Frischkäse), ein kleines Ei und 2 Eßlöffel angeröstete Pinienkerne gemischt. Ehe die Crespelle mit Käse bestreut werden, können Sie auf die Tomatensauce ganze Salbeiblättchen legen. Zum Überbacken eignen sich auch trockene, geriebene Käsereste, dann aber noch einige Butterflöckchen obenauf setzen.

Mehlspeisen

Kaiserschmarrn und Pfannkuchen, Strudel und Arme Ritter – wer wollte schon auf diese leckeren Mehlspeisen verzichten, zumal sie so preiswert sind.

Wenn schnell eine leichte, sättigende Mahlzeit ohne großen Arbeitsaufwand, ohne viele Zutaten auf den Tisch soll, sind Mehlspeisen eine gute und alle zufriedenstellende Lösung.

Gerne serviert man sie als Duo – eine Mehlspeise und etwas Fruchtiges dazu, etwa ein Kompott aus Pflaumen, aus Äpfeln oder köstlichen Beeren.

Österreich, Böhmen und der Balkan

Diese Länder und Regionen sind die »Keimzellen« vieler klassischer Mehlspeisen, von Topfentascheln und Kaiserschmarrn, von Palatschinken und Apfelstrudel. Frankreich steuert die hauchdünnen Crêpes bei und Bayern den Milchrahmstrudel. Der Arme Ritter geistert als Spargericht durch viele Länderküchen. Scheinbar hatten alle sparsamen Hausfrauen zur gleichen Zeit an verschiedenen Punkten Europas die selbe Idee, aus altbackenem Brot noch etwas Raffiniertes zu zaubern. Heute genießt der Arme Ritter in veredelter Form sogar in Spitzenrestaurants als Dessert hohes Ansehen. Viele dieser köstlichen Mehlspeisen finden Sie im folgenden Rezeptteil.

Perfekte Pfannkuchen & Co.

Mehl, Zucker, Eier und Milch hat man fast immer im Haus. Sie bilden die Basis für feine Pfannkuchen, die oft zusammen mit Früchten oder mit herzhaften Zutaten wie Speck gebacken werden. Pfannkuchen eignen sich auch gut zum Füllen.

Wichtig: Den Teig glatt, das heißt ohne die kleinsten Mehlklümpchen rühren. Dazu zuerst in einer Schüssel Eier mit Salz, Zucker und der Milch mit dem Schneebesen verquirlen. Das Mehl eßlöffelweise übersieben und unterrühren. Bleiben dennoch Klümpchen zurück, sollte man den Teig besser durch ein feines Sieb passieren. Wer besonders luftige Pfannkuchen haben möchte, verrührt nur das Eigelb mit den Teigzutaten und zieht das steif geschlagene Eiweiß unter den Teig. Zum Braten etwas Butter oder Öl in der Pfanne nicht zu stark erhitzen, damit die Butter nicht braun wird. Etwas Teig in die Pfanne geben und sanft hin und her schwenken, damit er sich gleichmäßig auf dem Pfannenboden verteilt. Den Pfannkuchen bei Mittelhitze backen, bis die untere Seite gebräunt ist, dann mit Hilfe eines Tellers oder Deckels wenden und die zweite Seite ebenso backen.

Leichter als das Schwenken ist es, den Teig auszustreichen.

Für Crêpes, die dünnen Pfannkuchen aus Frankreich, sollte der Teig flüssiger sein. Statt Milch kann man den Teig auch mit Sahne zubereiten.

Wichtig: Pfannkuchen- oder Crêpe-Teig sollte vor dem Backen 30 Minuten ruhen, damit das Mehl quellen kann. Den Teig dann nochmals gründlich durchrühren. Ohne Zucker hergestellt, können Pfannkuchen, in dünne Streifen geschnitten, auch als Einlage von klaren Suppen dienen. Teig aus Vollkornmehl braucht etwas mehr Flüssigkeit als solcher aus weißem Mehl.

Hauchdünner Strudelteig

Strudelteig herzustellen, ist nicht so schwierig, wie viele glauben. Fügen Sie den Zutaten ein paar Tropfen Essig bei, dann läßt sich der Teig leichter ausziehen. Gründliches Kneten und langes Ruhenlassen sind wichtig, damit sich beim Ausrollen und anschließendem Ausziehen der Teig nicht zusammenzieht. Die ausgerollte Teigplatte wird auf ein leicht bemehltes Küchentuch gelegt und über die Handrücken – vorher Ringe ablegen – hauchdünn ausgezogen. Entsteht ein Loch, wird ein Teigstückchen vom Rand aufgelegt und festgedrückt. Dann kann der Teig – wie im Rezept angegeben – belegt, zusammengerollt und gebacken werden.

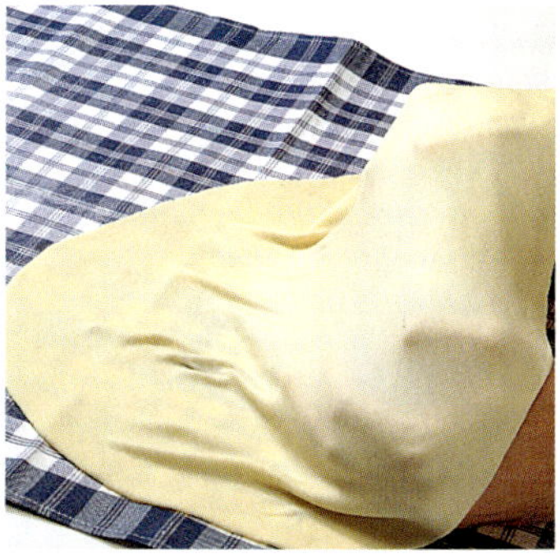

Unter dem ausgezogenen Teig muß das Küchentuch durchscheinen.

Als Füllung für Strudel eignen sich nicht nur Äpfel und in Rum getränkte Rosinen und Nüsse, sondern auch Quark und Beeren oder herzhafte Füllungen wie gedünstetes, nicht zu feuchtes Gemüse, zum Beispiel Weiß- oder Sauerkraut mit Speckwürfeln oder auch Paprikastreifen.

Leichte Cremes mit Quark

Wer zusätzlich noch sparsam Zucker verwendet, kann mit Quark eine leichte, leckere, kalorienarme Süßspeise, eine Creme rühren. Soll die Speise besonders cremig werden, vor der Zubereitung den Quark durch ein Sieb passieren. Als Beigabe sind Früchte ideal, die entweder püriert oder in Stückchen zugefügt werden. Aber auch Nüsse, geraspelte Schokolade, geröstete Getreideflocken und herzhafte Kerne zum Aufstreuen bringen Abwechslung.

Das gilt auch für die warmen Süßspeisen mit Quark, wie Quarkpfannkuchen und Quarkkeulchen.

Überbackene Portweinpflaumen, Apfel-Vanille-Auflauf oder Topfentäschchen mit Himbeeren, nicht nur diese raffinierten Mehlspeisen sondern auch Pfannkuchen, Crêpes oder Strudel lassen sich als feines Dessert vorbereiten. Dann darf das Hauptgericht ruhig etwas kleiner ausfallen.

Beliebte Sattmacher für kleine Budgets

Viele Mehlspeisen sind ehemalige bäuerliche Hauptgerichte, die auch in der Fastenzeit gerne zubereitet wurden. Sie kamen nie in kleinen Portionen, sondern in reichlicher, alle satt machender Menge auf den Tisch. Und nicht nur, weil die Zutaten, in der Hauptsache Grundnahrungsmittel wie Mehl, Kartoffeln, Eier, Quark und heimische Früchte wie Äpfel, preiswert sind, kommen sie auch in der Studentenküche immer gut an. Und daß Mehlspeisen gut schmecken, daran gibt es keinen Zweifel.

Das i-Tüpfelchen vieler Mehlspeisen, die Vanillesauce

Apfelstrudel, Hefeklöße oder Rohrnudeln – ohne eine warme Vanillesauce schmecken sie nur halb so gut. Auch geschlagene Sahne, unbestreitbar lecker, bietet da keinen vollwertigen Ersatz. Eine Alternative wäre vielleicht noch eine Schokoladen- oder eine aromatische Fruchtsauce.

Den Klassiker, die Vanillesauce, gibt es fix und fertig in Flaschen im Supermarkt oder als Saucenpulver im Tütchen, das nach Anweisung mit Milch und Zucker schnell zubereitet ist.

Am besten schmeckt jedoch noch immer eine selbstgekochte Vanillesauce. Bei der klassischen Zubereitung wird allerdings viel Eigelb zum Binden und reichlich Zucker verwendet – eine Kalorienbombe mit viel Cholesterin.

Nützliche Helfer

Eine Schüssel für Teig und Eischnee, ein Mehlsieb, ein elektrischer Handmixer mit Quirlen und Passierstab und ein Schneebesen, ein Drahtsieb zum Passieren von Teig oder Quark und eine gute beschichtete Pfanne – das sind wichtige Helfer für die Zubereitung der leckeren Mehlspeisen im folgenden Rezeptteil.

Kaiserschmarrn mit Zwetschgen

Herzhaft

Zutaten für 2 Personen
Für das Zwetschgenkompott:
250 g Zwetschgen oder Pflaumen
4 Eßlöffel trockener Weißwein
40 g Zucker
1/4 Zimtstange
1 Gewürznelke
1–2 Eßlöffel Zitronensaft, frisch gepreßt
Für den Kaiserschmarrn:
125 ml Milch
60 g Mehl
Salz
2 Eßlöffel Rosinen
3 kleine Eier
4 Teelöffel geklärte Butter oder Butterschmalz
1 gestrichener Teelöffel Puderzucker

Pro Portion: 2300 kJ/ 550 kcal
15 g E · 22 g F · 71 g Kh
Vorbereitungszeit: 20 Minuten
Garzeit: 30 Minuten

Für das Zwetschgenkompott die Zwetschgen waschen, halbieren und entsteinen.

Den Weißwein mit 2 Eßlöffeln Wasser, dem Zucker, dem Zimt und der Gewürznelke bei starker Hitze aufkochen und dann bei mittlerer Hitze etwa 10 Minuten im offenen Topf kochen lassen.

Die Zwetschgen hinzufügen und unter Rühren kochen, bis sich die Schale von der Frucht zu lösen beginnt und das Fruchtfleisch weich ist. Sie können das Kompott heiß oder kalt servieren.

Für den Kaiserschmarrn die Milch mit dem Mehl und Salz vermischen. Die Rosinen mit heißem Wasser waschen und trockentupfen. Die Eier trennen. Die geklärte Butter zerlassen und etwas abkühlen lassen.

Die Eigelbe verrühren und mit dem Handmixer unter das angerührte Mehl mischen. Die Hälfte der geklärten Butter ebenfalls unterrühren. Die Eiweiße zu Schnee schlagen und unterheben.

Den Backofen zum Warmhalten auf 80° vorheizen und eine feuerfeste Form mit Deckel hineinstellen.

In einer beschichteten oder schweren (gußeisernen) Pfanne 2 Teelöffel geklärte Butter bei starker Hitze heiß werden lassen. Den gesamten Teig in die Pfanne geben und die Rosinen darauf verteilen.

Den Schmarrn bei mittlerer Hitze auf der Unterseite goldbraun backen*. Den Schmarrn mit Hilfe eines Tellers wenden und auf der zweiten Seite backen, dabei mit zwei Gabeln in kleine Stücke auseinanderreißen.

Mit Puderzucker bestreut auftragen und das Zwetschgenkompott dazu reichen.

Vorher paßt gut eine Tomatensuppe mit Reiseinlage.

Ein wahres Leibgericht, der Kaiserschmarrn mit Zwetschgen, der in verschiedenen Abwandlungen in ganz Österreich als süßes Hauptgericht serviert wird.

Apfel-Birnen-Pfannkuchen

Gelingt leicht

Zutaten für 2 Personen
3 Eier
75 g Mehl
1 Prise Salz
3 Eßlöffel Milch
1 Teelöffel Zucker
1/2 mürber Apfel (z. B. Boskop)
1/2 reife Birne
2 Eßlöffel Butter
2 Eßlöffel Puderzucker

Pro Portion: 1600 kJ/ 390 kcal
15 g E · 16 g F · 47 g Kh
Zubereitungszeit: 1 Stunde

Für den Teig die Eier mit dem Mehl, der Prise Salz, der Milch und dem Zucker verquirlen. Den Teig glattrühren und etwa 20 Minuten quellen lassen.

Inzwischen den Apfel und die Birne schälen, entkernen und vierteln. Die Viertel quer in dünne Scheiben schneiden und unter den Teig mischen.

Den Backofen auf 50° vorheizen. Nacheinander 6–8 Pfannkuchen backen. Dafür jeweils etwas Butter in einer Pfanne zerlassen und den Teig portionsweise in die Pfanne geben. Die Pfannkuchen in 2–3 Minuten bei mittlerer Hitze goldgelb backen, wenden und nochmals 1–2 Minuten backen. Die fertigen Pfannkuchen im Backofen (Mitte) warm halten.

Die Pfannkuchen vor dem Servieren dünn mit dem Puderzucker bestäuben.

Variante:

Probieren Sie ruhig auch andere Früchte wie Himbeeren, Aprikosen oder Pfirsiche aus. Sie können die Früchte entweder kleingeschnitten unter den Teig mischen oder auf den Teig in die Pfanne streuen. Sehr saftige oder eingemachte Früchte müssen vorher gut abtropfen, sonst machen sie den Pfannkuchenteig zu flüssig.

Süße Crêpes mit Früchten

Aus Frankreich

Zutaten für 2 Personen
125 ml Milch
4 Eßlöffel Mineralwasser
1 Ei
60 g Mehl
1–2 Teelöffel Zucker
125 g gemischte Beeren
125 g Pistazien- oder Haselnußkerne
75 g Sahne
1/2 Teelöffel Vanillinzucker
2 Eßlöffel Butter

Pro Portion: 1700 kJ/ 405 kcal
11 g E · 25 g F · 35 g Kh
Zubereitungszeit: 45 Minuten

Die Milch, das Mineralwasser, das Ei, das Mehl und knapp 1 Teelöffel von dem Zucker glattrühren. Den Teig dann etwa 20 Minuten ruhen lassen.

Inzwischen die Beeren putzen, wenn nötig, waschen und eventuell in kleinere Stücke teilen. Den restlichen Zucker darüber streuen und die Beeren ziehen lassen, bis die Crêpes fertig sind.

Die Pistazien oder Haselnüsse grob hacken. Die Sahne mit dem Vanillinzucker halbfest schlagen. Für die Crêpes eine große Pfanne erhitzen, dann mit etwas Butter ausstreichen. 1 Saucenlöffel Teig in die Pfanne geben. Die Pfanne dabei schwenken, damit sich der Teig gleichmäßig verteilt. Überflüssigen Teig abgießen.

Den Backofen auf 50° vorheizen. Die Crêpes nacheinander bei mittlerer Hitze goldbraun braten. Dann mit einem Pfannenwender umdrehen und noch etwa 1 Minute braten.

Die Crêpes im Backofen (Mitte) warm halten, bis alle Crêpes gebacken sind. Die Beeren auf den fertigen Crêpes verteilen, die Pistazien oder Nüsse darüber streuen. Jeweils 1 Klecks Sahne obenauf geben, die Crêpes in der Mitte zusammenklappen und servieren.

Quark-palatschinken

Aus Österreich

Zutaten für 2 Personen
Für die Palatschinken:
125 ml Milch
65 g Mehl
Salz
1 Ei
4–5 Teelöffel geklärte Butter oder Butterschmalz
Für die Füllung:
125 g Magerquark
2 kleine Eier
2–3 Eßlöffel Rosinen
20 g weiche Butter
2 Eßlöffel Zucker
Salz
etwas abgeriebene Schale von einer unbehandelten Zitrone
3 Eßlöffel saure Sahne
Für die Fertigstellung:
60 g Sahne
1/2 Eßlöffel Zucker
1 gestrichener Teelöffel Puderzucker

Pro Portion: 3100 kJ/ 740 kcal
24 g E · 47 g F · 55 g Kh
Vorbereitungszeit: 45 Minuten
Backzeit: 50 Minuten

Die Milch mit dem Mehl und einer Prise Salz verrühren. Das Ei verquirlen und mit dem Handmixer unterschlagen. Die Hälfte der geklärten Butter zerlassen und abgekühlt unterrühren.

In einer beschichteten oder schweren (gußeisernen) Pfanne knapp 1 Teelöffel Butter bei starker Hitze heiß werden lassen. Mit einem Schöpflöffel 6 Eßlöffel Teig einfüllen und durch Rundschwenken der Pfanne gleichmäßig dünn verteilen.

Die Palatschinke bei mittlerer Hitze unter wiederholtem kräftigem Rütteln der Pfanne backen, damit sie nicht am Pfannenboden ansetzt, zusätzlich am Rand mit dem Spatel lösen. Sobald die Palatschinke unten braun ist, mit Hilfe eines Tellers wenden. Die Palatschinke auf der zweiten Seite ebenfalls goldgelb backen. Auf diese Weise ein oder zwei weitere Palatschinken (abhängig von der Portionierung) backen und mit einem Tuch bedeckt – übereinandergeschichtet – warm halten. Den Backofen auf 200° vorheizen.

Für die Füllung den Quark eventuell durch ein Sieb streichen, so bekommt er eine cremigere Konsistenz. Die Eier trennen, 1 Eigelb für den Überguß zurückbehalten. Die Rosinen mit heißem Wasser waschen und trockentupfen.
Die weiche Butter mit 1 Eßlöffel Zucker, Salz, der Zitronenschale und dem Eigelb mit dem Handmixer schaumig rühren. Die saure Sahne und den Quark untermischen und die Rosinen mit einem Löffel untermengen. Die Eiweiße mit dem restlichen Zucker steif schlagen* und unter die Quarkmasse heben. Die Füllung nochmals abschmecken.

Die Palatschinken auf einer Arbeitsfläche auslegen und die Quarkfüllung darauf verteilen und glattstreichen. Die Palatschinken locker aufrollen und mit der Nahtseite nach unten nebeneinander in eine gebutterte Form legen.
Die Sahne mit dem restlichen Eigelb und dem Zucker verquirlen und über die Palatschinken geben. Im Backofen (Mitte) etwa 30 Minuten backen.

Die fertig gebackenen Palatschinken mit Puderzucker bestreut servieren. Dazu paßt Zwetschgenkompott (Rezept s. Seite 190).

Variante:

Vollwert-Quark-Palatschinken

Für den Teig 65 g Vollkorn-Weizenmehl oder fein gemahlene Vierkornmischung (Reformhaus oder Naturkostladen) verwenden. Das Mehl mit etwas abgeriebener Zitronenschale aromatisieren und den Teig etwa 1 Stunde quellen lassen. Zum Süßen der Füllung und der Sahne Honig oder Zuckerrohrgranulat verwenden, zum Garnieren nach dem Backen nach Belieben flüssigen Honig aufträufeln.

Milchrahmstrudel

Braucht etwas Zeit

Zutaten für 5 Personen (eine kleine hohe Auflaufform)
Für den Teig:
100 g Mehl
1 kleines Ei
1 Teelöffel Öl
1 Prise Salz
Zum Bestreichen: etwas Öl
Für die Füllung:
25 g Rosinen
1 Teelöffel Rum
1 1/2 Brötchen
65 ml Milch
125 g Topfen
(Quark; 20 % Fett i. Tr.)
75 g saure Sahne
50 g Zucker
1/2 Päckchen Vanillezucker
2 kleine Eier
abgeriebene Schale von 1/2 unbehandelten Zitrone
1 Prise Salz
1 Eßlöffel Semmelbrösel
etwa 40 g Butter
Für den Guß:
1/4 l Milch
2 kleine Eigelbe
1 Eßlöffel Puderzucker
1/2 Päckchen Vanillezucker
Zum Bestreuen:
2 Eßlöffel Puderzucker
Für das Tuch und die Hände:
etwas Mehl

Pro Portion: 2200 kJ/ 530 kcal
16 g E · 22 g F · 68 g Kh
Zubereitungszeit: 45 Minuten
Ruhezeit: 30 Minuten
Backzeit: 1 Stunde

Das Mehl hügelartig auf eine Arbeitsfläche sieben. In die Mitte eine Mulde drücken, das Ei hineinschlagen, das Öl und das Salz zufügen. Diese Masse von außen nach innen zu einem glatten Teig verkneten, dabei nach und nach etwa 2 Eßlöffel Wasser zugeben, bis der Teig von mittelfester Konsistenz ist. Den Strudelteig mit dem Handballen etwa 15 Minuten durchkneten, bis er seidig glänzt. Den Teig zu einer Kugel formen, mit Öl bestreichen und unter einer umgestülpten Schüssel etwa 30 Minuten ruhen lassen.

Die Rosinen waschen, trockentupfen, mit dem Rum beträufeln und zugedeckt beiseite stellen.

Gegen Ende der Ruhezeit die Füllung vorbereiten. Die Brötchen in der Milch einweichen. Den Quark mit der sauren Sahne, dem Zucker und dem Vanillezucker in einer Schüssel verrühren. Die Eier trennen, die Eigelbe einrühren. Die ausgedrückten Brötchen, die Zitronenschale und die Rosinen zufügen. Die Eiweiße mit dem Salz zu steifem Schnee schlagen und unterziehen*.

Die Butter in einer Pfanne zerlassen. Die Form dünn mit wenig von der Butter ausstreichen.

Auf einen Tisch ein großes Tuch legen und gleichmäßig mit Mehl bestreuen. Den Teig darauf sehr dünn ausrollen und wie auf S. 188 beschrieben ausziehen.

Den Strudelteig dünn mit wenig zerlassener Butter bestreichen und mit den Semmelbröseln bestreuen. Die Füllung auf den Teig streichen, ringsum einen etwa 3 cm breiten Rand freilassen. Das Tuch anheben und den Strudel einrollen, die seitlichen Ränder einschlagen. Den Strudel mit der Nahtstelle nach unten in die Form gleiten lassen.

Den Strudel mit der restlichen zerlassenen Butter bestreichen. Die Form auf den Rost in den Backofen (Mitte) stellen und den Milchrahmstrudel in etwa 1 Stunde (bei 180°) goldgelb backen.

Für den Guß die Milch bis knapp unter den Siedepunkt erhitzen, die Eigelbe, den Zucker und den Vanillezucker einrühren. Nach etwa 15 Minuten Backzeit den Strudel mit der Eiermilch übergießen.

Den fertigen Milchrahmstrudel in Portionen teilen, mit dem Puderzucker bestreuen und servieren.

Ersetzt man die Füllung durch 1,5 kg säuerliche, klein gewürfelte Äpfel, 60 g Rosinen und 2 Eßlöffel Semmelbrösel wird es ein Apfelstrudel.
Besonders aromatisch wird die Füllung mit Rumrosinen, in Butter gedünsteten Äpfeln und vermischt mit 1 Teelöffel Zimt.

Scheiterhaufen

Preiswert

Zutaten für 2 Personen
2 Brötchen vom Vortag
1/8 l Milch
1 Ei
4 gehäufte Eßlöffel Zucker
1/2 Päckchen Vanillezucker
1 Prise Salz
abgeriebene Schale von 1/4 unbehandelten Zitrone
etwas Butter für die Form
25 g Rosinen
250 g säuerliche Äpfel
25 g geriebene Mandeln
1/4 Teelöffel Zimtpulver
25 g Butter
1 Eßlöffel Puderzucker

Pro Portion: 3400 kJ/ 810 kcal
19 g E · 25 g F · 130 g Kh
Zubereitungszeit: 30 Minuten
Backzeit: 45 Minuten

Die Brötchen in dünne Scheiben schneiden. Die Milch mit dem Ei, dem Zucker, dem Vanillezucker, dem Salz und der Zitronenschale gut verquirlen.

Eine kleine Auflaufform fetten. Die Rosinen waschen und auf Küchenpapier trocknen lassen. Die Äpfel vierteln, schälen, von den Kerngehäusen befreien, in Scheiben schneiden.

Die Hälfte der geschnittenen Brötchen gleichmäßig in die gebutterte Auflaufform einschichten. Die Hälfte der Eiermilch darübergießen. Die Apfelscheiben darüber verteilen. Die Rosinen, die Mandeln und das Zimtpulver darüber streuen. Mit den restlichen Brötchenscheiben bedecken. Die verbliebene Eiermilch darüber gießen. Die ganze Oberfläche mit der Butter in Flöckchen belegen.

Den Auflauf im Backofen (Mitte) bei 200° in etwa 45 Minuten hellgelb backen. Mit dem Puderzucker bestreut servieren.

Quarkpfannkuchen

Gelingt leicht

Zutaten für 3 Personen
200 g Mehl
1 Messerspitze Backpulver
250 ml Milch
250 g Magerquark
3 Eier
Salz
1 Teelöffel Zimtpulver
2 Eßlöffel Zucker
100 g Butterschmalz oder 150 ml neutrales Pflanzenöl

Pro Portion: 2500 kJ/ 600 kcal
26 g E · 26 g F · 67 g Kh
Zubereitungszeit: 15 Minuten

Mehl und Backpulver mit Milch und Quark in einer Rührschüssel mit den Quirlen des Handrührgerätes zu einem glatten Teig verrühren. Eier nach und nach darunterschlagen. Den Teig salzen und etwa 10 Minuten stehenlassen. Zimt und Zucker miteinander vermischen.

Eine trockene Pfanne heiß werden lassen. Dann 1 Teelöffel Butterschmalz in der Pfanne bei mittlerer Hitze schmelzen oder 1 Eßlöffel Öl darin erhitzen. Für vier kleine Pfannkuchen jeweils 1–2 Eßlöffel Teig hineingeben, glattstreichen und die vier Pfannkuchen von beiden Seiten in insgesamt etwa 4 Minuten hellbraun braten. Aus dem restlichen Teig auf dieselbe Art kleine Pfannkuchen zubereiten.

Die Quarkpfannkuchen mit Zimtzucker bestreuen und sofort zu Apfelmus oder Blaubeerkompott servieren.

Variante:

Eierpfannkuchen

Für 4–5 Eierpfannkuchen 150 g Mehl, 1 Prise Salz, 3–4 Eier und etwa 1/4 l Milch zu einem glatten Teig verrühren, etwa 10 Minuten ruhen lassen. 1 Teelöffel Butterschmalz in einer heißen Pfanne erhitzen, 1–2 Eßlöffel Pfannkuchenteig hineingeben, dünn verteilen und in insgesamt etwa 4 Minuten bei schwacher bis mittlerer Hitze auf beiden Seiten goldgelb braten. Mit Hilfe eines Topfdeckels oder Spatels wenden. Die restlichen Pfannkuchen ebenso zubereiten.

Blaubeer-Pfannkuchen

Aus Amerika

Zutaten für 2 Personen
75 g Mehl
1 Teelöffel Zucker
1 gestrichener Teelöffel Backpulver
1/4 Teelöffel Natron
1 Prise Salz
1 Prise Muskatnuß
1 Eßlöffel Butter
1 kleines Ei
50 ml Milch
60 ml Buttermilch
75 g Blaubeeren (frisch oder tiefgekühlt)
Zum Backen und zum Servieren: Butter
60 ml Ahornsirup

Pro Portion: 1400 kJ/ 340 kcal
9 g E · 7 g F · 62 g Kh
Zubereitungszeit: 35 Minuten

Das Mehl mit dem Zucker, dem Backpulver, Natron, Salz und Muskatnuß vermischen.

Die Butter zerlassen. In einer großen Schüssel Ei, Milch und Buttermilch mit dem Handrührgerät gut verquirlen. Zuerst die Butter und dann das Mehlgemisch unterrühren, bis der Teig glatt ist.

Frische Blaubeeren waschen und sehr gut abtropfen lassen. Tiefgekühlte Beeren am besten gefroren verarbeiten.

In einer großen beschichteten Pfanne etwa 1 Eßlöffel Butter zerlassen. Kleine Pancakes (kleine Pfannkuchen) in die Pfanne setzen. Auf jedem Pancake 1 Eßlöffel Blaubeeren verteilen.

Wenn der Teig gestockt und die Unterseite goldbraun ist, die Pancakes wenden und backen, bis die andere Seite ebenfalls goldbraun ist. Fertige Pancakes im Backofen warmhalten. Mit dem restlichen Teig genauso verfahren, bis er aufgebraucht ist, dabei immer wieder etwas frische Butter in die Pfanne geben. Die Teigmenge ergibt ca. 6 Pancakes.

Die Pancakes warm servieren. Mit Butter und Ahornsirup anrichten oder beides dazureichen.

Quarkkeulchen

Preiswert

Zutaten für 2 Personen
400 g festkochende Kartoffeln
75 g Mehl
1/2 Teelöffel Backpulver
250 g Magerquark
1 Ei · 1/4 Teelöffel Salz
Muskatnuß, frisch gerieben
1/4 Teelöffel abgriebene Schale einer unbehandelten Zitrone
1/2 Päckchen Bourbon-Vanillezucker
50 g Rosinen oder Korinthen
Für die Arbeitsfläche: Mehl
Zum Braten: Butterschmalz
Zum Bestreuen: Zucker und Zimt

Pro Portion: 2300 kJ/ 550 kcal
27 g E · 9 g F · 91 g Kh
Vorbereitungszeit: 12 Stunden
Zubereitungszeit: 1 Stunde

Die Kartoffeln am Vortag waschen und knapp mit Wasser bedeckt 20–25 Minuten garen. Abgießen und noch heiß pellen.

Am nächsten Tag die Kartoffeln in eine Schüssel reiben. Mehl und Backpulver darüber sieben. Den Quark etwas abtropfen lassen und durch ein Sieb dazustreichen.

Das Ei verquirlen. Mit Salz, Muskat, Zitronenschale, Vanillezucker und Rosinen zum Kartoffelteig geben. Alles rasch zu einem formbaren Teig verkneten. Die Hände leicht mit Mehl bestäuben, damit der Teig nicht daran kleben bleibt.

Den Teig auf leicht bemehlter Arbeitsfläche zu einer Rolle (Durchmesser etwa 6 cm) formen. Davon etwa 1 1/2 cm dicke Scheiben abschneiden und etwas flachdrücken.

1–2 Eßlöffel Butterschmalz erhitzen. Die Keulchen darin von jeder Seite in etwa 4 Minuten goldbraun braten.

Die Quarkkeulchen heiß servieren und mit Zucker oder einem Gemisch aus Zucker und Zimt bestreuen. Dazu schmeckt Kompott.

Arme Ritter mit Kompott

Braucht etwas Zeit

Zutaten für 2 Personen
abgeriebene Schale von 1/4 unbehandelten Zitrone
1/2 Stange Zimt
1 Gewürznelke
2–3 Eßlöffel Zucker
1 Apfel (z. B.Gloster, Berlepsch)
1 Birne
1 Ei
1/4 l Milch
Salz
1 Päckchen Vanillezucker
6 Scheiben Weiß- oder Toastbrot
100 g Semmelbrösel
Zum Braten: Butterschmalz

Pro Portion: 2700 kJ/ 650 kcal
19 g E · 11 g F · 110 g Kh
Zubereitungszeit: 1 Stunde

Knapp 100 ml Wasser mit der Zitronenschale, der Zimtstange, den Nelken und dem Zucker aufkochen.

Den Apfel und die Birne vierteln, schälen und die Kerngehäuse entfernen. Das Obst in Spalten schneiden und in dem Gewürzsud bei schwacher Hitze etwa 5 Minuten garen. Es sollte nach Möglichkeit nicht zerfallen.

Das Obst mit einer Schaumkelle herausnehmen und in eine Schüssel füllen. Den Sud noch etwa 5 Minuten weiterkochen lassen, dann über das Obst gießen. Das Kompott kalt stellen.

Das Ei in der Milch mit 1 Prise Salz und dem Vanillezucker verquirlen. Das Weißbrot auf eine Platte legen und mit der Eiermilch begießen. Wenn es sich vollgesogen hat, das Brot in den Semmelbröseln wenden, die Brösel gut festdrücken.

Butterschmalz in einer Pfanne erhitzen. Darin nach und nach die Weißbrotscheiben bei mittlerer Hitze von beiden Seiten goldbraun braten. Die Scheiben diagonal durchschneiden und heiß mit dem abgekühlten Kompott servieren.

Omelette Stephanie

Schnell

Zutaten für 2 Personen
3 Eier
60 g Zucker
60 g Mehl
abgeriebene Schale von 1/2 unbehandelten Zitrone
150 g Kompott mit 2–3 Eßlöffeln Saft (z. B. Pfirsichkompott)
1 Eßlöffel Butter
2 Eßlöffel Aprikosenmarmelade
1 Eßlöffel Puderzucker

Pro Portion: 2400 kJ/ 570 kcal
16 g E · 19 g F · 83 g Kh
Zubereitungszeit: 20 Minuten

Den Backofen auf 200° vorheizen. Die Eier trennen, die Eiweiße mit dem Zucker steif schlagen*. Die Eigelbe verquirlen und mit dem Schneebesen unter den Eischnee ziehen. Das Mehl und die Zitronenschale darunterrühren.

Das Kompott abtropfen lassen, dabei den Saft auffangen. Die Früchte in kleine Würfel schneiden, mit dem Saft erhitzen und warm stellen.

Die Butter in einer schweren Pfanne mit feuerfestem Griff erhitzen. Bevor sie zu bräunen beginnt, die Omelettemasse hineingeben und bei schwacher Hitze etwa 1 Minute anbacken lassen. Die Pfanne in den Backofen (Mitte) schieben und die Omelette etwa 3 Minuten backen, bis die Oberseite fest zu werden beginnt.

Die Omelette aus dem Backofen nehmen, mit der Marmelade bestreichen und mit dem Kompott belegen. Zusammenklappen, mit dem Puderzucker bestäuben und sofort servieren.

Die meisten Zutaten für Arme Ritter mit Kompott haben Sie bestimmt im Vorratsschrank.

Desserts

Für viele ist das Dessert ein sehr wichtiger Teil des Menüs, der einfach dazugehört. Klangvolle Namen wie Tiramisu, Mousse au chocolat, Panna cotta mit Karamel oder Bayerische Creme - wer mag da schon widerstehen.

Nicht zu vergessen die feinen Fruchtspeisen und Eisköstlichkeiten als erfrischender, leichter Abschluß. Zum süßen Schwelgen gibt es viele tolle Rezepte in diesem Kapitel. Probieren Sie doch eins nach dem anderen einfach aus.

Eine reich gefüllte Schale mit frischen Früchten – in südlichen Ländern steht sie nach jeder warmen Mahlzeit auf dem Tisch. Das ist die einfachste Form eines Desserts, das wenig Arbeit macht und doch so wunderbar erfüllt. Das ständig wechselde Angebot an Saisonfrüchten sorgt für Abwechslung, stillt den Appetit auf Süßes, hält die Kalorien in Grenzen und beschert uns eine breite Palette an Vitaminen, Mineralstoffen und Spurenelementen, die wach und fit machen.

Natürlich sind Früchte auch als attraktive und farbenfrohe Begleiter eines Dessert gefragt. Eine Creme schmücken sie verlockend, als Pfirsich Melba oder Birne Helene spielen sie sogar eine Hauptrolle. Eine heiße Beerensauce zu kaltem Eis – da entstehen köstliche Kontraste.

Früchte und ihre attraktiven Seiten

Machen Sie sich die kleine Mühe, und richten Sie Obst dekorativ an – selbst und gerade dann, wenn Sie alleine essen. Auch ein Dessert mit Früchten wirkt umso verlockender, je appetitlicher sich diese präsentieren.

Dazu einige Tips: Zum Dekorieren Erdbeeren mit ihren hübschen grünen Blütenkelchen waschen, trockentupfen und anrichten. Das gleiche gilt auch für Johannisbeeren mit ihren Rispen, die leicht in Zucker gewälzt werden.
Orangen wie Äpfel schälen, entweder in Scheiben schneiden oder mit einem scharfen Messer filetieren. Dazu die einzelnen Segmente, die Filets, links und rechts der Trennhäute einschneiden und herausnehmen.

Die Orangenscheiben oder -filets auf einem Teller anrichten und mit gehackten Walnüssen oder roten Beeren garnieren, oder mit Sahnetupfern.
Garnituren mit exotischen Früchten sind besonders beliebt und eine Augenweide: zum Beispiel Kapstachelbeeren, die mit den zurückgebogenen Blättern der Kapseln wie Blüten wirken. Grüne Kiwischeiben, gelbe Mangoschnitze und weiße Litschis bieten ein farbenfrohes Bild. Auf diese Art lassen sich alle Früchte zusammenstellen.

Wichtig ist dabei, daß die Früchte frisch sind, also nicht lange liegen. Darunter leidet nicht nur ihr Aussehen, sondern es reduziert sich auch der vitale Inhalt.
Für ein schnelles Dessert kann man sich auch der Tiefkühlfrüchte, vor allem der Beeren bedienen. Gibt man sie gefroren auf eine Platte, so tauen sie rasch auf.

Für eine Joghurtcreme zum Beispiel können Tiefkühlbeeren sogar gefroren verwendet werden. Für 2 Personen 2 Becher Joghurt, Zucker nach Geschmack, Vanillezucker, einige Tropfen Mandellikör oder Zitronensaft mit 150 g gefrorenen Himbeeren im Mixbecher rasch verarbeiten. So entsteht ein superschnelles, köstliches Sorbet.

Mit Zucker, Sahne und Eiern

Zucker und Dessert – sie gehören zusammen. Doch es gibt auch Alternativen wie Ahornsirup, der leicht nach Karamel schmeckt; außerdem Honig und Fruchtsirup zum Beispiel aus Trauben, Birnen und Äpfeln aus dem Naturkostladen, der nicht nur süßt, sondern auch Geschmack gibt. Besonders köstlich sind die exotischen Siruparten aus Maracuja, Grenadine, Banane, die auch gerne für Eis oder zum Mixen verwendet werden. Eine Auswahl davon ist im gut sortierten Supermarkt bei den Alkoholika zu finden.
Sahne, Crème fraîche, Mascarpone und Frischkäse sind ein Bestandteil vieler Süßspeisen. Schlagsahne sollte mindestens 30 % Fett enthalten, frisch und

gut gekühlt sein. Im Sommer auch die Schlagschüssel zum Abkühlen eine Stunde in den Kühlschrank stellen, damit sich die Sahne richtig steif schlagen läßt. Mit den Quirlen des elektrischen Handmixers läßt sich Sahne leicht und schnell aufschlagen. Dabei jedoch nie die höchste Stufe wählen, damit möglichst viel Luft untergearbeitet werden kann. Schlägt man zu lange, flockt die Sahne aus.

Eier für Desserts sollten besonders frisch sein, zum Beispiel auch für ein Tiramisu, bei dem sie roh verwendet werden. Bei anderen Süßspeisen dienen die Dotter dazu, eine Creme anzudicken. Steif geschlagenes Eiweiß macht das Dessert luftig locker. Beachten Sie Herkunft und Legedatum der Eier. Nach dem Kauf nicht zu lange im Kühlschrank aufheben.

Vanille, Zimt und andere feine Aromen

Nicht nur beim Backen, sondern auch bei der Zubereitung der Desserts spielt Vanille als Gewürz die wichtigste Rolle. Am feinsten und teuersten ist die Vanilleschote. Bei Verwendung wird sie der Länge nach mit einem scharfen, spitzen Messerchen aufgeschlitzt und das feinkörnige Mark ausgekratzt und verwendet. Die Schalen nicht wegwerfen. Sie erhalten noch viel Aroma. Man kann sie für eine Milchspeise mitkochen oder

Die Vanilleschote ist die Frucht einer Orchidee.

in ein gut schließendes Glas in Zucker legen, der dann das Aroma annimmt.

Preiswerter ist allerdings Zucker mit gemahlener Vanille vermischt oder Vanillinzucker mit künstlichem Vanillearoma, das ähnlich wie Vanille schmeckt.

Das zweitwichtigste Gewürz der Dessertküche ist Zimt, der unzerkleinert als Stange mitgekocht wird und Milchspeisen oder Kompott fein würzt. Gemahlen und mit Zucker vermischt wird er zum Beispiel auf Milchreis gestreut. Gemahlener oder in Sirup eingelegter Ingwer, Kardamom, Muskatblüte oder Koriander sind bei Desserts mit exotischer Note gefragt, sollten aber sparsam verwendet werden.

In zahlreichen Rezepten wird zum Aromatisieren abgeriebene Zitronen- oder Orangenschale verwendet. Verantwortlich dafür ist das duftende Öl in den Schalen. Der Gesundheit zulieben sollten Sie unbedingt unbehandelte Zitrusfrüchte verwenden und vor dem Abreiben in warmem Wasser waschen und abtrocknen. In den Backregalen der Supermärkte finden Sie aber auch schon fertigen Zitronen- oder Orangenabrieb in kleinen Tütchen, der auch für Desserts verwendet werden kann. Denken Sie daran, auch bei den Desserts dient ein Gewürz lediglich als dezenter Begleiter, der nicht dominieren und alle anderen Aromen überdecken darf.

Raffiniert mit einem Löffelchen Likör

Auch Alkohol, vor allem Likör kann einem Dessert die besondere Note verleihen. Favoriten für Süßes: Amaretto, Walnußlikör, Maraschino, Likör aus Weichselkirschen, Grand Marnier, Eierlikör, aromatischer Rum und Marsala, der berühmte Dessertwein. Damit lassen sich Obstsalate und fruchtige Saucen, Kompott, Schokoladendesserts oder Eisköstlichkeiten verfeinern. Allerdings sollte man mit Alkoholzutaten sparsam umgehen und zum Abmessen immer einen Löffel verwenden. Essen Kinder oder Menschen, die aus religiösen oder gesundheitlichen Gründen Alkohol meiden, mit, sollte auf Alkohol ganz verzichtet und statt dessen ein Fruchtsirup verwendet werden.

Mascarpone-schichtspeise

Für Gäste

Zutaten für 2 Personen
125 g Mascarpone
75 g Sahne
2 Eßlöffel Joghurt
1–2 Eßlöffel Zucker
1 Eßlöffel Kakaopulver
1 Teelöffel Orangenlikör nach Belieben
25 g Pistazien, fein gehackt
Saft und abgeriebene Schale von 1/2 unbehandelten Zitrone

Pro Portion: 2300 kJ/ 550 kcal
4 g E · 19 g F · 19 g Kh
Zubereitungszeit: 20 Minuten

Mascarpone, Sahne, Joghurt und Zucker mit den Quirlen des Handrührgeräts gründlich vermischen. Die Creme in zwei Hälften teilen. Jeweils eine Hälfte in eine Schüssel geben.

Eine Hälfte gründlich mit dem Kakao und dem Orangenlikör verrühren.

Von den Pistazien einige zum Garnieren beiseite legen. Die zweite Hälfte der Mascarponecreme mit der Zitronenschale und dem -saft sowie den übrigen Pistazien mischen.

Die beiden Cremes schichtweise in zwei Dessertgläser füllen und mit den Pistazien garnieren.

Vanillecreme mit Beeren

Gelingt leicht

Zutaten für 2 Personen
300 g gemischte Beeren, tiefgekühlt oder frisch
2 Eßlöffel Obstschnaps
1 Packung Vanillecreme (Fertigprodukt)
300 ml kalte Milch
2 Eßlöffel gemahlene Mandeln
1 Zweig frische Minze

Pro Portion: 1400 kJ/ 330 kcal
10 g E · 17 g F · 31 g Kh
Zubereitungszeit: 15 Minuten

Tiefgekühlte Beeren antauen lassen, frische verlesen, waschen und abtropfen lassen. Die Beeren mit dem Obstschnaps mischen.

Die Vanillecreme mit der kalten Milch nach Packungsanweisung zubereiten. Die gemahlenen Mandeln untermischen.

Die Beeren in zwei Dessertschalen füllen und mit der Vanillecreme bedecken. Mit der Minze garnieren.

Tip!

Sie können die Beeren auch mit 250 g Sahnequark oder 200 g steifgeschlagener Sahne mischen. Den Quark oder die Sahne nach Geschmack mit Zucker, Honig oder Fruchtsirup süßen.

Sanddornquark mit Crunchy

Gelingt leicht

Zutaten für 2 Personen
125 g Magerquark
2–3 Eßlöffel Sahne
2 Eßlöffel Sanddornsaft (Reformhaus, Naturkostladen)
1 Prise Nelkenpulver
1/2 Glas Sauerkirschen (350 g Abtropfgewicht)
1 Eßlöffel Butter
1 Eßlöffel Zucker
1–2 Eßlöffel feine Haferflocken

Pro Portion: 1300 kJ/ 310 kcal
9 g E · 18 g F · 25 g Kh
Zubereitungszeit: 20 Minuten

Quark, Sahne, Sanddornsaft und Nelkenpulver verrühren. Die Kirschen abtropfen lassen und vorsichtig unter die Quarkcreme ziehen. Die Masse in Dessertschälchen füllen.

Die Butter in einer Pfanne schmelzen lassen. Den Zucker hinzufügen und unter Rühren bei mittlerer Hitze erhitzen, bis er flüssig und leicht gebräunt ist. Die Haferflocken dazugeben und unter Rühren etwa 2 Minuten braten, bis sie schön gebräunt sind. Den Sanddornquark mit den Haferflocken bestreuen und servieren.

Im Bild oben: Mascarponeschichtspeise
Im Bild unten: Sanddornquark mit Crunchy

Tiramisu

Gut vorzubereiten

Zutaten für 4 Personen
1 sehr frisches Ei
50 g Zucker
abgeriebene Schale von 1/4 unbehandelten Zitrone
150 g Mascarpone
1 Prise Salz
100 ml starker Espresso (frisch gekocht oder Instant)
2 Eßlöffel Amaretto
1 Eßlöffel Cointreau (oder Rum oder Cognac)
75 g Löffelbiskuits
1 Eßlöffel Kakaopulver

Pro Portion: 1400 kJ/ 330 kcal
5 g E · 20 g F · 31 g Kh
Zubereitungszeit: 40 Minuten
Kühlzeit: 12 Minuten

Das Ei trennen. Eigelb und 25 g Zucker mit den Quirlen des Handrührgerätes hellschaumig rühren.

Den Mascarpone zur Eiercreme in die Schüssel geben. Die Zitronenschale unter die Mascarpone-Eiercreme rühren.

Das Eiweiß mit dem Salz schlagen, bis es schnittfest ist, 1 Teelöffel Zucker einrieseln lassen und kurz weiterschlagen. Das Eiweiß vorsichtig unter die Mascarponemasse ziehen.

Den Espresso mit 3 Teelöffeln Zukker süßen und mit dem Amaretto sowie Cointreau aromatisieren.

Etwa die Hälfte der Löffelbiskuits auf den Boden einer rechteckigen Schüssel legen. Die Hälfte der Kaffee-Flüssigkeit mit einem Eßlöffel gleichmäßig über die Biskuits träufeln und danach die Hälfte der Creme darüberstreichen.

Die restlichen Biskuits mit dem restlichen Kaffee beträufeln und auf die Creme legen.

Die Biskuits mit der restlichen Creme bedecken, die Creme glattstreichen und das Tiramisu zugedeckt mindestens 12 Stunden in den Kühlschrank stellen.

Vor dem Servieren die Oberfläche des Tiramisu dick mit Kakaopulver besieben.

Mousse au chocolat

Aus Frankreich

Zutaten für 2 Personen
50 g Zartbitter-Schokolade
1 Teelöffel Butter
1 Ei
1 Teelöffel Zucker
1 Prise Salz
60 ml Sahne
1 Teelöffel Puderzucker

Pro Portion: 1400 kJ/ 320 kcal
6 g E · 24 g F · 22 g Kh
Zubereitungszeit: 40 Minuten
Zeit zum Erstarren: 3 Stunden

Die Schokolade zerbröckeln und mit der Butter in einen kleineren Topf geben.

Für das Wasserbad so viel Wasser in einem größeren Topf zum Kochen bringen, daß man den kleineren Topf mit der Schokolade so hineinstellen kann, daß kein Wasser zur Schokolade gelangt.

Den kleinen Topf mit der Schokolade ins heiße – nicht mehr kochende – Wasserbad stellen. Eine Tasse kaltes Wasser in Reichweite halten. Sollte das Wasserbad anfangen zu kochen, kann das durch einen Schuß kaltes Wasser verhindert werden. Die Schokolade mit der Butter darin schmelzen lassen; gelegentlich umrühren.

Das Ei an einem Tassenrand aufschlagen, auseinanderbrechen und das Eigelb vom Eiweiß trennen.

Die Eigelbe mit dem Zucker gut schaumig rühren. Die Eiweiße mit dem Salz zu steifem Schnee schlagen.

Die Sahne mit dem Puderzucker ebenfalls steif schlagen.

Die geschmolzene Schokolade aus dem Wasserbad nehmen und mit den schaumig gerührten Eigelben mischen.

Die Sahne mit dem Eischnee mischen und unter die Schokoladencreme heben*.

Die Mousse au chocolat in eine kalt ausgespülte Schüssel oder in kalt ausgespülte Portionsgläser füllen und im Kühlschrank erstarren lassen.

Panna cotta mit Karamel

Preiswert

Zutaten für 2 Förmchen von 175 ml Inhalt
1/2 Vanilleschote
200 g Sahne
100 ml Milch
80 g Zucker
1 1/2 Blatt weiße Gelatine

Pro Portion: 1800 kJ/ 430 kcal
4 g E · 27 g F · 46 g Kh
Zubereitungszeit: 40 Minuten
Kühlzeit: 3 Stunden

Die Vanilleschote längs aufschneiden, das Mark herauskratzen. Die Sahne mit Milch, Vanillemark, -schote und 30 g Zucker aufkochen. Alles offen bei schwacher Hitze 15 Minuten köcheln lassen.

Inzwischen die beiden Portionsförmchen (ersatzweise feuerfeste Tassen) mit kaltem Wasser ausspülen. In einem Töpfchen 50 g Zucker bei mittlerer Hitze zu einem goldgelben Karamel schmelzen lassen. 1 Eßlöffel Wasser dazugeben und rühren, bis sich der Karamel völlig gelöst hat, ihn dann in die Förmchen verteilen.

Die Gelatine 5 Minuten in kaltem Wasser einweichen. Die Sahnemischung vom Herd nehmen, die Vanilleschote daraus entfernen. Die Gelatine ausdrücken und unter Rühren in der heißen Sahnemischung auflösen. In die vorbereiteten Förmchen gießen.

Die Panna cotta zum Festwerden zugedeckt mindestens 3 Stunden oder über Nacht in den Kühlschrank stellen.

Vor dem Servieren die Förmchen kurz in heißes Wasser tauchen, das Dessert auf Teller stürzen.

Milchreis mit Beeren

Preiswert

Zutaten für 2 Personen
125 g Rundkornreis
1/2 l Milch
dünn abgeschnittene Schale von 1/4 unbehandelten Zitrone
5 Teelöffel Honig
400 g frische gemischte Beeren

Pro Portion: 2100 kJ/ 495 kcal
14 g E · 9 g F · 89 g Kh
Zubereitungszeit: 45 Minuten
Kühlzeit: 3 Stunden

Den Reis mit der Milch in einen Topf füllen, zum Kochen bringen und die Zitronenschale dazugeben. Den Reis bei schwacher Hitze zugedeckt etwa 30 Minuten ausquellen lassen*.

Die Zitronenschale entfernen und 2 Teelöffel von dem Honig unter den Reis ziehen. Den Reis in eine Schüssel umfüllen und für etwa 3 Stunden in den Kühlschrank stellen.

Inzwischen die Beeren waschen, verlesen und putzen. Die Beeren in einer Schüssel mit dem übrigen Honig beträufeln und ebenfalls in den Kühlschrank stellen.

Den fertigen Milchreis mit den Beeren servieren. Dafür entweder die Beeren unter den Reis mischen oder getrennt dazu reichen.

Himbeeren mit Schokosahne

Gelingt leicht

Zutaten für 2 Personen
200 g Himbeeren
1 Eßlöffel Puderzucker
1 Teelöffel Himbeergeist nach Belieben
50 g Noisette- oder Mokka-Schokolade
100 g Sahne

Pro Portion: 1400 kJ/ 330 kcal
4 g E · 24 g F · 22 g Kh
Zubereitungszeit: 25 Minuten

Die Himbeeren verlesen, eventuell vorsichtig waschen und trockentupfen. Die Früchte mit dem Puderzucker und nach Belieben mit dem Himbeergeist mischen und etwas ziehen lassen.

Die Schokolade in kleine Stücke brechen und in eine Schüssel geben. Die Schokolade im Wasserbad bei schwacher Hitze unter Rühren schmelzen lassen. Die Schüssel aus dem Wasserbad nehmen und die Schokolade etwas abkühlen lassen.

Die Sahne sehr steif schlagen. Einen Teil davon unter die Schokolade rühren, den Rest vorsichtig unterheben*.

Die Himbeeren auf zwei Schälchen verteilen und mit der Schokosahne überziehen.

Weingelee mit Aprikosen

Gut vorzubereiten

Zutaten für 2 Personen
3 Blatt weiße Gelatine
3 reife, saftige Aprikosen
3 Teelöffel Zucker
1/4 l trockener Weißwein oder Roséwein

Pro Portion: 730 kJ/ 175 kcal
3 g E · 0 g F · 20 g Kh
Zubereitungszeit: 30 Minuten
Gelierzeit: 2 Stunden

Die Gelatineblätter etwa 5 Minuten in reichlich kaltem Wasser einweichen.

Die Aprikosen waschen, halbieren und entsteinen. Die Aprikosenhälften in dünne Spalten schneiden und mit dem Zucker und 1 Eßlöffel von dem Wein in einen kleinen Topf geben. Zugedeckt einmal aufkochen, dann den Topf vom Herd nehmen.

Die Aprikosenspalten mit einem Schaumlöffel herausheben und in zwei breite Glasschälchen verteilen. Die Gelatineblätter aus dem Wasser heben und im heißen Aprikosensud unter Rühren auflösen.

Den restlichen Wein unterrühren und die Flüssigkeit gleichmäßig über die Früchte in den Schälchen verteilen. Das Weingelee für mindestens 2 Stunden im Kühlschrank erstarren lassen.

Zwetschgenpüree mit Zimt

Gelingt leicht

Zutaten für 2 Personen
200 g Zwetschgen
40 g Zucker
1 Teelöffel Zimtpulver
100 g Sahne
2 Eßlöffel Raspelschokolade

Pro Portion: 1400 kJ/ 330 kcal
2 g E · 19 g F · 37 g Kh
Zubereitungszeit: 20 Minuten

Die Zwetschgen waschen und entsteinen. Mit dem Zucker in einen Topf geben, unter Rühren aufkochen und zugedeckt auf der abgeschalteten Herdplatte etwa 5 Minuten ziehen lassen.

Die Zwetschgen im Mixer oder mit dem Pürierstab fein zerkleinern. Das Püree mit dem Zimt würzen.

Die Sahne sehr steif schlagen*. Das abgekühlte Zwetschgenpüree vorsichtig unterziehen. Das Dessert in Portionsschälchen füllen und mit der Raspelschokolade bestreuen.

Im Bild oben:
Zwetschgenpüree mit Zimt
Im Bild unten:
Himbeeren mit Schokosahne

Rote Grütze mit Vanillesauce

Gut vorzubereiten

Zutaten für 3 Personen
400 g frische gemischte Beeren (Brombeeren, Himbeeren, rote und schwarze Johannisbeeren, Erdbeeren und Heidelbeeren)
125 ml Rotwein (ersatzweise ungesüßter Fruchtsaft, z. B. Schwarzer Johannisbeersaft)
25 g Zucker
1 Stück Schale von einer unbehandelten Zitrone
3 Teelöffel Speisestärke
Für die Vanillesauce:
1/2 Vanilleschote
375 ml Milch
1 1/2 Teelöffel Speisestärke
30 g Zucker
1 kleines Ei · 1 Eigelb

Pro Portion: 1200 kJ/ 290 kcal
8 g E · 8 g F · 39 Kh
Zubereitungszeit: 1 Stunde

Die Beeren in einem Sieb abspülen und von Rispen oder Stielen befreien. Von dem Rotwein 5 Teelöffel abnehmen und mit der Speisestärke verrühren.

In einem Topf den restlichen Rotwein mit dem Zucker und der Zitronenschale zum Kochen bringen. Alle Beeren und die angerührte Speisestärke hinzufügen und unter häufigem Rühren kurz aufkochen lassen. Die Grütze in Portionsschälchen füllen und 1 Stunde kalt stellen.

Für die Vanillesauce die Vanilleschote längs aufschlitzen und das Mark herauskratzen. Von der Milch 3 Teelöffel abnehmen und mit der Speisestärke verrühren. Die übrige Milch mit dem Mark und der Schote zum Kochen bringen und wieder etwas abkühlen lassen.

Zucker, Ei und Eigelb schaumig rühren. Mit der Stärkelösung unter die Milch rühren und alles einmal aufkochen lassen. Die Schote entfernen und die Sauce kalt stellen.

Tutti frutti mit Vanillecreme

Gelingt leicht

Zutaten für 2 Personen
2 große reife Aprikosen
100 g süße Kirschen
1/2 kleiner, gewaschener Apfel
1 Teelöffel Zitronensaft
1 Teelöffel Honig
1 kleines Ei
1/2 Päckchen Vanillezucker
1 Teelöffel Zucker
1/2 Vanilleschote
1 gehäufter Teelöffel Speisestärke
125 ml Milch
Zum Bestreuen:
1 Teelöffel Borkenschokolade

Pro Portion: 920 kJ/ 220 kcal
5 g E · 5 g F · 38 g Kh
Zubereitungszeit: 45 Minuten

Das Obst waschen, abtrocknen oder abtropfen lassen. Die Aprikosen halbieren, die Steine entfernen und die Fruchthälften in Würfel schneiden. Die Kirschen von den Stielen zupfen. Die Steine auslösen und die Kirschen zu den Aprikosen geben. Den halben Apfel ungeschält nochmals halbieren und vom Kerngehäuse befreien. Die Viertel würfeln und mit dem übrigen Obst in einer Schüssel mischen.

Den Zitronensaft und den Honig verrühren und über das Obst träufeln.

Das Ei an einer Tasse aufschlagen und in Eigelb und Eiweiß trennen.

Das Eigelb in einem Topf mit dem Vanillezucker und Zucker schaumig rühren.

Die Vanilleschote längs aufschneiden, das Vanillemark mit einem spitzen Messer herausschaben und gut unter die Eigelbcreme mischen.

Die Speisestärke über die Eimasse streuen und nach und nach die Milch unterrühren.

Die Milchcreme auf dem Herd bei mittlerer Hitze unter ständigem Rühren mit dem Schneebesen einmal aufkochen lassen, bis die Creme dicklich wird. Vom Herd nehmen und abkühlen lassen.

Das Eiweiß mit dem Schneebesen oder dem elektrischen Rührgerät in einer Schüssel steif schlagen*, unter die Vanillecreme heben und diese über das Obst gießen.

Die Borkenschokolade auf die Vanillecreme streuen und das Dessert servieren.

Zitronenschaumspeise

Gut vorzubereiten

Zutaten für 2 Personen
1 1/2 Blatt weiße Gelatine
2 kleine Eier
50 g Zucker
60 ml Sahne
abgeriebene Schale von 1/2 unbehandelten Zitrone
6 Eßlöffel Zitronensaft, frisch gepreßt
1 Prise Salz
25 g Zitronat

Pro Portion: 1300 kJ/ 310 kcal
7 g E · 15 g F · 37 g Kh
Zubereitungszeit: 40 Minuten
Zeit zum Erstarren: 2 Stunden

Die Gelatine in 125 ml kaltem Wasser einweichen und quellen lassen.

Die Eier in Eigelbe und Eiweiße trennen. Die Eigelbe mit dem Zucker weiß-schaumig rühren.

Die Sahne und die Zitronenschale unter die Eicreme rühren und diese im leicht siedenden Wasserbad so lange rühren, bis sie beginnt, dick zu werden.

Den Zitronensaft in einem kleinen Topf erhitzen und wieder vom Herd nehmen.

Die Gelatine gut ausdrücken und durch ein Haarsieb in den Zitronensaft streichen. Die Gelatine im heißen Saft unter Rühren völlig auflösen.

Den Zitronensaft etwas abkühlen lassen und anschließend unter die Eicreme rühren.

Die Eiweiße mit dem Salz in einem Rührgefäß mit dem Schneebesen oder dem elektrischen Rührgerät zu steifem Schnee schlagen und diesen unter die Zitronencreme heben.

Zwei Portionsschälchen kalt ausspülen, mit der Creme füllen und im Kühlschrank erstarren lassen.

Das Zitronat in der Zwischenzeit sehr fein hacken.

Die Portionsschälchen vor dem Servieren kurz in heißes Wasser tauchen (die Creme läßt sich dann leichter lösen) und die Creme auf Teller stürzen. Jede Portion mit dem Zitronat besteuen.

Amarettini-Creme mit Kirschen

Gelingt leicht

Zutaten für 2 Personen
50 g Amarettini (italienische Mandelplätzchen)
1 unbehandelte Zitrone
125 g Magerquark
50 g Crème fraîche
1 Päckchen Vanillezucker
50 g Kirschen (aus dem Glas)
1 Prise Zimtpulver
1 Teelöffel Raspelschokolade

Pro Portion: 2000 kJ/ 480 kcal
10 g E · 30 g F · 48 g Kh
Zubereitungszeit: 15 Minuten

Die Amarettini in eine Plastiktüte geben und mit dem Nudelholz darüber rollen, bis sie bröselig sind.

Die Zitrone heiß waschen, abtrocknen und die Hälfte der Schale abreiben. Etwas Zitronensaft auspressen.

Quark, Crème fraîche, Vanillezucker und 1 Teelöffel Zitronensaft gut verrühren. Zitronenschale und Amarettini untermischen. Die Creme in Schälchen verteilen.

Die Kirschen mit 25 ml Saft pürieren und mit Zimt würzen. Die Creme mit der Raspelschokolade bestreuen und zusammen mit der Sauce servieren.

Karamelshake

Gelingt leicht

Zutaten für 2 Personen
(für 2 Drinks)
4 Eßlöffel Zucker
400 ml Milch
2 Kugeln Vanilleeiscreme
(Fertigprodukt)
Zum Garnieren:
2 Erdbeeren
Was Sie sonst noch brauchen:
1 kleinen Topf
Mixer
2 Longdrinkgläser
2 Trinkhalme

Pro Portion: 1100 kJ/ 260 kcal
8 g E · 10 g F · 34 g Kh
Zubereitungszeit: 15 Minuten
Kühlzeit: 2 Stunden

Den Zucker in einem kleinen, möglichst schweren Topf bei mittlerer Hitze unter Rühren karamelisieren* lassen, bis er goldbraun ist. Vorsicht, der Karamel darf nicht zu dunkel werden, er schmeckt dann bitter.

5 Eßlöffel Wasser dazugeben und den Karamel unter Rühren bei mittlerer Hitze einkochen lassen, bis er sirupartig ist.

Die Milch angießen und aufkochen lassen. Den Topf von der Herdplatte nehmen und etwas abkühlen lassen. Zugedeckt etwa 2 Stunden in den Kühlschrank stellen.

Die Karamelmilch und das Vanilleeis in den Mixer geben. Den Mixer schließen und alles etwa 15 Sekunden kräftig durchmixen. Den Inhalt auf die Gläser verteilen. Die Erdbeeren waschen, leicht einschneiden und je eine an den Rand eines Glases stecken. Die Drinks mit den Trinkhalmen servieren.

Tip!

Für milde Drinks aus kalter Milch, Eiscreme und Gewürzen oder Früchten eignen sich besonders gut Schokolade- und Vanilleeis. Stark schmeckende Sauermilchprodukte wie Kefir, Buttermilch oder Joghurt kombinieren Sie dagegen am besten mit aromatischem Fruchteis.

Eiscappuccino

Erfrischend

Zutaten für 2 Personen
(für 2 Drinks)
6 gehäufte Eßlöffel
Espressopulver (etwa 24 g)
300 ml kalte Milch
2 Kugeln Stracciatellaeis
(Fertigprodukt)
Zum Garnieren: Kakaopulver
Was Sie sonst noch brauchen:
1 kleinen Topf
Schneebesen · Mixer
2 große Kelchgläser
2 Trinkhalme · 2 lange Löffel
4 Amarettini (Mandelmakrönchen)

Pro Portion: 770 kJ/ 180 kcal
6 g E · 8 g F · 22 g Kh
Zubereitungszeit: 10 Minuten
Kühlzeit: 1 Stunde

Aus dem Espressopulver und 160 ml heißem Wasser einen starken Espresso zubereiten. Etwas abkühlen lassen und zugedeckt etwa 1 Stunde kühl stellen.

6 Eßlöffel Milch in einen kleinen Topf geben und bei schwacher Hitze mit dem Schneebesen schaumig schlagen.

Die restliche Milch, den kalten Espresso und den Zucker in den Mixer geben. Den Mixer schließen und den Inhalt etwa 15 Sekunden kräftig durchmixen.

Den Mixerinhalt in die Gläser gießen. Die aufgeschlagene Milch daraufgeben und mit Kakaopulver bestäuben. Das Eis in die Mitte setzen. Mit den Trinkhalmen und den Löffeln servieren. Die Amarettini dazu reichen.

Tip!

Genießen Sie den kalten Cappuccino zur Abwechslung mit einem Schuß Amaretto.

Eiscappuccino – kalter Espresso mit Milch und Eis – ein Lebenselixier für heiße Sommertage.

Pfirsich Melba

Klassiker

Zutaten für 2 Personen
125 ml Wasser
1 vollreifer, gelbfleischiger Pfirsich
1 Päckchen Vanillinzucker
200 g Himbeeren (frisch oder tiefgekühlt, ungezuckert)
50 g Puderzucker
knapp 1 Teelöffel Zitronensaft
1 cl Himbeergeist (1/2 Schnapsglas)
125 g Vanilleeis

Pro Portion: 1300 kJ/ 310 kcal
4 g E · 7 g F · 57 g Kh
Zubereitungszeit: 50 Minuten
Kühlzeit: 1 Stunde

Das Wasser zum Kochen bringen. Den Pfirsich mit einer Gabel rundherum mehrmals einstechen, ins kochende Wasser legen und wenige Minuten darin ziehen lassen. Wieder herausnehmen und mit kaltem Wasser abschrecken*.

Den Pfirsich enthäuten, halbieren, den Stein herauslösen. Die Pfirsichhälften mit dem Vanillinzucker ins kochende Wasser geben und 10 Minuten bei schwacher Hitze zugedeckt dünsten.

Frische Himbeeren verlesen, in stehendem Wasser vorsichtig waschen, abtropfen lassen und mit dem Puderzucker in einen Topf geben. Tiefgefrorene Himbeeren gleich in den Topf geben. Bei schwacher Hitze zugedeckt etwa 5 Minuten dünsten*. Zuletzt mit soviel Wasser verrühren, daß sie nicht anbrennen.

Die Pfirsiche vom Herd nehmen und kalt werden lassen.

Zwei Portionsschälchen oder Gläser im Eiswürfelfach des Kühlschranks oder im Gefriergerät gut durchkühlen lassen.

Die Himbeeren vom Herd nehmen, mit einem Kochlöffel durch ein Haarsieb in eine Schüssel drücken (passieren*) und mit dem Zitronensaft und dem Himbeergeist verrühren.

Das Vanilleeis in zwei gleich große Portionen schneiden und in die gekühlten Gläser legen. Jede Portion mit einem halben Pfirsich belegen und mit der Himbeersauce begießen.

Birne Hélène

Klassiker

Zutaten für 2 Personen
2 vollreife kleine Williams-Christ-Birnen
125 ml Moselwein
1 Teelöffel Zucker
1/2 Stange Zimt
25 g Zartbitter-Schokolade
60 ml Sahne
250 g Vanilleeis

Pro Portion: 2100 kJ/ 490 kcal
6 g E · 27 g F · 46 g Kh
Zubereitungszeit: 40 Minuten
Kühlzeit: 1 Stunde

Die Birnen mit einem scharfen Küchenmesser dünn schälen. Dann halbieren und vorsichtig das Kerngehäuse herausstechen.

Den Wein mit dem Zucker in einen Topf geben, die halbe Zimtstange hinzufügen. Die Birnenhälften darin bei schwacher Hitze zugedeckt 10 Minuten dünsten*.

Die Birnen in einem Sieb über einer Schüssel abtropfen lassen.

Zwei Portionsschälchen oder -schalen im Eiswürfelfach des Kühlschranks oder im Gefriergerät durchkühlen lassen.

Die Schokolade zerbröckeln, in einem kleinen Topf bei schwacher Hitze (Automatikplatte kleinste Stufe oder Wasserbad) schmelzen lassen. Die Sahne mit der Kochflüssigkeit von den Birnen unterrühren und die Sauce zugedeckt heiß halten.

Das Vanilleeis in zwei gleich große Würfel schneiden und diese in die kalten Portionsschälchen verteilen.

Neben jede Portion zwei Birnenhälften legen und das Eis mit der heißen Schokoladensauce übergießen.

Melonensalat mit Eis

Erfrischend

Zutaten für 2 Personen
1 kleine Netzmelone
1 Kiwi
2 Eßlöffel Honig
2 Eßlöffel Rum
2 Eßlöffel Sesamsamen
2 Eßlöffel Puderzucker
2 Kugeln Eis (z. B. Vanille oder Walnuß)

Pro Portion: 1400 kJ/ 330 kcal
5 g E · 8 g F · 53 g Kh
Zubereitungszeit: 20 Minuten

Die Netzmelone halbieren und die Kerne mit einem Löffel entfernen. Das Fruchtfleisch mit dem Kugelausstecher herausstechen und in eine Schüssel füllen. Die Kiwi schälen, längs vierteln und dann quer in Scheibchen schneiden. Zu der Melone geben und untermischen.

Den Honig mit dem Rum in einer Tasse verrühren, bis der Honig ganz aufgelöst ist. Dann über den Melonensalat gießen und kurz durchziehen lassen.

Inzwischen den Sesam in eine beschichtete Pfanne ohne Fett geben. Den Puderzucker darüber stäuben und unter ständigem Rühren bei mittlerer Hitze karamelisieren lassen. Den Sesamkrokant zum Melonensalat geben und unterziehen.

Den Melonensalat in zwei Dessertschälchen anrichten und in die Mitte je 1 Kugel Eis setzen.

Tips!

Sesamkrokant gibt es als Täfelchen auch fertig im Reformhaus und in griechischen Lebensmittelläden (als Süßigkeit).
Wenn Sie keinen Kugelausstecher besitzen, können Sie die Melone auch achteln. Dann die Schale entfernen und das Fruchtfleisch in Scheiben schneiden.

Eis mit heißer Preiselbeersauce

Raffiniert

Zutaten für 2 Personen
125 g frische Preiselbeeren
1/2 unbehandelte Orange
1 Teelöffel Zitronensaft
25 g Zucker
2 Eßlöffel Portwein (ersatzweise Wasser)
150 g Vanilleeis

Pro Portion: 1100 kJ/ 270 kcal
3 g E · 8 g F · 44 g Kh
Zubereitungszeit: 15 Minuten

Die Preiselbeeren verlesen, waschen und abtropfen lassen.

Die Orange heiß waschen und abtrocknen. Die Schale fein abreiben. Die Orange halbieren und auspressen.

Preiselbeeren mit Orangenschale und -saft, Zitronensaft, Zucker und Portwein in einen Topf geben und offen bei schwacher Hitze 3 Minuten köcheln* lassen.

Die heiße Fruchtsauce in Dessertschälchen geben. Vom Eis Kugeln abstechen und auf die Sauce setzen.

Varianten:

Heiße Beeren

1/2 Päckchen tiefgekühlte Beeren mit 25 ml trockenem Rotwein oder rotem Fruchtsaft in einen Topf geben und erhitzen. Mit Zucker und Zimt abschmecken und zu Vanille- oder Schokoladeneis servieren.

Kalte Himbeersauce

200 g frische Himbeeren verlesen, waschen, trockentupfen und durch ein Sieb streichen. Mit 1 Teelöffel Sahne und 1 Teelöffel flüssigem Honig verrühren, zu Vanille- oder Nußeis servieren.

Heiße Schokoladensauce

40 g Zartbitterschokolade fein reiben und mit 75 g Sahne und 1/2 Päckchen Vanillinzucker erhitzen. Unter Rühren schmelzen, mit Zimt abschmecken und zu Vanilleeis servieren.

Kokos-Mango-Mousse

Exotisch

Zutaten für 4 Personen
100 g getrocknete Kokosraspel
1 reife Mango (etwa 450 g)
1 unbehandelte Limette (oder
1 kleine unbehandelte Zitrone)
4 1/2 Blatt weiße Gelatine
2 Eigelbe · 25 g Zucker
1 Eiweiß · 100 g Sahne

Pro Portion: 1300 kJ/ 310 kcal
6 g E · 16 g F · 36 g Kh
Zubereitungszeit: 45 Minuten
Gelierzeit: 4 Stunden
Kühlzeit: 8 Stunden

Etwa 10 g Kokosraspel in einer trockenen Pfanne unter Rühren goldbraun rösten*, beiseite stellen. Die übrigen Raspel in einer Schüssel mit 200 ml heißem Wasser übergießen, vermengen und etwa 20 Minuten quellen lassen.

Die Mango schälen, das Fruchtfleisch vom Stein schneiden. Die Limette heiß abwaschen, die Hälfte der Schale fein abreiben und den Saft einer Hälfte auspressen. Zusammen mit der Hälfte des Mangofruchtfleisches im Mixer pürieren. Das übrige Mangofleisch klein würfeln.

Die Gelatine in kaltem Wasser einweichen. Ein sauberes Küchentuch in eine Schüssel legen, die Kokosraspel hineinschütten, das Tuch darüber zusammendrehen und die Kokosraspel gut ausdrücken. Von dem abtropfenden Saft etwa 150 ml abmessen.

Die Eigelbe mit dem Zucker und 3 Teeöffeln heißem Wasser in eine große Rührschüssel geben und mit dem Schneebesen des Handrührgerätes cremig schlagen. Nach und nach den Kokossaft unterschlagen*.

Die Gelatine ausdrücken, in einem kleinen Topf bei schwacher Hitze auflösen, unter die Eiercreme ziehen. Das Mangopüree unterrühren. Die Mischung kalt stellen, bis sie zu gelieren beginnt.

Die Eiweiße und die Sahne getrennt steif schlagen, unter die gelierende Mousse heben, dann die Mangostückchen untermengen. Die Mousse in einer Schüssel gelieren lassen, zum Servieren mit den gerösteten Kokosraspeln garnieren.

Rosa-Grapefruit-Creme

Gut vorzubereiten

Zutaten für 2 Personen
2 1/2 Blatt weiße Gelatine
1 unbehandelte Grapefruit
1 Eßlöffel Zucker
100 g Kefir
50 g Sahne
Zum Bestreuen:
1 Teelöffel Schokoladenraspel

Pro Portion: 790 kJ/ 190 kcal
5 g E · 11 g F · 18 g Kh
Zubereitungszeit: 1 Stunde
Gelierzeit: 12 Stunden

Die Gelatine in kaltem Wasser einweichen. Die Grapefruit heiß abwaschen, etwas Schale fein abreiben. Vier Grapefruitspalten sorgfältig filetieren, den abtropfenden Saft auffangen. Die Filets zugedeckt kühl stellen. Die übrigen Spalten in einer Schüssel zermusen und durch ein Sieb streichen.

Den Grapefruitsaft abmessen, mit Kefir auf etwa 150 ml auffüllen. Mit der Grapefruitschale und dem Zucker verrühren.

Die Gelatine tropfnaß in einen kleinen Topf geben, bei schwacher Hitze auflösen und unter die Grapefruitmasse rühren. Kalt stellen, bis die Masse zu gelieren beginnt. Dann die Sahne steif schlagen* und unterheben*. Die Creme zugedeckt über Nacht in den Kühlschrank stellen.

Zum Servieren die Creme mit den Grapefruitfilets und den Schokoladenraspeln garnieren.

Im Bild vorne:
Rosa-Grapefruit-Creme
Im Bild hinten:
Kokos-Mango-Mousse

Zabaione

Aus Italien

Zutaten für 2 Personen
2 Eigelbe
2 Eßlöffel Puderzucker
50 ml trockener Marsalawein

Pro Portion: 490 kJ/ 120 kcal
3 g E · 6 g F · 9 g Kh
Zubereitungszeit: 25 Minuten

Für das Wasserbad einen breiten Topf, in den eine Metallschüssel paßt, etwa zur Hälfte mit Wasser füllen, so daß kein Wasser aus dem Topf in die Schüssel gelangen kann. Das Wasser zum Kochen bringen. Die Hitze dann soweit reduzieren, daß das Wasser nur noch leicht perlt, aber nicht mehr kocht. Diese Temperatur beibehalten.

Die Eigelbe mit dem gesiebten Puderzucker in die Schüssel geben und mit einem Schneebesen gut verquirlen.

Die Schüssel in das heiße Wasserbad stellen und die Masse mit den Quirlen des Handrührgeräts so lange schlagen, bis sie sehr cremig ist.

Nach und nach den Marsalawein in die Schüssel gießen und alles zur dick-cremigen Masse aufschlagen.

Die Creme in zwei Portionsschälchen füllen und sofort servieren.

Tip!

Luftige Schaumspeisen wie diese gelingen am besten und vor allem am sichersten, wenn man sie über einem heißen Wasserbad aufschlägt. Die Schüssel erwärmt sich dabei nicht so stark, daß das Ei fest und trocken würde.

Varianten:

Sie können statt des Marsalaweins auch Weißwein, Sekt, Sherry, Kaffee oder eine andere Flüssigkeit verwenden, und Sie können die Weincreme auch mit stärkeren Spirituosen wie Cognac oder Campari abwandeln.

Bayerische Creme

Gut vorzubereiten

Zutaten für 2 Personen
1/2 Vanilleschote
125 ml Milch
2 Blatt weiße Gelatine
2 Eigelbe
40 g Zucker
100 g Sahne

Pro Portion: 1500 kJ/ 350 kcal
8 g E · 24 g F · 25 g Kh
Zubereitungszeit: 40 Minuten
Kühlzeit: 5 Stunden

Die halbe Vanilleschote längs aufschlitzen und das Vanillemark herauskratzen. Das Vanillemark, die Schote und die Milch in einen kleinen Topf geben und zum Kochen bringen. Dann vom Herd nehmen und etwas abkühlen lassen.

Die Gelatineblätter etwa 5 Minuten in reichlich kaltem Wasser einweichen. Ein heißes Wasserbad vorbereiten.

Die Eigelbe mit dem Zucker in der Schüssel verquirlen. Die Schüssel auf das Wasserbad setzen und die Eier in etwa 5 Minuten schaumig schlagen.

Die Vanilleschote aus der Milch entfernen. Die Eigelbcreme kräftig mit einem Schneebesen schlagen, dabei nach und nach die heiße Milch dazugießen. Es soll eine heiße, dickliche Creme entstehen. Die Schüssel vom Wasserbad nehmen. Die Gelatine nur leicht ausdrücken, die Blätter in die heiße Creme rühren und dadurch auflösen.

Die fertige Creme in den Kühlschrank stellen, bis sie an der Oberfläche zu gelieren beginnt. Dabei öfters umrühren.

Die Sahne steif schlagen* und mit einem Schneebesen vorsichtig unter die Creme heben. Die Bayerische Creme in Portionsschälchen füllen und zugedeckt für etwa 5 Stunden in den Kühlschrank stellen.

Himbeer-Profiteroles

Für Gäste

Zutaten für 2 Personen
Für den Teig:
1 Eßlöffel Butter
1/2 Teelöffel Zucker
Salz
4 gestrichene Eßlöffel Mehl
2 Eier
1/2 Teelöffel Backpulver
Fett und Mehl für das Blech
Für die Füllung:
50 g Sahne
3 Teelöffel Puderzucker
1/2 Teelöffel Zitronensaft
75 g Mascarpone
100 g Himbeeren

Pro Portion: 1800 kJ/ 440 kcal
8 g E · 32 g F · 30 g Kh
Zubereitungszeit: 25 Minuten
Backzeit: 35 Minuten

Für den Teig 1/16 l Wasser mit Butter, Zucker und 1 Prise Salz zum Kochen bringen. Vom Herd ziehen. Mehl unter Rühren auf einmal in den Topf schütten.

Dann den Teig bei schwächster Hitze so lange unter Rühren weitergaren, bis er sich zu einem Kloß zusammenballt und sich am Topfboden eine weißliche Schicht bildet.

Den Teig in eine Schüssel geben. Das Ei sofort sehr gründlich unterkneten. Den Teig lauwarm abkühlen lassen. Dann das Backpulver unterarbeiten.

Den Backofen auf 180° vorheizen. Ein Backblech fetten und mit Mehl bestäuben.

Mit zwei Teelöffeln Teighäufchen mit genügend Abstand auf das Blech setzen.

Die Profiteroles im Ofen (Mitte) 35 Minuten backen, bis sie schön gebräunt sind. Dabei den Backofen während der ersten 20 Minuten nicht öffnen.

Die Profiteroles kurz abkühlen lassen, dann mit einer Schere Deckel abschneiden.

Die Sahne mit dem Puderzucker steif schlagen*. Mit dem Zitronensaft unter den Mascarpone heben, die Himbeeren verlesen und untermischen.

Die Profiteroles mit der Himbeersahne füllen und möglichst bald servieren.

Orange-Mascarpone-Creme

Gelingt leicht

Zutaten für 2 Personen
1 große Orange (etwa 250 g)
125 g Mascarpone
2 Eßlöffel Zucker
1 Eßlöffel Orangenlikör
1 Eßlöffel gehackte Pistazien

Pro Portion: 1600 kJ/ 380 kcal
10 g E · 25 g F · 28 g Kh
Zubereitungszeit: 15 Minuten

Die Orange halbieren und eine Hälfte auspressen. Mit den Schneebesen des Handrührgerätes den Orangensaft mit dem Mascarpone, dem Zucker und dem Orangenlikör verrühren, bis der Zucker aufgelöst ist.

Die zweite Orangenhälfte in Scheiben schneiden und die Schale entfernen. Das Fruchtfleisch in Stücke schneiden und unter die Creme heben.

Die Creme in zwei Dessertschalen füllen und mit den gehackten Pistazien bestreuen.

Tip!

Die Creme schmeckt auch mit Zitrone oder rosa Grapefruit sehr gut.

Lunchpakete

Packen sie sich ein leckeres Lunchpaket. Eine kleine appetitliche Mahlzeit zum Mitnehmen, die sättigt, doch nicht müde macht. Dafür gibt es viele tolle Ideen, auch für Vegetarier.

Brote mit herzhaftem Aufstrich, phantasievolle Sandwiches oder Blätterteigtaschen mit einer Gemüse-Käse-Füllung. Sie glauben, dafür reicht die Zeit nicht? Irrtum, sie sind genau so schnell gemacht wie eine langweilige Stulle. Sehen Sie selbst!

Käse, Wurst, Schinken – alles wurde immer wieder durchprobiert. Wer diesen belegten Broten keinen Reiz mehr abgewinnen kann, sollte es einmal mit einem leckeren Lunchpaket probieren. Sie sind für viele Überraschungen gut, so daß man sie auch zu Hause als Zwischenmahlzeit gerne zubereitet und genießt. Natürlich sind sie auch beim Picknick oder in der Wanderpause gefragt.

Pikantes und Exotisches fürs Brot

Aus dem bayerischen Biergarten ist er nicht wegzudenken, ein Obatzter. Das rustikale Käsegemisch schmeckt aber auch jenseits der Weißwurstgrenze und nicht nur zu Bier. Mit Radieschen und Zwiebelscheiben packt man ihn in einer Dose ins Lunchpaket und ißt dazu stilecht eine Brezel oder herzhaftes Bauern- oder Vollkornbrot. Eine ähnliche traditionelle Kreation ist Liptauer. Der weiße Frischkäse aus Schaf- oder Kuhmilch wird ebenfalls herzhaft verfeinert. Besonders köstlich schmeckt immer Quark mit frischen Kräutern oder der ungarische Paprikakäse. Wie er zubereitet wird, finden Sie im Rezeptteil.

Wem nach Exotischem gelüstet, sollte einmal die indische Erdnußpaste probieren, eine marokkanische Sardinencreme oder einen fruchtigen Möhren-Apfel-Aufstrich. Auf Fladenbrot, mit knackigen Salatblättern oder Gemüsestreifen bedeckt, wecken sie den Appetit und stillen den Hunger.

Sandwich – ein Butterbrot für Feinschmecker

Sandwiches lassen an honorige englische Clubs denken, an Teatime und an eine geruhsame Plauderstunde. Die sollten Sie sich in einer Pause auch gönnen, selbstverständlich mit einem leckeren Sandwich, das zu Hause vorbereitet und in die Frischhaltedose gepackt wurde. In diesem Kapitel finden Sie viele köstliche Kreationen für den herzhaften oder süßen Geschmack. Denn schließlich ist Abwechslung gefragt. Ob mit leckeren Auberginenscheiben oder mit pikantem Roquefort, mit Walnüssen oder Bananen und Nußnougat, mit griechischem Salat oder Thunfisch, da gibt es viele leckere Zutaten, die sich zwischen Sandwich-Scheiben packen lassen. Sicher haben Sie dazu auch selbst ein paar interessante Ideen.

Etwas Tomate und Gurke machen aus einer Wurstsemmel ein saftiges Sandwich.

Aus dem Ofen – Blätterteigtaschen

Mit Blätterteig aus der Tiefkühltruhe sind sie im Nu fertig, zarte Teigtaschen mit köstlicher Füllung. Legen Sie die gefrorenen Scheiben zum Auftauen nebeneinander, während Sie die Füllung vorbereiten und den Backofen anheizen. Den Teig ausrollen und das Füllen geht dann in wenigen Minuten. Was Sie sonst noch in die Taschen packen können: einen Gemüserest vom Vortag mit einem Klecks Créme fraîche, Apfelschei-

Gefrorene Blätterteigtaschen lassen sich einzeln entnehmen. Der Rest kommt sofort wieder in die Tiefkühlung.

ben mit ein paar Rosinen und Zimt, entkernte Tomatenstücke mit Parmesan und Pesto, Schinken mit Käse und Kräutern, oder auch gedünstete Paprikastreifen mit zerbröckeltem Schafskäse. Sicher fällt Ihnen dazu noch mehr ein.

Den Lunch gut verpackt

Im Haushaltswarengeschäft oder in den Fachabteilungen der Supermärkte finden Sie heute alle Arten und Formen hübscher und gut schließender Dosen, die sich für ein Lunchpaket eignen. Extra Brotscheiben sollten Sie gesondert in eine Tüte einpacken, damit sie frisch bleiben, doch nicht feucht werden. Wer immer etwas gewaschenes frisches Gemüse dabei hat, zum Beispiel Radieschen oder Gurkenstücke, Möhren- oder Paprikastreifen zum Knabbern, versorgt sich auch mit den notwendigen Vitaminen. Frisches schmeckt immer. So sind kleine Salatportionen für die Pause ideal, die erst vor dem Essen mit vorbereitetem Dressing beträufelt werden.

Im Sommer und Winter bringt auch ein Fruchtsalat den Geist wieder auf Trab. Er wird mit etwas Honig und Zitronensaft abgeschmeckt und liefert schnell neue Energie.

Ganz schnelle Salat-Ideen

Salat mit grob geraspelter Gurke oder Möhre, vermischt mit Joghurt, abgschmeckt mit einigen Tropfen Olivenöl, Salz, Essig und getrockneter Minze.

Salat aus Äpfeln und Radieschen, geraspelt und mit Zitronensaft, Walnußöl, Salz und Pfeffer abgeschmeckt und mit gerösteten Pinienkernen bestreut.

Kartoffel-Gurkensalat aus vorgegarten Pellkartoffeln, Gurkenscheiben, Salatmayonnaise, Salz, Essig und reichlich frischem Dill. Das delikate i-Tüpfelchen dazu: aufgestreute, vorgegarte Garnelen oder Schinkenwürfel – und jeder wird sie um diesen leckeren Lunch beneiden.

Getränke zum Lunch

Gute Fruchtsäfte ohne Zuckerzusatz, ein Milch- oder Buttermilchgetränk oder selbst bereiteter Eistee bieten Abwechslung und sind auch gesünder als die zuckerreichen Limos aus dem Getränkeautomaten. Probieren Sie auch einmal Ayran, das traditionelle türkische Joghurtgetränk, das auch bei uns immer mehr Freunde findet, erfrischt und gesund ist.

Muntermacher aus der Thermoskanne

Zwischen Stunden, in denen Sie hochkonzentriert arbeiten müssen, sehnen Sie sich bestimmt nach einer guten Tasse Kaffee. Er hilft beim kurzen Abschalten und macht schnell fit für die nächste Etappe. Kaffee, wie Sie ihn mögen, gibt es in der Mensa vielleicht nicht. Für einen Sprung ins nächste Café reicht die Zeit nicht, außerdem kostet er zuviel Geld.

Eine Thermoskanne mit gutem Kaffee kommt dann wie gerufen. Kannen aus Stahl mit elastischem Griff an der Seite sind zum Mitnehmen besonders praktisch. Sie lassen sich leicht in der Tasche oder im Rucksack verstauen und sind unzerbrechlich.

Statt Kaffee kann sie natürlich auch Tee enthalten. Vorteil von Tee: Das darin enthaltene Teein – in Wirklichkeit Koffein – bringt zwar nicht den schnellen Kick wie Kaffee. Denn bei Tee wird das Koffein langsamer, in einer sanft ansteigenden Kurve vom Körper aufgenommen, hält dafür jedoch länger wach und fit als Kaffee. Fragen Sie doch einmal in einem guten Teeladen nach, welche Sorte auch nach Stunden in der Thermoskanne noch schmeckt.

Liptauer

Würzig

Zutaten für 2 Personen
1/2 Zwiebel (etwa 50 g)
1/2 Bund Schnittlauch
1/2 Teelöffel Kapern
1/2 Sardellenfilet (aus der Dose oder dem Glas)
125 g Quark (40 % Fett i. Tr.)
2 Eßlöffel weiche Butter
1/2 Teelöffel scharfer Senf
1 Teelöffel edelsüßes Paprikapulver
1/4 Teelöffel gemahlener Kümmel
Salz
Zum Bestreuen:
1/2 Teelöffel edelsüßes Paprikapulver

Pro Portion: 900 kJ/ 220 kcal
8 g E · 18 g F · 4 g Kh
Zubereitungszeit: 15 Minuten

Die halbe Zwiebel schälen und fein hacken. Den Schnittlauch waschen, trockenschweken und in feine Röllchen schneiden. Die Kapern und das Sardellenfilet abtropfen lassen und fein hacken.

Den Quark in einer Schüssel mit der Butter und dem Senf verrühren. Die Zwiebelwürfel, die Schnittlauchröllchen, die zerkleinerten Kapern und das gehackte Sardellenfilet unterrühren. Den Aufstrich mit dem Paprikapulver, dem Kümmel und etwas Salz pikant würzen.

Den Brotaufstrich auf einem Teller kegelförmig anrichten und mit einer Messerspitze ein dekoratives Muster eindrücken. Den Liptauer mit dem Paprikapulver bestäubt servieren. Er paßt gut zu frischem Vollkornbrot.

Tip!

Der Liptauer entfaltet seinen Geschmack am besten, wenn er eine Weile durchziehen kann. Daher ist er sehr geeignet zum Mitnehmen – dick zwischen Brötchen oder Brote gestrichen und diese in Folie verpackt oder separat, in einem Plastikbehältnis transportiert.

Obatzter

Schnell

Zutaten für 2 Personen
150 g gut durchgereifter weicher Camembert
2 Eßlöffel weiche Butter
1 Eßlöffel helles Bier
1/2 Zwiebel (etwa 50 g)
1 Teelöffel edelsüßes Paprikapulver
1/4 Teelöffel gemahlener Kümmel
Salz
schwarzer Pfeffer, frisch gemahlen
reichlich frischer Schnittlauch

Pro Portion: 1300 kJ/ 310 kcal
16 g E · 27 g F · 2 g Kh
Zubereitungszeit: 15 Minuten

Den Camembert entrinden und in einer Schüssel mit einer Gabel zerdrücken. Die Butter und das Bier unterrühren.

Die Zwiebel fein hacken und hinzufügen. Den Aufstrich mit dem Paprikapulver, dem Kümmel, Salz und dem frisch gemahlenen Pfeffer pikant abschmecken. Den Schnittlauch waschen, trockenschwenken und in feine Röllchen schneiden.

Den Camembertaufstrich auf einem Teller kuppelförmig anrichten und mit den Schnittlauchröllchen bestreuen. Er paßt gut zu Bauernbrot oder Laugenbrezeln.

Variante:

Fränkischer Gerupfter

Statt Camembert nehmen Sie je 75 g Limburger und Romadur. Das Bier lassen Sie in diesem Fall weg und verwenden auch weniger Paprikapulver.

Im Bild vorne:
Liptauer
Im Bild hinten:
Obatzter

Ungarischer Paprikakäse

Würzig

Zutaten für 2 Personen
je 1/2 kleine rote, grüne und gelbe Paprikaschote (etwa 300 g)
1/2 kleine Zwiebel (etwa 25 g)
1/2 Bund Schnittlauch
50 g ungarischer Schafkäse (oder anderer weicher Schafkäse)
1 Eßlöffel saure Sahne
1 Knoblauchzehe
Salz
weißer Pfeffer, frisch gemahlen

Pro Portion: 420 kJ/ 100 kcal
5 g E · 7 g F · 4 g Kh
Zubereitungszeit: 15 Minuten

Die Paprikaschoten gründlich waschen, trockentupfen, von den Stielansätzen, weißen Rippen und Kernen befreien und in sehr kleine Würfel schneiden.

Die Zwiebel schälen und fein hacken. Den Schnittlauch waschen, trockenschwenken und in feine Röllchen schneiden.

Den Schafkäse mit der sauren Sahne in einer Schüssel verrühren. Die Paprikaschotenwürfel, die gehackte Zwiebel und die Schnittlauchröllchen hinzufügen.

Die Knoblauchzehe durch die Presse dazudrücken. Den Paprikakäse mit Salz und Pfeffer pikant abschmecken. Er paßt gut zu allen dunklen Brotsorten.

Indische Erdnußpaste

Exotisch

Zutaten für 2 Personen
100 g Erdnüsse in der Schale
1 Teelöffel Erdnußöl
50 g Joghurt
1/2 kleine Zwiebel (etwa 25 g)
1 Knoblauchzehe
1/2 Teelöffel gemahlener Koriander
1/4 Teelöffel gemahlener Kreuzkümmel
abgeriebene Schale von 1/4 unbehandelten Zitrone
Salz
schwarzer Pfeffer, frisch gemahlen
1/2 Bund Schnittlauch

Pro Portion: 1500 kJ/ 360 kcal
15 g E · 30 g F · 7 g Kh
Zubereitungszeit: 30 Minuten

Die Erdnüsse aus den Schalen lösen, von den braunen Häuten befreien und in einer trockenen Pfanne bei mittlerer Hitze rösten*, bis sie goldgelb sind. Die Nüsse dann auf einem Teller auskühlen lassen.

Die Erdnüsse fein hacken, dann nach und nach im Mörser zerstoßen oder portionsweise im Mixer zu einer cremigen Paste verarbeiten. Die Erdnußcreme in einer Schüssel mit dem Erdnußöl und dem Joghurt verrühren.

Die halbe Zwiebel schälen, fein hacken und unterrühren. Die Knoblauchzehe durch die Presse dazudrücken. Den Aufstrich mit dem Koriander, dem Kreuzkümmel und der Zitronenschale würzen und mit Salz und Pfeffer pikant abschmecken.

Den Schnittlauch waschen, trockenschwenken und in feine Röllchen schneiden. Die Erdnußpaste mit den Schnittlauchröllchen bestreut servieren. Die Paste hält sich – je nach Frische des Joghurts – bis zu 3 Tage im Kühlschrank. Vor dem Servieren noch einmal durchrühren. Sie paßt gut zu Vollkornbrot.

Variante:

Mexikanische Erdnußpaste

1 kleine scharfe rote Chilischote unter den Backofengrill legen und rösten, bis die Haut schwarz wird. Herausnehmen, für einige Minuten in ein feuchtes Küchentuch wickeln, die Haut abziehen, die Schote halbieren, von weißen Rippen und Kernen befreien. 75 g Erdnüsse schälen, von den braunen Häuten befreien und in einer trockenen Pfanne goldgelb rösten. Die Erdnüsse, die Chilischote, 1/2 geschälte Knoblauchzehe, ein Stück Zwiebel, 1 Eßlöffel Öl, etwas Salz in den Blitzhacker oder den Mixer geben und zu einer feinen Paste pürieren. Bei Bedarf noch etwas Wasser zugeben. Die Paste mit Salz abschmecken.

Marokkanische Sardinencreme

Exotisch

Zutaten für 2 Personen
50 g Ölsardinen ohne Haut und Gräten (aus der Dose)
2 Eßlöffel weiche Butter
1/2 kleine Zwiebel (etwa 25 g)
1/2 Knoblauchzehe
1/2 Teelöffel Zitronensaft
etwas abgeriebene Schale von einer unbehandelten Zitrone
1 Prise Cayennepfeffer
schwarzer Pfeffer, frisch gemahlen
Zum Garnieren:
1 kleine Tomate (etwa 50 g)
1/2 Bund krause Petersilie

Pro Portion: 1000 kJ/ 240 kcal
10 g E · 21 g F · 2 g Kh
Zubereitungszeit: 15 Minuten

Die Sardinen abtropfen lassen, mit einer Gabel fein zerpflücken. Die Butter unterrühren.

Die halbe Zwiebel schälen, fein hacken und hinzufügen. Die Knoblauchzehe ebenfalls schälen und durch die Presse dazudrücken.

Den Aufstrich mit dem Zitronensaft, der Zitronenschale, dem Cayennepfeffer und etwas Pfeffer pikant würzen.

Die Tomate waschen, abtrocknen und in dünne Scheiben schneiden. Die Petersilie waschen, trockenschwenken und in kleine Sträußchen teilen.

Die Sardinencreme mit den Tomatenscheiben und den Petersiliensträußchen garniert servieren. Ohne Garnitur hält sich die Sardinencreme in einem verschlossenen Gefäß im Kühlschrank bis zu 2 Tage. Sie paßt gut zu Toast- oder Roggenbrot.

Möhren-Apfel-Aufstrich

Preiswert

Zutaten für 2 Personen
1 Möhre (etwa 75 g)
1 kleiner säuerlicher Apfel (etwa 75 g)
1/2 Eßlöffel Zitronensaft
50 g Magerquark
1 Eßlöffel Crème fraîche
Meersalz
weißer Pfeffer, frisch gemahlen
Zum Bestreuen:
1 Bund Petersilie

Pro Portion: 410 kJ/ 100 kcal
5 g E · 5 g F · 8 g Kh
Zubereitungszeit: 15 Minuten

Die halbe Möhre waschen, dünn schälen und fein raspeln. Den Apfel ebenfalls schälen und fein raspeln, dabei vom Kerngehäuse befreien. Die Apfelraspel sofort mit dem Zitronensaft beträufeln, damit sie weiß bleiben.

Den Magerquark in einer Schüssel mit der Crème fraîche verrühren. Die Möhren- und Apfelraspel hinzufügen.

Den Aufstrich mit Meersalz und Pfeffer pikant abschmecken. Die Petersilie waschen, trockenschwenken, von den groben Stielen befreien und fein hacken.

Den Möhren-Apfel-Aufstrich mit der Petersilie bestreut sofort servieren. Er paßt gut zu Vollkornbrötchen oder Grahambrötchen.

Auberginenbaguette

Gut vorzubereiten

Zutaten für 2 Personen
1 Aubergine (etwa 250 g)
Salz · 1 kleine Knoblauchzehe
4 Eßlöffel Olivenöl
150 g Mozzarella
1/2 Bund frisches Basilikum
1/2 Stange Baguette (etwa 200 g)
Pfeffer

Pro Portion: 1700 kJ/ 400 kcal
14 g E · 25 g F · 32 g Kh
Zubereitungszeit: 45 Minuten

Die Aubergine waschen, putzen und längs in 1/2 cm dicke Scheiben schneiden. Die Scheiben auf beiden Seiten salzen und 20 Minuten ziehen lassen.

Inzwischen den Knoblauch schälen, durch die Presse drücken und mit 4 Eßlöffeln Öl verrühren. Den Mozzarella in Scheiben schneiden. Das Basilikum waschen. Große Blätter kleinschneiden, kleine ganz lassen.

Den Grill vorheizen oder den Backofen auf höchste Temperatur schalten. Die Auberginenscheiben mit Küchenpapier trockentupfen und beidseitig mit dem Knoblauchöl dünn bestreichen. Auf Alufolie legen und unter dem Grill auf beiden Seiten in je 4 Minuten goldbraun grillen*. Nach dem Grillen nochmals auf einer Seite mit dem Öl bestreichen.

Das Baguette längs aufschneiden, mit zwei Lagen Auberginenscheiben belegen, darauf den Mozzarella legen, salzen und pfeffern.

Die Basilikumblättchen auf dem Mozzarella verteilen. Dann die obere Baguettehälfte mit dem restlichen Knoblauchöl beträufeln, obenauf setzen. Das Baguette einmal durchschneiden.

Tips!

Besonders gut schmecken die Auberginen-Sandwiches mit Büffelmozzarella. Sie bekommen ihn in Feinkost- und Käsefachgeschäften. Er ist allerdings etwas teurer als Mozzarella aus Kuhmilch.
Wenn Sie die Auberginen nicht im Backofen grillen möchten, können Sie sie alternativ in einer beschichteten Pfanne auf beiden Seiten goldbraun braten.

Roquefort-Sandwich

Gelingt leicht

Zutaten für 2 Personen
2 Eßlöffel Walnußkerne
70 g Roquefort (ersatzweise anderer Blauschimmelkäse)
2 Eßlöffel Magerquark
4 nicht zu große Scheiben Weizenmischbrot
1 1/2 Eßlöffel Walnußöl
1 reife, aber feste Birne
2 Salatblätter

Pro Portion: 1900 kJ/ 450 kcal
14 g E · 29 g F · 37 g Kh
Zubereitungszeit: 20 Minuten

Die Walnüsse grob hacken und in einer Pfanne ohne Fett hellbraun anrösten. Aus der Pfanne nehmen und beiseite stellen.

Den Roquefort mit einer Gabel zerdrücken und mit dem Quark cremig rühren.

Die Brotscheiben im Toaster goldbraun toasten. Anschließend gleichmäßig mit dem Walnußöl beträufeln.

Die Birne waschen, vierteln und das Kerngehäuse entfernen. Die Birnenviertel in dünne Scheiben schneiden. Die Salatblätter waschen und trockentupfen.

Von den Broten 2 Scheiben mit dem Käse bestreichen. Die Walnüsse darüber streuen, je 1 Salatblatt darauf legen. Die Birnen darauf verteilen und mit den übrigen Brotscheiben bedecken.

Variante:

Dieses Sandwich wird leichter, wenn Sie Käse und Quark zu gleichen Teilen verwenden und das Walnußöl weglassen.

Im Bild oben: Auberginenbaguette
Im Bild unten: Roquefort-Sandwich

Kirsch-Walnuß-Sandwich

Schnell

Zutaten für 2 Personen
75 g Süßkirschen
5 Walnußkerne
4 Scheiben Vollkorn-Toast
1 gehäufter Eßlöffel Doppelrahm-Frischkäse (etwa 30 g)

Pro Portion: 70 kJ/ 230 kcal
8 g E · 12 g F · 26 g Kh
Zubereitungszeit: 15 Minuten

Die Kirschen waschen, entsteinen und grob zerkleinern. Die Walnußkerne hacken und in einer Pfanne ohne Fett 5 Minuten rösten, dabei aufpassen, daß sie nicht zu braun werden.

Die Brote mit dem Frischkäse bestreichen, auf 2 Scheiben die Kirschen und Walnüsse verteilen. Die übrigen Scheiben darauf legen und leicht andrücken.

Vom Brot rundherum die Rinde abschneiden. Die Sandwiches in kleine Dreiecke oder Quadrate schneiden.

Bananen-Erdnuß-Sandwich

Gelingt leicht

Zutaten für 2 Personen
4 Scheiben Vollkorn-Toast
2 Eßlöffel Doppelrahm-Frischkäse
2 Eßlöffel Erdnußbutter mit Stücken
1 mittelgroße Banane
etwas Zimtpulver

Pro Portion: 200 kJ/ 530 kcal
8 g E · 15 g F · 28 g Kh
Zubereitungszeit: 10 Minuten

Das Brot toasten und abkühlen lassen. 2 Scheiben mit Frischkäse, 2 Scheiben mit Erdnußbutter bestreichen.

Die Banane in Scheiben schneiden, auf die Brote mit der Erdnußbutter verteilen, dann mit Zimt bestäuben.

Die Frischkäsebrote leicht darauf legen, andrücken. Die Sandwiches diagonal durchschneiden.

Sandwich mit Brie und Honigsenf

Schnell

Zutaten für 2 Personen
1 Eßlöffel Honig
1 Eßlöffel grobkörniger scharfer Senf
2 Blätter knackiger Salat (z. B. Eisbergsalat)
2 Eßlöffel Alfalfasprossen
2 Zwiebelbrötchen (ersatzweise 1/2 Zwiebelbaguette)
60 g Brie
1–2 Scheiben gekochter Schinken (etwa 60 g)

Pro Portion: 980 kJ/ 230 kcal
9 g E · 11 g F · 26 g Kh
Zubereitungszeit: 10 Minuten

Honig und Senf verrühren. Salatblätter und Alfalfasprossen waschen und trockentupfen. Salat in Streifen schneiden.

Die Zwiebelbrötchen waagerecht durchschneiden und, je nach Dicke, die oberen Hälften etwas aushöhlen. Dann auf den unteren Brötchenhälften jeweils 1 Teelöffel Honigsenf verstreichen. Den Brie in Scheiben schneiden und darauf verteilen.

Den Schinken auf den Brie legen und mit dem restlichen Honigsenf bestreichen. Den Salat und die Alfalfasprossen darauf verteilen. Die oberen Brötchenhälften darauf legen und andrücken.

Greek Salad Sandwich

Gut vorzubereiten

Zutaten für 2 Personen
1 Tomate
1 Stück Salatgurke (etwa 100 g)
1/2 rote Paprikaschote
150 g griechischer Schafkäse
1/2 rote Zwiebel
15 schwarze Oliven
2 Eßlöffel Olivenöl
1/2 Teelöffel getrockneter Oregano
Salz
Pfeffer
2 kleine Pita-Brote
2 Teelöffel schwarze Olivenpaste

Pro Portion: 3000 kJ/ 710 kcal
22 g E · 39 g F · 70 g Kh
Zubereitungszeit: 20 Minuten
Kühlzeit: 1 Stunde

Die Tomate waschen, vierteln und kleinschneiden, dabei den Stielansatz entfernen. Die Gurke schälen, längs durchschneiden und in 1/2 cm dicke Stücke schneiden. Die Paprika waschen, putzen und kleinschneiden. Den Schafkäse würfeln. Die Zwiebel schälen und in Ringe schneiden. Alles in einer Schüssel mit den Oliven, dem Öl und dem Oregano vermengen. Salzen und pfeffern und 1 Stunde kalt stellen.

Die Brote aufbacken und eine Tasche einschneiden. Die Olivenpaste hineinfüllen. Die Sandwiches servieren.

Ziegenkäse-Sandwich

Würzig

Zutaten für 2 Personen
2 kleine runde Ziegenfrischkäse (je etwa 40 g)
2 Eßlöffel Quark
1 reife Mango
2 Sesambrötchen

Pro Portion: 1400 kJ/ 340 kcal
16 g E · 18 g F · 28 g Kh
Zubereitungszeit: 10 Minuten

Den Ziegenfrischkäse auf einem Teller mit einer Gabel zerdrücken und den Quark unterrühren.

Die Mango schälen, das Fruchtfleisch zuerst vom Kern schneiden, dann in Scheiben teilen.

Die Brötchen aufschneiden und toasten. Die Käsemasse auf den unteren Brötchenhälften verteilen und die Mangoscheiben darauf legen. Mit den oberen Brötchenhälften bedecken.

Leberwurst-Sandwich

Schnell

Zutaten für 2 Personen
80 g Champignons
1 kleine Knoblauchzehe
1 Eßlöffel Butter
Salz
Pfeffer
2 Zweige frischer Majoran
1 Zweig glatte Petersilie
2 große Scheiben grobes dunkles Vollkornbrot (Schwarzbrot)
80 g Leberwurst

Pro Portion: 1300 kJ/ 310 kcal
11 g E · 19 g F · 25 g Kh
Zubereitungszeit: 15 Minuten

Die Champignons putzen und in Scheiben schneiden. Die Knoblauchzehe schälen und durch die Presse drücken. Die Butter erhitzen und den Knoblauch darin andünsten. Die Pilze dazugeben und 10 Minuten bei schwacher Hitze dünsten*. Auf einen Teller geben, mit Salz und Pfeffer würzen und abkühlen lassen.

Die Kräuter waschen. Die Petersilienblättchen abzupfen und grob hacken, auch die Majoranblättchen abzupfen.

Die Brotscheiben mit der Leberwurst bestreichen. Auf einer Scheibe die Pilze verteilen. Die Kräuter darüber streuen, die andere Scheibe darauf legen. Das Brot einmal durchschneiden.

Club Sandwich

Aus Amerika

Zutaten für 2 Personen
2 Eier
2 Eßlöffel Butter
150 g Putenbrustfilet
Salz
Pfeffer
1 große Tomate
3 Salatblätter
3 Gewürzgurken
1 Kästchen Kresse
4 Scheiben weißes Sandwichbrot
2 Scheiben Vollkorn-Sandwichbrot
2 Teelöffel grobkörniger Senf
2 Eßlöffel Salatmayonnaise
2 Scheiben gekochter Schinken (etwa 60 g)

Pro Portion: 2900 kJ/ 690 kcal
34 g E · 34 g F · 66 g Kh
Zubereitungszeit: 35 Minuten

Die Eier in 10 Minuten hart kochen, kalt abschrecken, pellen und abkühlen lassen. In einer Pfanne 1 Eßlöffel Butter erhitzen und das Putenfilet darin bei mittlerer Hitze 5 Minuten von jeder Seite braten, bis es ganz durch ist. Auf einen Teller geben, mit Salz und Pfeffer würzen und abkühlen lassen.

Die Tomate waschen, vom Stielansatz befreien und in dünne Scheiben schneiden, salzen und pfeffern. Die Salatblätter waschen, trockentupfen. Die Eier quer und die Gewürzgurken längs in Scheiben schneiden. Die Kresse mit der Küchenschere vom Beet abschneiden. Das Putenfleisch in dünne Scheiben schneiden.

Das Brot toasten und abkühlen lassen. Die Vollkorntoasts auf beiden Seiten mit Butter bestreichen. 2 weiße Toastbrote mit Senf bestreichen, die anderen beiden mit der Mayonnaise.

Die Zutaten in dieser Reihenfolge schichten: Senfbrot, Salat, Putenbrustfilet, Tomaten, Vollkorntoast, Schinken, Eier, Kresse, Gurken und zum Abschluß Mayo-Toast.

Die Brote leicht zusammendrücken. Mit einem scharfen Messer vorsichtig diagonal durchschneiden. Mit einem Cocktail-Spießchen von oben nach unten durchstechen, damit die Lagen besser zusammenhalten.

Little Italy

Schnell

Zutaten für 2 Personen
15–20 Blätter Rucola
50 g Parmesan
1 Ciabatta-Brötchen (ersatzweise 4 Scheiben italienisches Weißbrot)
2 Teelöffel Pesto (Basilikumpaste; aus dem Glas)
2 Eßlöffel Crème fraîche
50 g Tiroler Kaiserspeck, in dünne Scheiben geschnitten

Pro Portion: 1900 kJ/ 460 kcal
27 g E · 22 g F · 39 g Kh
Zubereitungszeit: 10 Minuten

Den Rucola waschen und trockentupfen, den Parmesan mit dem Sparschäler in dünne Streifen hobeln.

Das Ciabatta-Brötchen waagerecht aufschneiden. Die eine Seite mit Pesto und die andere Seite mit Crème fraîche bestreichen.

Auf eine Hälfte zuerst Rucola, dann Speck und Parmesan schichten. Die andere Hälfte darauf legen. Das Brötchen einmal durchschneiden.

Der wohl bekannteste Doppeldecker aus den USA – der Club Sandwich

Thunfisch-Sandwich

Schnell

Zutaten für 2 Personen
1 Dose weißer Thunfisch im eigenen Saft (185 g Inhalt)
1 Eßlöffel Kapern
10 schwarze Oliven
1/2–1 Knoblauchzehe
1/2 Teelöffel abgeriebene Schale einer unbehandelten Zitrone
3 Teelöffel Mayonnaise
1 Eßlöffel Schmand (ersatzweise Crème fraîche)
Salz
Pfeffer, grob gemahlen
2 knackige grüne Salatblätter
1/2 Stange Baguette (etwa 200 g)

Pro Portion: 1800 kJ/ 420 kcal
29 g E · 8 g F · 55 g Kh
Zubereitungszeit: 15 Minuten

Den Thunfisch gründlich abtropfen lassen und zerpflücken. Die Kapern fein hacken. Die Oliven von den Kernen lösen und ebenfalls hacken.

Den Knoblauch schälen und durch die Presse drücken. Zusammnen mit der abgeriebenen Zitronenschale mit der Mayonnaise verrühren.

Thunfisch, Zitronen-Knoblauch-Mayonnaise, Schmand, Kapern und Oliven verrühren. Die Masse mit Salz und Pfeffer kräftig würzen.

Den Salat waschen und trockentupfen. Das Baguette aufschneiden. Die Salatblätter und die Thunfischmasse auf den unteren Hälften verteilen. Das Baguette zusammenklappen und halbieren.

Varianten:

Falls Sie Kapern nicht mögen, können Sie statt dessen 1 Stange kleingeschnittenen Staudensellerie nehmen.
Versuchen Sie doch auch einmal folgende Abwandlung: Den Thunfisch mit 2 Eßlöffel Pesto, 1 Eßlöffel Mayonnaise und 2 Teelöffeln Zitronensaft vermischen. Die Masse mit Pfeffer würzen und mit Tomatenscheiben und Salatblättern auf das Baguette geben.

Räuchertofu-Sandwich

Schnell

Zutaten für 2 Personen
120 g Räuchertofu
125 g Mozzarella
1 Tomate
15 Blätter Rucola
4 Scheiben Vollkorn-Sandwichbrot
2 Teelöffel Pesto (Basilikumpaste; aus dem Glas)
2 Eßlöffel Schmand (ersatzweise Crème fraîche)
Salz
Pfeffer

Pro Portion: 2400 kJ/ 570 kcal
30 g E · 31 g F · 50 g Kh
Zubereitungszeit: 15 Minuten

Den Tofu und den Mozzarella in möglichst dünne Scheiben schneiden. Die Tomate waschen und den Stielansatz entfernen. Die Tomate in dünne Scheiben schneiden.

Den Rucola waschen, trockentupfen und die langen Stiele entfernen. Das Brot toasten und abkühlen lassen.

Von dem Brot 2 Scheiben mit Basilikumpaste, die anderen mit Schmand bestreichen. Dann die Schmand-Brote mit Rucola, Tofu, Mozzarella und Tomate belegen, salzen und pfeffern. Die Basilikum-Brote darauf legen. Die Sandwiches diagonal durchschneiden und, wenn Sie möchten, Cocktail-Spießchen hineinstecken.

Blätterteigtaschen

Gelingt leicht

Zutaten für 2 Personen
4 Scheiben tiefgekühlter Blätterteig
4 Frühlingszwiebeln
2 große Scheiben gekochter Schinken
200 g Doppelrahm-Frischkäse
2 Teelöffel Tomatenmark
6 Eßlöffel Sahne
Salz
weißer Pfeffer

Pro Portion: 4200 kJ/ 1000 kcal
26 g E · 79 g F · 50 g Kh
Zubereitungszeit: 20 Minuten
Backzeit: 20 Minuten

Die Blätterteigscheiben in 20 Minuten auftauen lassen.

Die Frühlingszwiebeln waschen, putzen und mit dem zarten Grün in feine Ringe schneiden. Den Schinken fein würfeln. Den Frischkäse mit den Frühlingszwiebeln, dem Schinken, dem Tomatenmark und 1–2 Eßlöffeln Sahne verrühren und die Mischung mit Salz und Pfeffer abschmecken.

Den Backofen auf 220° vorheizen. Das Backblech kalt abspülen und nicht abtrocknen.

Die Blätterteigscheiben an den Rändern mit kaltem Wasser einstreichen. Die Frischkäsefüllung auf eine Hälfte der Scheiben geben, den Teig zusammenklappen und die Ränder mit einer Gabel gut zusammendrücken.

Die Teigtäschchen auf das Backblech legen, mit der restlichen Sahne bestreichen und im heißen Ofen (Mitte) 15–20 Minuten backen, bis sie schön gebräunt sind. Vom Blech lösen, abkühlen lassen.

Blätterteig mit Spinat-Käse-Füllung

Aus Griechenland

Zutaten für etwa 12 Stück
150 g tiefgekühlter Blätterteig
300 g Spinat
1/2 Zwiebel
1 Knoblauchzehe
1 Eßlöffel Olivenöl
1/2 Bund Dill
100 g Schafkäse
Salz
frisch gemahlener Pfeffer
Zum Bestreichen:
1 Eigelb
2 Eßlöffel Milch

Pro Stück: 350 kJ/ 85 kcal
3 g E · 6 g F · 5 g Kh
Zubereitungszeit: 1 1/4 Stunden
Backzeit: 35 Minuten

Die Blätterteigscheiben in 20 Minuten auftauen lassen.

Den Spinat verlesen, waschen und abtropfen lassen. Die halbe Zwiebel und den Knoblauch schälen und hacken. Im Olivenöl unter Rühren in etwa 10 Minuten weich dünsten*. Den Spinat dazugeben und zugedeckt zusammenfallen lassen. Den Spinat abtropfen lassen, dann grob hacken.

Den Dill waschen und fein hakken. Den Schafkäse in kleine Würfel schneiden. Den Spinat mit dem Dill und dem Schafkäse gründlich vermischen. Salzen und pfeffern.

Den Backofen auf 225° vorheizen. Das Blech kalt abspülen und nicht abtrocknen.

Den Blätterteig zu einem etwa 40 x 20 cm großen Rechteck ausrollen. Mit dem Teigrädchen in 8 kleine Quadrate schneiden.

Jeweils 1 guten Eßlöffel Füllung in eine Ecke setzen. Den Teig zu Dreiecken zusammenklappen. Auf das Blech setzen. Das Eigelb mit der Milch verquirlen. Die Teigtaschen damit bestreichen.

Die Teigtaschen im heißen Ofen (Mitte) in etwa 25 Minuten goldgelb backen.

Parties

Am gelungensten sind oft Parties, die ohne umständliche Vorbereitungen stattfinden, mit kleinen improvisierten Gerichten, die wenig Mühe machen und allen schmecken. Dann stellt sich auch kein Streß ein und der Abend verläuft locker und ungezwungen.

Auf den Rezeptseiten zu diesem Kapitel entdecken Sie eine Fülle kleiner Köstlichkeiten, die sich schnell und preiswert zubereiten lassen.

Wie wär's mit Fingerfood, Häppchen, für die man kein Besteck benötigt. Oder mit Minipizzen, die vorbereitet werden und in den Ofen kommen, wenn die Gäste da sind.

Gemüse-Leckereien und Brothappen

Ein Studentenhaushalt verfügt selten über viel Geschirr und Besteck. Ideal ist daher ein kleines Party-Buffet, das mit einem Stapel hübscher Servietten auskommt. Gegessen wird mit den Fingern, allenfalls mit kleinen Holzstäbchen zum Aufpicken der appetitlich angerichteten Gemüsestücke oder Käsebällchen. Auch die Brotecken lassen sich unkompliziert aus der Hand essen. Den Italienern abgeschaut wurden die leckeren Crostini al Tonno, kleine Brotscheibchen mit Thunfisch, oder Knoblauchbrote, die gerne als Appetithäppchen herumgereicht werden. Es braucht auch nicht viel Zeit, sie in größeren Mengen herzustellen oder nachzuliefern – und sie schmekken köstlich zum Wein. Wer noch mehr Ideen für Brothappen braucht, kann sich im Kapitel Lunchpakete einige ausleihen. Zum Beispiel den Obatzten für ein rustikales Buffet mit Radi und Bier.

Für die Mini-Pizza-Party

Pizzen mag jeder, vor allem, wenn sie so lecker belegt sind wie die Minis im folgenden Rezeptteil. Die dafür benötigten Zutaten, frische Gemüse wie Zucchini und Broccoli, sind schnell vorbereitet. Thunfisch, Oliven und Krabben stammen aus der Dose oder aus dem Glas. Alles kann schon einen Tag vorher besorgt werden, so daß kein Einkaufsstreß entsteht.

Ein Tip für den Hefeteig

Den Teig am Vorabend oder am Morgen zubereiten und ihn langsam im Kühlschrank bis zwei Stunden vor der Party gehen lassen. Dann den Teig durchkneten, mit den Zutaten belegen und abbacken.

Statt der Minipizzen kann man natürlich auch ein großes Blech belegen und in Portionsstücke schneiden. Stellen Sie noch geriebenen Käse, ein Schüsselchen mit Kapern, mit eingelegten Pilzen oder getrockneten, in Öl eingelegten Tomaten bereit, kann jeder sein Pizzastück noch nach Geschmack veredeln.

Mit pikanten Dips

Dips sind immer eine gute Sache, für Fleisch- oder Brotstückchen, für frische Gemüsestreifen oder Salatblätter, zum Beispiel von Chicoree. Dips immer reichlich zubereiten, das kostet kaum mehr Zeit und Geld. Schon am Vortag kann man damit beginnen und die Dips in verschlossenen Behältern in den Kühlschrank stellen. Frische Kräuter werden erst kurz vor der Party zugefügt.

Fleisch, das mit einem leckeren Dip gereicht werden soll, schmeckt besonders würzig, wenn man es über Nacht mariniert. Das gilt vor allem für die Chicken Wings und für Spareribs. Findet die Party draußen statt, so grillt sich jeder, wie üblich, seine Fleischportion. Zum knusprigen Garen zu Hause ist der Backofen gut geeignet. Da wird alles auf ein großes Blech gelegt und in den Ofen geschoben.

Jede Menge Hamburger

Zeigen Sie Ihren Freunden, wie köstlich Hamburger schmecken können, und wie vielseitig man sie zubereiten kann. Ein großer Korb mit krossen Vollwertbrötchen oder aufgeschnittenes herzhaftes Parisienne, Baguettebrot, eine große Schüssel mit Blattsalat und zwei verschiedenen Dressings, die sich jeder selbst nimmt – fertig ist das leckere Angebot. Ach ja, Senf und Ketchup, vielleicht auch eine Remoulade nicht vergessen. Denn die gehören nun einmal zu Hamburgern.

Mexikanische Scharfmacher

Gäste sind immer hungrig. So kommt auch eine herzhafte Suppe oder ein kräftiges Chili con carne auf der Party nie ungelegen. Dann können sie auch auf die Zubereitung vieler Kleinigkeiten verzichten und bieten nur noch einen herzhaften Gemüsesalat, vielleicht zum mexikanischen Eintopf noch Tacos oder Maisfladen an, die man fertig kaufen kann und mit einem Fleischragout füllt. Damit wäre der mexikanische Abend perfekt.

Suchen Sie nach noch mehr Ideen?

Dann blättern Sie doch einmal die Rezepte mit den Vorspeisen oder den Lunchpaketen durch, oder auch die mit den Nudelgerichten oder den Suppen. Da finden sich noch viele leckere Anregungen.

Die Getränke

Beschränken Sie sich auf ein Getränk mit Alkohol, zum Beispiel Wein oder Bier, und auf Alkoholfreies, zum Beispiel Apfelsaft für

Wer hat schon für zwanzig und mehr Gäste Geschirr? Für eine Party darf jeder Teller anders sein.

Schorle. Es gibt Weinhandlungen, die einen einfachen, doch guten, trockenen Landwein mit Herkunftsbezeichnung direkt vom Faß abfüllen oder in eigens für Parties konzipierten Zwei-Liter-Fäßchen anbieten. Den Landwein können Sie gut in rustikalen, einfachen Gläsern ohne Stiele anbieten, so wie man sie aus Tavernen im Süden kennt und auch bei uns preiswert kaufen kann. Zu den Brothäppchen paßt auch ein gekühlter, erfrischender Prosecco, ausgeschenkt in einfachen Weißweingläsern. Für Bier leiht der Getränkehandel die Gläser aus.

Die Gäste dürfen mitkochen!

Wie wäre es mit einer Party, bei der Ihre Gäste mitkochen? Mehr als vier sollten es jedoch nicht sein, weil man sich sonst im Wege steht. Andere dürfen etwas später kommen und sich zum Beispiel um die Getränke, um die Musik oder auch ums Tisch- und Partybuffetdecken kümmern. Wetten, daß alle von der Idee begeistert sind und sie für sich aufgreifen, so daß diese Partyart die Runde macht?

Männliche Teilnehmer, die sich gerne mit ihren Kochkünsten brüsten, wollen dabei garantiert die Regie in die Hand nehmen. Alle haben Spaß und Arbeit und Kosten sind gut aufgeteilt. Vor dem Ereignis verständigen sich die Köche und Köchinnen untereinander darüber, was auf den Tisch kommt. Die Vorschläge werden gesammelt. Daraus wird das kulinarische Programm zusammengestellt. Der nächste Planungsschritt betrifft die Einkäufe. Am besten, zwei aus dem neu ernannten Küchenteam, idealerweise PKW-Besitzer, übernehmen diese Aufgabe. An den Kosten beteiligen sich alle. Auf diese Weise lassen sich zum Beispiel auch opulente Geburtstags-, Weihnachts- oder Silvesteressen managen. Und hat sich ein Team erst einmal eingespielt, können richtige Schlemmer-Menüs oder Party-Buffets unter einem bestimmten kulinarischen Motto vorbereitet werden. Der Phantasie sind keine Grenzen gesetzt.

Paprikaschiffchen mit Frischkäse

Gelingt leicht

Zutaten für 30 Stück
5 rote Paprikaschoten (etwa 1 kg)
1 Bund Schnittlauch
400 g Doppelrahm-Frischkäse
3 Eßlöffel Zitronensaft, frisch gepreßt
200 g Sahne
2 Knoblauchzehen
Salz
schwarzer Pfeffer, frisch gemahlen
100 g Mandelblättchen

Pro Stück: 350 kJ/ 85 kcal
2 g E · 8 g F · 2 g Kh
Zubereitungszeit: 45 Minuten

Die Paprikaschoten waschen und längs halbieren. Die Kerngehäuse und die weißen Trennwände entfernen. Jede Schotenhälfte längs in 3 Teile schneiden. Den Schnittlauch waschen, trockenschütteln und in längere Stücke schneiden.

Den Frischkäse in einer Schüssel mit dem Zitronensaft verrühren. Die Sahne steif schlagen und dazugeben.

Den Knoblauch schälen und durch die Knoblauchpresse auf den Frischkäse drücken. Alles gut verrühren und mit Salz und Pfeffer würzen.

Die Creme in einen Spritzbeutel mit Sterntülle füllen und in die Paprika spritzen.

Die Mandelblättchen in einer trockenen beschichteten Pfanne hellbraun rösten und über die Paprika verteilen. Mit dem Schnittlauch garnieren.

Pistazien-Käse-Bällchen

Gelingt leicht

Zutaten für 30 Stück
100 g Schafkäse
200 g Doppelrahm-Frischkäse
schwarzer Pfeffer, frisch gemahlen
1/2 Bund Petersilie
120 g Pistazienkerne
30 Holzspießchen oder Zahnstocher nach Belieben

Pro Stück: 220 kJ/ 55 kcal
2 g E · 5 g F · 1 g Kh
Zubereitungszeit: 50 Minuten

In einer Schüssel den Schafkäse mit einer Gabel zerdrücken. Den Frischkäse und Pfeffer dazugeben und alles gut verrühren, bis eine feste, geschmeidige Masse entstanden ist.

Die Petersilie waschen, trockenschütteln und die Blättchen fein hacken. Unter die Käsemasse rühren.

Die Pistazien grob hacken. Mit einem Teelöffel von der Käsemasse kleine Portionen abstechen und auf der Handfläche zu etwa Ein-Mark-Stück-großen Kugeln rollen. In den Pistazienkernen wälzen.

Die Frischkäsebällchen bis zum Servieren kühl stellen. Dann auf einer Platte anrichten und nach Belieben je 1 Holzspießchen in jede Kugel stecken.

Tip!

Sie können einen Teil der Bällchen auch in anderen gehackten Nüssen wälzen, etwa in Walnüssen. Das sorgt nicht nur für geschmackliche, sondern auch für optische Abwechslung. Wer einen kräftigeren Geschmack bevorzugt, kann den Schafkäse durch Edelpilzkäse ersetzen.

Buntes frisches Fingerfood für das Sommerbuffet sind die Paprikaschiffchen mit Frischkäse.

Brotecken mit Käsesalat

Preiswert

Zutaten für etwa 30 Stück
200 g mittelalter Gouda in dicken Scheiben
100 g Radieschen
1 kleine Zwiebel
2 Eßlöffel Olivenöl, kaltgepreßt
Salz
schwarzer Pfeffer, frisch gemahlen
5 Scheiben Bauernbrot (etwa 200 g)
1 Bund Schnittlauch

Pro Stück: 90 kJ/ 50 kcal
2 g E · 3 g F · 3 g Kh
Zubereitungszeit: 45 Minuten
Marinierzeit: 3 Stunden

Den Gouda in sehr feine Stifte schneiden. Die Radieschen putzen, waschen und in dünne Scheiben, diese in schmale Stifte schneiden.

Die Zwiebel schälen und sehr fein würfeln, mit den Radieschen und dem Käse mischen. Das Olivenöl unterrühren und alles mit Salz und Pfeffer würzen. Im Kühlschrank zugedeckt 2–3 Stunden durchziehen lassen.

Jede Brotscheibe in 6 mundgerechte Stücke schneiden, den Käsesalat auf den Stücken verteilen. Den Schnittlauch waschen, trockenschütteln und in feine Röllchen schneiden. Die Brote damit bestreuen.

Bunte Weißbrotecken

Braucht etwas Zeit

Zutaten für etwa 65 Stück
2 rote Paprikaschoten
Salz
100 g weiche Butter
100 g Quark (20 % Fett i. Tr.)
schwarzer Pfeffer, frisch gemahlen
1 großes Bund gemischte Kräuter (z. B. Schnittlauch, Petersilie, Dill, Kerbel)
2 Eßlöffel frisch geriebener Parmesan
100 g schwarze Oliven
3 Sardellenfilets
1 Knoblauchzehe
2 Eßlöffel Olivenöl, kaltgepreßt
1 Kastenweißbrot
1/2 Kästchen Kresse
1 Eßlöffel kleine Kapern

Pro Stück: 190 kJ/ 50 kcal
1 g E · 3 g F · 4 g Kh
Zubereitungszeit: 1 Stunde

Die Paprikaschoten waschen, halbieren und von den Kernen und den weißen Trennhäuten befreien. Eine Schotenhälfte in kleine Rauten schneiden und diese beiseite legen. Den Rest grob zerkleinern und in wenig Salzwasser etwa 10 Minuten zugedeckt bei schwacher Hitze garen. Die Paprikastücke abgießen, gut abtropfen und abkühlen lassen. Anschließend im Mixer oder mit dem Pürierstab pürieren und durch ein feines Sieb streichen.

Das Paprikapüree mit der Hälfte der Butter und der Hälfte des Quarks verrühren. Die Masse mit Salz und Pfeffer würzen.

Die Kräuter waschen, trockenschütteln und ohne die groben Stiele sehr fein hacken. Mit dem Parmesan, der restlichen Butter und dem restlichen Quark verrühren und alles mit Salz und Pfeffer würzen.

Die Oliven entsteinen. Die Sardellenfilets kalt abspülen, den Knoblauch schälen. Zusammen mit dem Olivenöl pürieren. Die Creme mit Pfeffer und (wenig!) Salz würzen.

Das Weißbrot quer in 4–5 Scheiben schneiden. Die Scheiben mit den verschiedenen Cremes bestreichen, in mundgerechte Stücke schneiden.

Die Kresse abbrausen, die Blättchen abschneiden. Die Paprika-Brot-Ecken mit den Paprikastücken, die Kräuter-Ecken mit der Kresse und die Oliven-Ecken mit den Kapern garnieren.

Tip!

Wer am Partytag wenig Zeit hat, bereitet die Cremes bereits am Vortag zu und bewahrt sie abgedeckt im Kühlschrank auf.

Toast mit Leberpaste

Braucht etwas Zeit

Zutaten für 4 Personen
300 g Hühnerlebern
3 Schalotten
1 Stange Bleichsellerie
1 Eßlöffel Kapern
3 Sardellenfilets
3 Eßlöffel Olivenöl
4 Eßlöffel trockener Weißwein
4 Eßlöffel Fleischbrühe
Salz · weißer Pfeffer
300 g Weißbrot vom Vortag
1 Zweig Petersilie

Pro Portion: 1600 kJ/ 380 kcal
28 g E · 12 g F · 41 g Kh
Zubereitungszeit: 45 Minuten

Die Hühnerlebern waschen, trockentupfen, von allen Fetteilchen und Sehnen befreien und in ganz kleine Stücke schneiden.

Die Schalotten schälen. Den Sellerie putzen, waschen, trockentupfen, dann mit den Schalotten zusammen fein hacken. Kapern und Sardellenfilets ebenfalls fein hacken.

Das Öl erhitzen, das Gemüse darin etwa 5 Minuten anbraten*, dann die Hühnerlebern etwa 3 Minuten mitbraten. Den Wein angießen und bei starker Hitze verdampfen lassen. Die Kapern und die Sardellen dazugeben. Die Brühe angießen.

Das Ganze köcheln* lassen, bis eine dickliche Paste entsteht, salzen, pfeffern. Das Brot in Scheiben schneiden und im Toaster rösten. Jede Scheibe mit der Paste bestreichen, mit Petersilie verzieren und sofort servieren.

Knoblauchbrot

Aus Italien

Zutaten für 4 Personen
2 Knoblauchzehen
8 Scheiben Weißbrot, fingerdick geschnitten
Zum Beträufeln:
reichlich Olivenöl, kaltgepreßt

Pro Portion: 980 kJ/ 230 kcal
2 g E · 19 g F · 13 g Kh
Zubereitungszeit: 15 Minuten

Die Knoblauchzehen schälen und quer halbieren.

Das Brot über dem offenen Grill, im Kamin oder im heißen Backofen auf beiden Seiten goldbraun rösten, dann kräftig mit den Schnittflächen der halbierten Knoblauchzehen einreiben.

Das Brot reichlich mit Olivenöl beträufeln, dann sofort zum Wein servieren

Thunfischtoast

Preiswert

Zutaten für 4 Personen
1/2 Bund Petersilie
8 gefüllte grüne Oliven
150 g Thunfisch (aus der Dose)
4 Scheiben Toastbrot
200 g weiche Butter
1 Zitrone ·
Salz
weißer Pfeffer, frisch gemahlen
2 Stengel krause Petersilie

Pro Portion: 2200 kJ/ 530 kcal
10 g E · 49 g F · 8 g Kh
Zubereitungszeit: 30 Minuten

Die Petersilie waschen, trockenschwenken und fein hacken. Die Oliven in Scheibchen schneiden. Den Thunfisch abtropfen lassen, fein hacken und im Blitzhacker zerkleinern.

Die Brotscheiben im Toaster oder im Backofen goldgelb toasten, dann dünn mit Butter bestreichen und diagonal halbieren. Die restliche Butter in einer Schüssel schaumig rühren, mit dem Thunfisch, der Petersilie und dem Saft von 1/2 Zitrone gründlich mischen, dann mit Salz und Pfeffer pikant abschmecken.

Die Thunfischmasse gleichmäßig auf die Brotscheiben streichen und die Oberfläche mit Olivenscheibchen verzieren. Die »crostini« auf einer Servierplatte mit gezackten Zitronenscheiben und der krausen Petersilie anrichten.

Oliven-Thunfisch-Minipizzen

Würzig

Zutaten für 15 Minipizzen
Für den Teig:
1/2 Würfel Hefe (20 g)
1/2 Teelöffel Zucker
1 Teelöffel Salz
2 Eßlöffel Olivenöl
250 g Mehl
Für den Belag:
250 g passierte Tomaten (Fertigprodukt)
Salz
schwarzer Pfeffer, frisch gemahlen
1 Eßlöffel getrocknete Kräuter der Provence
150 g Thunfisch (aus der Dose)
150 g schwarze Oliven ohne Stein
100 g Parmesan, frisch gerieben
Für das Backblech: Fett
Für die Arbeitsfläche: Mehl
Zum Beträufeln: Olivenöl

Pro Stück: 570 kJ/ 135 kcal
7 g E · 6 g F · 14 g Kh
Vorbereitungszeit: 1 Stunde
Backzeit: 20 Minuten

Aus den Teigzutaten und 200ml lauwarmem Wasser einen Hefteig kneten und etwa 45 Minuten zugedeckt an einem warmen Ort gehen lassen.

Den Teig in 15 Stücke teilen und diese auf einer bemehlten Arbeitsfläche zu Kreisen von etwa 8 cm Durchmesser ausrollen.

Ein Backblech einfetten. Die Teigkreise nebeneinander darauf legen. (Sollten die Pizzen nicht alle Platz haben, backen Sie sie nacheinander.) Die passierten Tomaten mit Salz, Pfeffer und den Kräutern der Provence würzen und die Teigkreise damit bestreichen. Den Backofen auf 220° vorheizen.

Den Thunfisch abtropfen lassen, mit der Gabel zerpflücken und auf den Pizzen verteilen. Die Oliven halbieren und darauf legen.

Den Belag mit Salz und Pfeffer würzen, mit dem Parmesan bestreuen und mit Olivenöl beträufeln. Die Pizzen im Backofen (Mitte) in etwa 20 Minuten backen.

Pizzaecken mit Broccoli

Preiswert

Zutaten für ein Blech von 35 x 40 cm (ergibt etwa 30 Stück)
Für den Teig:
1/2 Würfel Hefe (20 g)
1/2 Teelöffel Zucker
1 Teelöffel Salz
2 Eßlöffel Olivenöl · 250 g Mehl
Für den Belag:
Salz · 750 g Broccoli
200 g gekochter Schinken
150 g passierte Tomaten (Fertigprodukt)
schwarzer Pfeffer, frisch gemahlen
100 g Emmentaler, frisch gerieben
3 Eßlöffel Sonnenblumenkerne
Für das Backblech: Fett

Pro Stück: 310 kJ/ 75 kcal
4 g E · 3 g F · 8 g Kh
Vorbereitungszeit: 1 Stunde
Backzeit: 20 Minuten

Aus den Teigzutaten einen Hefeteig kneten und etwa 45 Minuten zugedeckt an einem warmen Ort gehen lassen.

Während der Teig ruht, reichlich Salzwasser zum Kochen bringen. Den Broccoli waschen, in knopfgroße Röschen teilen und im Salzwasser etwa 2 Minuten blanchieren*. Herausnehmen, kalt abschrecken und abtropfen lassen. Den Schinken klein würfeln.

Den Backofen auf 220° vorheizen. Ein Backblech einfetten. Den Teig ausrollen und auf das Blech legen. Die passierten Tomaten mit Salz und Pfeffer kräftig würzen und auf den Teig streichen. Den Broccoli darauf verteilen und die Schinkenwürfel dazwischen streuen. Alles mit dem Emmentaler bestreuen.

Die Pizza im Backofen (Mitte) etwa 10 Minuten backen, herausnehmen, mit den Sonnenblumenkernen bestreuen und in etwa 10 Minuten fertigbacken.

Die fertige Pizza in Dreiecke schneiden und warm oder kalt servieren.

Die würzigen Oliven-Thunfisch-Pizzen schmecken hervorragend und machen satt.

Fleischspießchen mit Erdnußdip

Exotisch

Zutaten für 5 Personen
Für die Rinderfleischspießchen:
750 g Rinderfilet
5 Eßlöffel Sojasauce
3 Teelöffel Sesamöl
Salz
schwarzer Pfeffer, frisch gemahlen
Für den Erdnußdip:
200 g geröstete gesalzene Erdnüsse
250 g Sahne
5 Eßlöffel Zitronensaft, frisch gepreßt
2 Spritzer Tabasco
Zucker
2 Eßlöffel Butterschmalz
15 Holzspießchen
Zum Anrichten:
einige Salatblätter

Pro Portion: 2700 kJ/ 655 kcal
45 g E · 49 g F · 8 g Kh
Zubereitungszeit: 1 1/4 Stunden

Das Fleisch abspülen und trockentupfen. Dann in 1/2–1 cm dicke Scheiben schneiden.

3 Eßlöffel von der Sojasauce, das Sesamöl, Salz und Pfeffer verrühren. Das Fleisch damit beträufeln und zugedeckt etwa 50 Minuten ziehen lassen.

Inzwischen die Erdnüsse im Mixer fein mahlen. In einer Schüssel mit der restlichen Sojasauce, der Sahne, dem Zitronensaft, dem Tabasco, 2 Eßlöffeln Wasser, Pfeffer und etwas Zucker gut verrühren.

Das Butterschmalz in einer Pfanne erhitzen. Das Fleisch darin portionsweise in etwa 5 Minuten von allen Seiten anbraten*.

Das Fleisch etwas abkühlen lassen. Die Scheiben in Viertel schneiden und jeweils 4–5 Stücke auf ein Holzspießchen stecken. Die Salatblätter waschen und trockentupfen.

Fünf Servierteller bereitstellen, die Salatblätter darauf auslegen und auf jedes Salatbeet 3 Spieße legen. Den Erdnußdip getrennt dazu reichen.

Variante:

Sie können zu diesen Fleischspießchen auch die Mexikanische Erdnußpaste (Variante; S. 228) reichen. Sie sollten dann allerdings die doppelte Rezeptmenge zubereiten.

Tzatziki

Aus Griechenland

Zutaten für 10 Personen
1 Salatgurke (etwa 300 g)
Salz · 3 Knoblauchzehen
1 Eßlöffel Zitronenmelisse, frisch oder getrocknet, oder 1 Bund frischer Dill
200 g Sahnejoghurt
500 g Quark (20 % Fett i. Tr.)
5 Eßlöffel neutrales Pflanzenöl
weißer Pfeffer, frisch gemahlen

Pro Portion: 560 kJ/ 130 kcal
7 g E · 9 g F · 4 g Kh
Zubereitungszeit: 15 Minuten

Die Gurke mit dem Sparschäler schälen und längs halbieren. Die Kerne mit einem Teelöffel herauskratzen und die Gurke auf der Vierkantreibe grob raspeln. Die Raspel mit 1 Teelöffel Salz bestreuen und etwa 10 Minuten stehen lassen.

Den Knoblauch schälen und sehr fein hacken oder durch die Knoblauchpresse drücken. Die Zitronenmelisse oder den Dill waschen, trockenschütteln und die Blättchen fein hacken.

Den Joghurt mit Quark und Öl verrühren. Die Gurkenraspel gut ausdrücken, mit dem Knoblauch untermischen und mit Salz und Pfeffer abschmecken. Zitronenmelisse oder Dill unterrühren und das Tzatziki mit Roggenbaguette servieren.

Spareribs mit Barbecue-Sauce

Gelingt leicht

Zutaten für 4 Personen
Für die Spareribs:
1,2 kg Schweinerippe, vom Metzger in 4 Teile geteilt
Für die Barbecue-Sauce:
2 Knoblauchzehen
100 ml Ketchup
1 Eßlöffel Tomatenmark
2 Eßlöffel Zitronensaft
2 Eßlöffel Worchestershire-Sauce
1 Eßlöffel Weißweinessig
1 Teelöffel Cayennepfeffer
2 Eßlöffel brauner Zucker
1 Teelöffel scharfer Senf
1/2 Teelöffel Salz · Pfeffer

Pro Portion: 2200 kJ/ 520 kcal
62 g E · 23 g F · 18 g Kh
Vorbereitungszeit: 15 Minuten
Garzeit: 40 Minuten

Die Schweinerippen kurz waschen und mit Küchenpapier trocknen.

Für die Barbecue-Sauce die Knoblauchzehen schälen und durch die Knoblauchpresse drücken. Alle Zutaten gut miteinander verrühren.

Die Spareribs mit der Sauce dünn bepinseln. Auf den Grill legen und 30–40 Minuten grillen*, dabei einige Male wenden und öfter mit der Sauce einstreichen.

Dazu passen Baked Potatoes und Maiskolben, aber auch Salat und Baguette.

Tip!

Sie können die Spareribs auch im Backofen zubereiten. Den Ofen auf 230° vorheizen und die Spareribs auf ein Backblech legen. 40 Minuten im Ofen (Mitte) backen und dabei ab und zu mit der Sauce bestreichen.

Chicken Wings mit Käse-Dip

Aus Amerika

Zutaten für 4 Personen
Für die Chicken Wings:
1 kg Hähnchenflügel (ca. 16 Stück)
1/2 l Pflanzenöl zum Fritieren
3 Eßlöffel Butter
1 Eßlöffel Zitronensaft
2 Eßlöffel Tabasco
1 Teelöffel edelsüßes Paprika
Für den Käse-Dip:
50 g Mayonnaise
50 g Schmand (ersatzweise Crème fraîche)
150 g Joghurt
2 Eßlöffel Zitronensaft
1 Knoblauchzehe
100 g Blauschimmelkäse (z. B. Gorgonzola, Roquefort)
Pfeffer · Salz
Außerdem:
4 Stangen Staudensellerie
4 Möhren

Pro Portion: 2800 kJ/ 665 kcal
31 g E · 57 g F · 9 g Kh
Zubereitungszeit: 40 Minuten

Die Hähnchenflügel putzen, waschen und in der Mitte am Gelenk durchtrennen. In einer tiefen Pfanne etwa 1/2 l Öl erhitzen.

Die Hähnchenflügel portionsweise dicht an dicht hineinlegen und ca. 8–10 Minuten fritieren*, bis sie goldbraun sind. Zwischendurch einmal wenden. Die Flügel mit einem Schaumlöffel herausheben und auf Küchenpapier abtropfen lassen. In eine große flache Schüssel geben.

Die Butter in einem kleinen Topf schmelzen, den Zitronensaft, den Tabasco und das Paprikapulver unterrühren und diese Mischung gleichmäßig über den Hähnchenflügeln verteilen.

Für den Dip in einer Schüssel die Mayonnaise, den Schmand, den Joghurt und den Zitronensaft verrühren. Die Knoblauchzehe schälen, durch die Presse drücken und unterrühren. Den Blauschimmelkäse auf einem Teller mit der Gabel zerdrücken, bis eine Paste entstanden ist, und unter die Mayonnaisecreme rühren. Pfeffern und sparsam salzen, weil der Käse schon recht salzig ist. Bis zum Servieren kühl stellen.

Sellerie und Möhren putzen und waschen. Längs halbieren und in mundgerechte Streifen schneiden.

Die Chicken Wings zusammen mit dem Dip und den Gemüsestreifen servieren.

Hamburger

Klassiker

Zutaten für 4 Personen
Für den Fleischteig:
400 g Rinderhackfleisch
Salz
Pfeffer
Außerdem:
3 Tomaten
4 Blätter Romanasalat
1 rote Zwiebel
4 Hamburgerbrötchen oder Sesambrötchen
Nach Belieben:
Mayonnaise
Senf
Ketchup
Gewürzgurken

Pro Portion: 1600 kJ/ 375 kcal
28 g E · 17 g F · 28 g Kh
Zubereitungszeit: 20 Minuten

Das Hackfleisch salzen und pfeffern und vier flache, runde Burger daraus formen.

Den Grill des Backofens vorheizen. Die Tomate und den Salat waschen und mit Küchenpapier trockentupfen. Die Tomate in dünne Scheiben schneiden. Die Zwiebel schälen und in feine Ringe schneiden.

Die Brötchen aufschneiden und die Innenseiten unter dem Grill des Backofens toasten, dabei nicht zu braun werden lassen.

Die Burger unter dem Grill von jeder Seite 3–4 Minuten grillen*, so daß sie an den Rändern leicht kroß sind.

Aus den vorbereiteten Zutaten die Hamburger zusammensetzen und zusammen mit Gewürzgurken und nach Belieben Pommes frites anrichten.

Cheeseburger

Klassiker

Zutaten für 4 Personen
Für den Fleischteig:
400 g Rinderhackfleisch
2 Eßlöffel Schmand (ersatzweise Crème fraîche)
Salz
Pfeffer
Außerdem:
100 g Champignons
2 Tomaten
einige knackige Salatblätter
12 Scheiben Frühstücksspeck
4 Sesambrötchen
4 Eßlöffel Mayonnaise
4 Scheiben mittelalter Gouda oder Chester (etwa 120 g)
Öl zum Braten

Pro Portion: 3200 kJ/ 770 kcal
35 g E · 58 g F · 29 g Kh
Zubereitungszeit: 30 Minuten

Für den Fleischteig das Hackfleisch und den Schmand gut vermischen, salzen und pfeffern.

Die Champignons putzen, waschen und in Scheiben schneiden. Die Tomaten waschen, von den Stielansätzen befreien und in Scheiben schneiden. Den Salat waschen und trockentupfen.

Den Speck in einer Pfanne ohne Fettzugabe kroß ausbraten*. Herausnehmen und auf Küchenpapier legen. In dem Speckfett die Pilze 5 Minuten dünsten*, dann auf einen Teller geben. Aus dem Fleischteig zwei flache Burger formen.

Eventuell noch etwas Öl in die Pfanne geben und die Burger darin bei mittlerer bis starker Hitze 2–3 Minuten von jeder Seite braten. Sie sollten innen noch leicht rosa sein.

Den Grill vorheizen oder den Backofen auf höchste Temperatur schalten. Die Brötchen aufschneiden. Die Hälften mit der Mayonnaise bestreichen. Die unteren Hälften mit den Burgern und dem Käse belegen und unter dem Grill im Backofen kurz überbacken, bis der Käse geschmolzen ist.

Salat, Tomatenscheiben, Speck und Pilze daraufgeben und mit den oberen Brötchenhälften bedecken.

Hamburger – der Klassiker aus den USA!

Truthahn-Burger

Gelingt leicht

Zutaten für 2 Personen
1 kleine Zwiebel
1 Eßlöffel Butter
1 Eßlöffel Currypulver
200 g Putenbrustfilet
2 Eßlöffel Joghurt
Pfeffer · Salz
2 Eßlöffel Sesamsamen
2 Eßlöffel geröstetes Sesamöl
1 Kästchen Kresse
1 Stück Salatgurke (etwa 80 g)
2 Brötchen
1 Teelöffel gehackte Minze
2 Eßlöffel Mayonnaise

Pro Portion: 2400 kJ/ 560 kcal
30 g E · 40 g F · 23 g Kh
Zubereitungszeit: 30 Minuten

Die Zwiebel schälen und fein hacken. Die Butter in einer Pfanne erhitzen und die Zwiebel darin glasig* dünsten. Mit dem Curry bestäuben, anschwitzen und beiseite stellen.

Das Putenfleisch mit dem Blitzhacker fein zerkleinern (oder vom Metzger durchdrehen lassen). Mit dem Zwiebel-Curry-Gemisch und dem Joghurt vermischen, pfeffern und gut salzen. Aus dem Teig zwei flache Burger formen, in den Sesamsamen wenden. Sesamöl in einer Pfanne erhitzen und die Burger darin von jeder Seite 3–4 Minuten braten. Das Fleisch sollte innen nicht mehr rosa sein.

Die Kresse vom Beet schneiden. Die Gurke schälen und in Scheiben schneiden. Die Minze mit der Mayonnaise verrühren. Die Brötchen aufschneiden. Die Hälften mit der Minz-Mayonnaise bestreichen. Die unteren Hälften mit Kresse und Gurkenscheiben belegen, salzen und pfeffern. Die Burger darauf legen und mit den oberen Brötchenhälften bedecken.

Fisch-Burger

Aus Amerika

Zutaten für 2 Personen
200 g Seefischfilet (z. B. Kabeljau, Rotbarsch, Seezunge)
1 unbehandelte Limette
2 Eßlöffel Semmelbrösel
2 Eßlöffel Crème fraîche
2 Eßlöffel frisch gehacktes Koriandergrün
1/4 Teelöffel Salz
2 Eßlöffel geröstetes Sesamöl
einige Blätter Eisbergsalat
2 Brötchen
2 Teelöffel Mayonnaise
2 Eßlöffel Créme fraîche
50 g Forellenkaviar

Pro Portion: 2000 kJ/ 480 kcal
29 g E · 29 g F · 30 g Kh
Zubereitungszeit: 15 Minuten

Den Fisch grob zerkleinern und im Blitzhacker pürieren. Die Limette abwaschen, abtrocknen und 1/2 Teelöffel Schale abreiben. Den Saft auspressen.

Pürierten Fisch mit 2 Eßlöffeln Limettensaft, der abgeriebenen Limettenschale, Semmelbröseln, Crème fraîche, Koriander und Salz gut vermischen.

In einer Pfanne das Sesamöl erhitzen. Aus dem Fischteig zwei flache Burger formen und im Öl bei mittlerer Hitze auf jeder Seite goldbraun braten.

Die Salatblätter waschen und trockentupfen. Die Brötchen aufschneiden. Die Hälften dünn mit Mayonnaise bestreichen. Die unteren Hälften mit Salat und Fischburger belegen. Je 1 Eßlöffel Crème fraiche und Forellenkaviar darauf verteilen und die oberen Hälften darauf legen.

Chili con carne

Aus Mexiko

Zutaten für 8 Personen
500 g Tomaten
4 grüne Paprikaschoten
2 große Dosen Kidney-Bohnen (je 800 g Abtropfgewicht)
4 Knoblauchzehen
500 g Zwiebeln
2 Eßlöffel neutrales Pflanzenöl
500 g gemischtes Hackfleisch
500 g Tatar · 2 Teelöffel Salz
1 Teelöffel Kümmel
1 Teelöffel Chilipulver
1 große Dose Tomatenmark (140 g)
1/2 l Fleischbrühe (Instant)
2 Eßlöffel Speisestärke
2 Eßlöffel gehackte Petersilie

Pro Portion: 2700 kJ/ 650 kcal
49 g E · 18 g F · 66 g Kh
Zubereitungszeit: 25 Minuten

Die Tomaten gründlich waschen und auf einem Schneidebrett mit einem scharfen Messer oder Tomatenmesser in große Würfel schneiden. Stielansätze dabei entfernen. Ist die Haut der Tomaten sehr fest, diese zuerst mit kochendheißem Wasser überbrühen und die Haut abziehen.

Die Paprikaschoten vierteln, Stielansätze, Trennwände und Kerne entfernen, die Paprika waschen und ebenfalls grob würfeln. Die Bohnen aus der Dose in ein Sieb geben und abtropfen lassen. Die Knoblauchzehen schälen. Zwiebeln schälen, abspülen und in Scheiben schneiden.

Das Öl in einem Topf erhitzen, die Zwiebelscheiben darin bei starker Hitze andünsten, Hackfleisch und Tatar dazugeben und unter Rühren krümelig anbraten*.

Den Knoblauch durch eine Knoblauchpresse dazudrücken, alles mit Salz, Kümmel und Chilipulver würzen. Tomatenmark hinzufügen, mit Brühe auffüllen und zum Kochen bringen.

Dann die Tomaten und Paprikaschoten zum Fleisch geben. Das Ganze nochmals würzen und etwa 5 Minuten bei mittlerer Hitze garen. Die Bohnen dazugeben und etwa 5 Minuten mit erwärmen.

Die Speisestärke mit 4 Eßlöffeln Wasser verrühren und das Chili con carne damit binden. Aufkochen lassen, abschmecken*, nach Belieben nachwürzen. Mit der Petersilie bestreuen.

Maisfladen mit Fleischfüllung

Aus Mexiko

Zutaten für 6 Personen
250 g Rinderfilet
250 ml Fleischbrühe
1 Dose Kidney-Bohnen (255 g Abtropfgewicht)
1 kleine Zwiebel
2 Eßlöffel Olivenöl
2 Knoblauchzehen
Salz
schwarzer Pfeffer, frisch gemahlen
1 Prise Chilipulver
6 Stück Taco-Schalen (Fertigprodukt)
6 Salatblätter
1 Fleischtomate (etwa 200 g)
6 Eßlöffel Crème fraîche
6 Eßlöffel Tomatensauce, selbstgemacht, oder Taco-Sauce (Fertigprodukt)
80 g mittelalter Gouda

Pro Portion: 1500 kJ/ 360 kcal
20 g E · 19 g F · 25 g Kh
Zubereitungszeit: 1 Stunde

Das Rinderfilet mit der Brühe in einen Topf geben, aufkochen lassen und zugedeckt bei mittlerer Hitze in etwa 30 Minuten garen.

Inzwischen die Bohnen abschütten, die Flüssigkeit dabei auffangen. Die Bohnen mit der Hälfte der Flüssigkeit pürieren.

Die Zwiebel schälen und fein hacken. Das Öl erhitzen und die Zwiebelwürfel darin glasig* dünsten. Den Knoblauch schälen und dazupressen. Das Bohnenpüree hinzufügen. Alles etwa 5 Minuten bei schwacher Hitze dünsten, mit Salz, Pfeffer und dem Chilipulver kräftig würzen.

Das Rinderfilet aus der Brühe nehmen, abkühlen lassen, kleinschneiden und salzen.

Den Backofen auf 180° vorheizen. Die Taco-Schalen mit der offenen Seite nach unten auf ein Backblech setzen und im Ofen (Mitte) 3–4 Minuten aufbacken.

Die Salatblätter waschen und trockentupfen. Die Taco-Schalen innen mit dem Bohnenpüree bestreichen und mit den Salatblättern auslegen. Dann das Rindfleisch darin verteilen.

Die Tomate waschen, halbieren und in Scheiben schneiden, dabei den Stielansatz entfernen. In die Tacoschalen geben, je 1 Eßlöffel Crème fraîche und Tomaten- oder Taco-Sauce hinzufügen. Den Gouda auf einer Reibe direkt darauf raspeln, sofort servieren und am besten mit der Hand essen.

Backen

Kuchen backen zählt zu den schönsten Freizeitbeschäftigungen, besonders auch in der Studentenküche. Das Rühren und Kneten, schließlich der Duft aus dem Backofen und natürlich das köstliche Ergebnis sind echte Erfolgserlebnisse.

Wer im Backen noch nicht so geübt ist, beginnt vielleicht mit einem einfachen Rührkuchen oder bäckt Waffeln im Waffeleisen. Dabei geht bestimmt nichts schief.

Daß Backen Spaß macht, das weiß schon jedes Kind. Daß der Spaß sich lange erhalten läßt, dafür sorgen die köstlichen Rezepte für Kuchen und kleine Gebäckteile im anschließenden Rezeptteil. Da geht es um Obstkuchen, um Käsekuchen, Kuchen mit leckerer Füllung, um klassische Festtagstorten und um Süßes aus dem Orient. Diese Kuchen eignen sich auch gut zum Verschenken, oder als Dessert auf einer Party, auf jeden Fall jedoch für den Kaffeeklatsch mit Freunden. Wenn noch ein Stück übrig bleibt, denken Sie an das Lunchpaket!

Ganz einfach – Rührteig

Das ist ein Teig, bei dem kaum etwas schief gehen kann. Die Zutaten – Butter oder Margarine, Zucker, Eier, Milch, Mehl und Backpulver – sind, von individuellen Beigaben wie Rosinen, Nüsse oder Schokolade abgesehen, immer gleich. Das wichtigste ist natürlich das Rühren. Dabei hilft der elektrische Handmixer. Lieblingsklassiker wie Marmorkuchen, Sand-, Zitronen- und Nußkuchen entstehen aus Rührteig. Er wird auch gerne für Obstkuchen zubereitet, bei dem die Früchte im Teig versinken dürfen.

Ganz locker – Hefeteig

Er wurde schon in den Rezepten für Pizza beschrieben. Für Kuchen erhält er natürlich die süße Note. Wer sich an die Rezepte hält, wird auch mit diesem Teig keine Probleme bekommen. Die heute angebotenen Frisch- und Trockenhefen sind so zuverlässig und stabil, daß der Teig sicher gelingt. Hefeteig braucht allerdings etwas Zeit, damit er schön aufgehen kann. Er liebt eine ausgeglichene Raumtemperatur und keinen Kälteschock. Denn dann fällt er einfach in sich zusammen. Hefeteig ist aber auch ein Alleskönner. Er wird gerne als Basis für Obstkuchen verwendet, oder für Kuchen mit Füllung wie Bienenstich und Eierschecke. Aus Hefeteig lassen sich leckere Zöpfe flechten und in der Guglhupfform breitet er sich so richtig aus. Frisch schmekken Hefekuchen am besten.

Beides nicht schwierig zu handhaben: Frische und Trockenhefe.

Für Obst ein solider Boden

Ein gekneteter Mürbeteig aus Mehl, Zucker, Butter und Eiern dient als stabiler Boden für saftige Früchte. Er wird erst einmal solo blind gebacken, wie bereits im Kapitel mit den Quiches und Tartes beschrieben. Nach dem Abkühlen belegt man ihn mit frischem oder gedünstetem Obst. Zu diesen Kuchen gehört unbedingt Schlagsahne.

Biskuit für Festtagstorten

Die Herstellung von zartem Biskuit ist ebenfalls unkompliziert. Wichtig ist das Schlagen der Zutaten Eigelb, Zucker und Eierschnee, damit ein luftiger Boden entsteht. Er wird in der Springform gebacken oder – für eine Biskuitrolle – als Platte auf dem großen Blech. Feine Buttercreme und Sahne zählen zu den klassischen Füllungen. Die meisten Festtagstorten, wie Schwarzwälder Kirsch und Prinzregententorte, haben einen Biskuitboden, der in viele Schichten geteilt köstlich gefüllt wird.

Brandteig – nicht alles Luft

Für Spritzkuchen oder Windbeutel wird Brandteig zubereitet. Dieser wird aus Wasser, Butter oder

Wenn er glänzt und Spitzen bildet, ist Eischnee richtig.

Margarine und Mehl gekocht und so lange im Topf gerührt und abgebrannt, bis er sich vom Topfboden löst und als zäher Klumpen in die Teigschüssel fällt. Erst nach dem Abkühlen rührt man nach und nach die Eier unter – am besten mit den Knethaken des elektrischen Handrührers, weil der Teig sehr zäh ist. Doch in Tupfen oder Strängen auf ein bemehltes Blech gespritzt und gebacken, verwandelt sich der Brandteig in luftige Gebilde, die sich wunderbar zum Füllen eignen. Das Gebäck wird nach dem Backen gleich aufgeschnitten, damit der Dampf aus dem Innern entweichen kann.

Backen mit Blätterteig aus der Tiefkühltruhe

Blätterteig selbst herzustellen ist eine langwierige und mühevolle Arbeit, die sich heute selbst Profis nicht mehr machen. Denn der Blätterteig aus der Tiefkühltruhe ist optimal, immer da, wenn er gebraucht wird, und das Backen damit ist kinderleicht. Da er nicht gewürzt ist, läßt er sich für Salziges und Süßes verwenden, zum Beispiel Quarktaschen, Apfel im Schlafrock, für Tortenböden oder für Sahneschnitten. Bei salzigem Gebäck mit aufgestreutem Kümmel oder Käse, mit Mohn oder Sesam, oder für pikante, kleine, schnelle Pizzaschnitten zeigt dieser Teig seine vielseitige Verwendbarkeit. Blätterteig gibt es in rechteckigen Packungen zu mehreren Scheiben. Daran denken: etwa 30 Minuten vor Backbeginn die Packung aus dem Tiefkühlfach nehmen, die benötigten Scheiben auf einer bemehlten Fläche zum Auftauen nebeneinander auszulegen. Blätterteigscheiben, die nicht gebraucht werden, wandern sofort zurück in den Kälteschlaf. Nach dem Auftauen kann der Teig auf der bemehlten Arbeitsfläche in der erforderlichen Größe oder Form ausgerollt werden. Soll etwas in Teig verpackt werden, pinselt man die Ränder mit verquirltem Ei ein und drückt sie fest zusammen, damit der Inhalt nicht ausläuft. Bei kleinteiligem Gebäck, mit oder ohne Füllung, die Oberfläche ebenfalls mit Ei einpinseln, dann färbt sie sich beim Backen besonders appetitlich. Aufgestreute Mandeln, Käse oder Kümmel haften durch das Ei. Böden oder Platten mehrmals mit der Gabel einstechen, damit sie sich beim Backen nicht zu sehr aufplustern. Das Backblech mit Backpapier auslegen, dann klebt der Blätterteig nicht fest. Er schmeckt übrigens frisch gebacken am besten. Salziges Kleingebäck kann jedoch in einer Dose kurze Zeit aufbewahrt werden.

Schnell aus dem Waffeleisen

Kinderleicht und schnell lassen sich leckere Waffeln backen. Benötigt wird dafür ein halbflüssiger Teig und ein elektrisches Waffeleisen. Die Anschaffung ist nicht teuer, vielleicht läßt sich es sich auch von einem Nachbarn ausleihen. Der Waffelteig kann nach Geschmack aus Weiß- oder Vollkornmehl zubereitet werden, nach Belieben mit gemahlenen Nüssen oder Mandeln, abgeschmeckt mit Vanille, Kakao, Zimt oder Rum. Gefüllt mit Sahne oder einem Kompott schmecken Waffeln herrlich zum Kaffee.

Köstliches aus dem Orient

Baklawa, die zarte Blätterteigpastete läßt sich auch im kühlen Norden problemlos backen. Den Teig dafür, hauchdünne Filloteigblätter, gibt es in Folie eingeschweißt und tiefgekühlt im griechischen Lebensmittelladen. In Ecken geschnitten ist Baklawa auch ein wunderbares Dessert, zu dem natürlich ein griechischer Mokka sehr gut paßt.

Rotweinkuchen

Gelingt leicht

Zutaten für eine Gugelhupf-Form (ergibt etwa 14 Stück)
4 Eier
Salz
200 g weiche Butter
200 g Zucker
2 Eßlöffel Vanillinzucker
1 Päckchen Backpulver
250 g Mehl
125 ml trockener Rotwein
1 Teelöffel Kakaopulver
2 Eßlöffel Rum
100 g Schokoladenstreusel
Für die Form:
Butter und Zwiebackbrösel

Pro Stück: 1300 kJ/ 310 kcal
5 g E · 16 g F · 33 g Kh
Zubereitungszeit:
1 Stunde 50 Minuten

Die Eier trennen. Die Eiweiße mit 1 Prise Salz zu steifem Schnee schlagen.

Die Form fetten und mit den Bröseln ausstreuen. Den Backofen auf 180° vorheizen.

Die Butter mit dem Zucker schaumig rühren, die Eigelbe und den Vanillinzucker unterziehen und das mit dem Backpulver gemischte Mehl einrühren.

Nach und nach den Rotwein mit dem Kakaopulver, dem Rum und den Schokoladestreuseln in den Teig mischen und zuletzt den Eischnee mit einem Rührlöffel unterheben*. Den Teig in die Form füllen und im Backofen (Mitte) etwa 1 Stunde und 20 Minuten backen.

Rhabarberkuchen mit Schmandguß

Saftig

Zutaten für eine Springform von 24 cm ø (ergibt 12 Stück)
500 g Rhabarber
200 g Zucker
2 Päckchen Vanillinzucker
150 g weiche Butter
1 Prise Salz · 5 Eier
150 g Mehl
75 g Speisestärke
2 Teelöffel Backpulver
125 g Schmand (ersatzweise Crème fraîche)
1 Eßlöffel Puderzucker
Für die Form: Butter

Pro Stück: 1200 kJ/ 295 kcal
5 g E · 16 g F · 34 g Kh
Zubereitungszeit:
1 Stunde 50 Minuten

Den Rhabarber waschen, die Enden abschneiden und die Haut in Fäden abziehen. Rhabarberstangen in 3 cm lange Stücke schneiden. Den Backofen auf 180° vorheizen. Die Springform einfetten.

Den Zucker mit dem Vanillinzucker mischen. Die Butter mit 125 g Zucker schaumig rühren. Nach und nach 3 Eier unterrühren. Das Mehl mit der Speisestärke und dem Backpulver mischen, unter die Butter-Eier-Masse rühren.

Den Teig in die Form geben und glattstreichen. Die Rhabarberstücke darauf verteilen und etwas in den Teig drücken. Den Kuchen im Backofen (unten) 35 Minuten backen.

Den Schmand mit den restlichen Eiern und dem restlichen Zucker verrühren, über den Kuchen gießen. Den Rhabarberkuchen im Backofen (Mitte) in 25 Minuten fertigbacken.

Den Kuchen etwas abkühlen lassen, dann aus der Form nehmen, völlig erkalten lassen und kurz vor dem Servieren mit Puderzucker bestäuben.

Variante:

Statt mit Schmandguß können Sie den Kuchen auch mit einer Baiserhaube backen: 3 Eiweiße mit 1 Prise Salz und 150 g Zucker steif schlagen. 50 g gemahlene Haselnüsse und 1 Eßlöffel Zitronensaft untermischen. Den Eischnee nach 35 Minuten Backzeit auf den Kuchen streichen, in 20 Minuten fertigbacken.

Ein saftiger Genuß: Rhabarberkuchen mit Schmandguß.

Donauwellen

Für Gäste

Zutaten für ein Backblech (ergibt etwa 20 Stück)
Für den Teig:
250 g weiche Butter
200 g Zucker
6 Eier
350 g Mehl
3/4 Päckchen Backpulver
1 Prise Salz
1 Eßlöffel Rum
2 Eßlöffel Kakaopulver
2 Gläser Sauerkirschen (je 370 g Abtropfgewicht)
Für die Buttercreme:
1/2 l Milch
100 g Zucker
1 Päckchen Vanillepuddingpulver
20 g Kokosfett
200 g weiche Butter
Für den Guß:
100 g Halbbitter-Schokolade
100 g Vollmilch-Schokolade
40 g Kokosfett
Für das Backblech:
Backpapier

Pro Stück: 1900 kJ/ 440 kcal
5 g E · 28 g F · 39 g Kh
Zubereitungszeit:
1 Stunde 40 Minuten

Butter, Zucker und Eier schaumig rühren. Langsam Mehl und Backpulver dazugeben, Salz und Rum hinzufügen und alles gut durcharbeiten. Das Blech mit Backpapier auslegen. Den Backofen auf 175° vorheizen.

Vom Teig die Hälfte auf das Blech streichen. Die andere Hälfte mit dem Kakao verrühren und darauf streichen.

Die Kirschen gut abtropfen lassen. Auf dem Teig verteilen und leicht andrücken. Im Backofen (Mitte) in 35–40 Minuten backen.

Inzwischen für die Buttercreme den Pudding wie auf dem Päckchen beschrieben zubereiten.

Den Kuchen erkalten lassen. Das Kokosfett in einem Topf schmelzen und wieder abkühlen lassen. Die Butter flöckchenweise und den kalten Pudding löffelweise unterrühren. Die Creme mit dem Teigspatel auf den Kuchen streichen.

Für den Guß ein Töpfchen in ein heißes Wasserbad stellen. Die Schokolade zerbröckeln und mit dem Kokosfett hineingeben. Schmelzen und unter Rühren wieder etwas abkühlen lassen. Der Guß soll nicht mehr heiß, aber noch flüssig sein.

Die Buttercreme dagegen muß sehr kalt sein, damit sich Creme und Guß nicht vermischen. Den Guß dünn und gleichmäßig über die Buttercreme gießen. Mit einem Teigspatel glattstreichen. Mit einer Gabel wellenförmige Linien durch den Guß ziehen.

Heidelbeerkuchen mit Eierlikör

Für Gäste

Zutaten für ein Backblech (ergibt etwa 20 Stück)
Für den Teig:
500 g frische Heidelbeeren (ersatzweise aus dem Glas oder tiefgekühlt)
250 g weiche Butter oder Margarine
250 g Zucker
4 Eier
1 Prise Salz
1 Päckchen Vanillinzucker
abgeriebene Schale von einer unbehandelten Zitrone
1 Eßlöffel Zitronensaft
400 g Mehl
3/4 Päckchen Backpulver
125 ml Milch
Für den Belag:
400 g Sahne
1 Päckchen Vanillinzucker
knapp 250 ml Eierlikör
Für das Blech:
Butter
Semmelbrösel

Pro Stück: 1400 kJ/ 340 kcal
4 g E · 19 g F · 30 g Kh
Zubereitungszeit: 2 Stunden

Frische Heidelbeeren verlesen, waschen und in einem Sieb abtropfen lassen, Beeren aus dem Glas abtropfen, tiefgefrorene Beeren auftauen lassen.

In einer Schüssel Fett mit Zucker und Eiern mit den Quirlen des

Handrührgerätes (Stufe 2) schaumig rühren. Salz, Vanillinzucker, die Zitronenschale und den Zitronensaft hinzufügen. Den Backofen auf 180° vorheizen.

Mehl, Backpulver und Milch langsam dazurühren. Die Heidelbeeren unter den Teig heben. Das Blech mit der Butter ausfetten und dünn mit Semmelbrösel bestreuen. Den Heidelbeerteig mit einem Teigspatel auf das Blech streichen. Im Backofen (Mitte) etwa 50 Minuten backen.

Den Kuchen auf dem Blech auskühlen lassen. Inzwischen Sahne mit Vanillinzucker steif schlagen* und kühl stellen. Etwa die Hälfte des Eierlikörs mit einem Backpinsel über den erkalteten Kuchen streichen.

Unmittelbar vor dem Servieren mit einem Spatel die Schlagsahne über den Kuchen streichen. Den restlichen Eierlikör in einen kleinen Klarsichtbeutel füllen und eine winzige Ecke abschneiden. Diagonal mit dem Likör ein Gittermuster über die Sahne ziehen.

Kirsch-Schokokuchen

Raffiniert

Zutaten für eine Springform von 26 cm ø (ergibt etwa 12 Stück)
500 g Süßkirschen (oder Sauerkirschen)
100 g Zartbitter-Schokolade
5 Eier
1 Prise Salz
125 g weiche Butter
100 g Zucker
1 Päckchen Vanillinzucker
200 g gemahlene Mandeln
1 Eßlöffel Puderzucker
Für die Form:
Butter
Semmelbrösel

Pro Stück: 1300 kJ/ 310 kcal
7 g E · 25 g F · 18 g Kh
Zubereitungszeit: 2 Stunden

Die Kirschen waschen, abtrocknen und entsteinen. Die Schokolade fein reiben. Den Backofen auf 180° vorheizen.

Die Eier trennen. Die Eiweiße mit Salz zu steifem Schnee schlagen. Die Butter mit Zucker und Vanillinzucker cremig rühren. Die Eigelbe nach und nach untermischen. Die Schokolade unterrühren und die gemahlenen Mandeln mit dem Eischnee unterheben*.

Die Springform einfetten und mit Semmelbröseln ausstreuen. Den Teig einfüllen und die Kirschen darüber verteilen.

Den Kirschkuchen im Backofen (unten) 70 Minuten backen. Den Kuchen im ausgeschalteten Backofen 10 Minuten stehen lassen.

Den Kirschkuchen aus der Form lösen, auskühlen lassen und vor dem Servieren mit Puderzucker bestäuben.

Tip!

Zum Entsteinen der Kirschen sollten Sie einen speziellen Entsteiner benutzen.
Oder Sie behelfen sich mit einer großen Sicherheitsnadel: Man faßt die Nadel am Verschluß an und drückt die Kerne am Stielansatz mit dem Ring am anderen Ende der Nadel heraus.

Käsekuchen mit Korinthen

Raffiniert

Zutaten für eine Springform von 28 cm ø (ergibt etwa 10 Stück)
Für den Teig:
120 g Butter
80 g Zucker
240 g Mehl
Für den Belag:
100 g Korinthen
2 Eßlöffel Orangenlikör (oder Orangensaft)
3 Eier
Salz
80 g weiche Butter
120 g Zucker
3 Eßlöffel Mehl
500 g Magerquark
knapp 250 g saure Sahne
Für die Form: Butter

Pro Stück: 2000 kJ/ 480 kcal
12 g E · 24 g F · 50 g Kh
Zubereitungszeit:
1 Stunde 50 Minuten

Für den Teig die Butter in Flöckchen schneiden und mit dem Zucker und dem Mehl verkneten; wenn nötig 1–2 Eßlöffel kaltes Wasser dazugeben. Den Teig zugedeckt kühl stellen.

Den Backofen auf 200° vorheizen. Die Form fetten.

Die Korinthen heiß waschen, trockentupfen, in einem Schüsselchen mit dem Likör beträufeln und quellen lassen.

Die Eier trennen und die Eiweiße mit 1 Prise Salz steif schlagen*.

Die Eigelbe mit der Butter und dem Zucker schaumig rühren. Das Mehl, den Quark, die saure Sahne und die Korinthen untermischen und den Eischnee unterheben*.

Den Mürbeteig in die Form drücken und einen Rand formen. Die Quarkmasse einfüllen und den Kuchen im Backofen (Mitte) etwa 1 Stunde backen; gegen Ende der Backzeit eventuell die Oberfläche mit Pergamentpapier bedecken.

Käsekuchen ohne Boden

Braucht etwas Zeit

Zutaten für eine Springform von 28 cm ø (ergibt etwa 10 Stück)
750 g Magerquark
6 Eier
Salz
125 g weiche Butter
250 g Zucker
2 Eßlöffel Vanillinzucker
500 g Mascarpone
1 Päckchen Vanillepuddingpulver
4 gehäufte Eßlöffel Grieß
Für die Form:
Butter · Grieß

Pro Stück: 2100 kJ/ 500 kcal
20 g E · 30 g F · 38 g Kh
Vorbereitungszeit: 12 Stunden
Zubereitungszeit: 2 Stunden

Den Quark in ein Tuch hüllen, in ein Sieb legen und dieses in eine Schüssel einhängen. Den Quark mit einem Teller und diesen mit einem gefüllten Glas oder einer Konservendose beschweren und am besten über Nacht im Kühlschrank abtropfen lassen.

Den Backofen auf 180° vorheizen. Die Form fetten und mit Grieß ausstreuen.

Die Eier trennen. Die Eiweiße mit 1 Prise Salz zu steifem Schnee schlagen.

Die Eigelbe mit der Butter, dem Zucker und dem Vanillinzucker verrühren. Den Quark, den Mascarpone, das Puddingpulver und den Grieß untermischen und den Eischnee unterheben*.

Die Masse in die Form füllen und im Ofen (Mitte) etwa 1 1/2 Stunden backen. Wenn der Kuchen zu rasch bräunt, die Oberfläche gegen Ende der Backzeit mit Pergamentpapier bedecken.

Im Bild vorne:
Käsekuchen ohne Boden
Im Bild hinten:
Käsekuchen mit Korinthen

Pflaumen-Streusel-Kuchen

Gelingt leicht

Zutaten für eine Obstkuchenform von 30 cm ø (ergibt etwa 16 Stück)
Für den Teig:
200 g Butter
150 g Zucker
Salz
3 Eßlöffel Vanillinzucker
1 Ei
400 g Mehl
Für die Füllung:
850 g Pflaumen
100 g Hagelzucker
Zum Bestäuben:
3 Eßlöffel Puderzucker
Für die Form: Butter

Pro Stück: 1200 kJ/ 290 kcal
3 g E · 11 g F · 43 g Kh
Zubereitungszeit:
1 Stunde 50 Minuten

Für den Teig die Butter zerlassen, aber kaum erhitzen, und mit dem Zucker, 1 Prise Salz, dem Vanillinzucker, dem Ei und 200 g Mehl verrühren. Das übrige Mehl über den Teig schütten und alles mit den Händen rasch zu Streuseln verarbeiten.

Die Form fetten. Den Backofen auf 180° vorheizen. Gut die Hälfte der Streusel in die Form schütten und leicht andrücken, so daß ein Boden und ein etwa 3 cm hoher Rand entstehen.

Die Pflaumen waschen, abtrocknen, halbieren, entsteinen und mit der Rundung nach unten auf den Boden legen. Den Hagelzucker darüber streuen. Die übrigen Streusel locker auf den Pflaumen verteilen.

Den Kuchen im Backofen (Mitte) in gut 1 Stunde goldgelb backen. Den abgekühlten Kuchen mit dem Puderzucker übersieben.

Birnenkuchen

Gut vorzubereiten

Zutaten für eine Springform von 26 cm ø (ergibt etwa 12 Stück)
Für den Teig:
225 g Weizenvollkornmehl
100 g kalte Butter
50 g gemahlene Mandeln
1 Teelöffel gemahlene Vanille (Reformhaus)
3 Eßlöffel Honig
1 kleines Ei
Für die Füllung:
3 Eier
250 g Sahne
1 gehäufter Eßlöffel Maisgrieß (Polenta)
5 Eßlöffel Birnendicksaft (Reformhaus)
1 kg feste Birnen (Kaiser Alexander oder grüne Williams)
3 Eßlöffel Zitronensaft, frisch gepreßt
40 g gehackte Mandeln
Für die Arbeitsfläche: Vollkornmehl

Pro Stück: 1400 kJ/ 330 kcal
7 g E · 20 g F · 31 g Kh
Zubereitungszeit: 2 Stunden
Ruhezeit: 45 Minuten

Das Vollkornmehl mit der Butter in Stückchen, den gemahlenen Mandeln, der Vanille, dem Honig und dem Ei rasch zu einem geschmeidigen Teig verkneten. Den Mürbeteig zu einer Kugel formen und zugedeckt 45 Minuten im Kühlschrank ruhen lassen.

Die Eier mit Sahne, Grieß und 3 Eßlöffeln Birnendicksaft verrühren. Die Mischung 15 Minuten quellen lassen.

Die Birnen vierteln, schälen und das Kerngehäuse entfernen. In 1 cm große Würfel schneiden, mit dem restlichen Birnendicksaft und Zitronensaft erhitzen. 2 Minuten dünsten*, in einem Sieb abtropfen lassen.

Den Backofen auf 180° vorheizen. Den Mürbeteig auf einer mit Mehl bestäubten Arbeitsplatte dünn ausrollen und die Springform damit auskleiden, dabei einen 3 cm hohen Rand formen. Den Teigboden mehrmals mit einer Gabel einstechen. Den Teig im Backofen (Mitte) 15 Minuten vorbacken.

Die Birnenwürfel einfüllen, den Eier-Sahne-Guß darüber gießen und mit den gehackten Mandeln bestreuen. Den Kuchen in etwa 45 Minuten fertigbacken.

Apfelkuchen

Gut vorzubereiten

Zutaten für eine Form von 28 cm ø (ergibt etwa 12 Stück)
Für den Teig:
250 g Mehl · 1 Ei
125 g zimmerwarme Butter
Salz · 1 Eßlöffel Zucker
abgeriebene Schale von einer unbehandelten Zitrone
Für den Belag:
1 kg säuerliche Äpfel (z. B. Boskop)
75 g Zucker
200 g Crème fraîche
2 Eier · 3 Eigelbe
1 Eßlöffel Mehl · 60 g Zucker
2 Päckchen Vanillezucker
Für die Form: Butter und Mehl
Zum Ausrollen: Klarsichtfolie

Pro Stück: 1400 kJ/ 335 kcal
6 g E · 17 g F · 38 g Kh
Zubereitungszeit: 1Stunde
Ruhezeit: 1 Stunde

Das Mehl auf die Arbeitsfläche sieben. In die Mitte eine Mulde drücken und das Ei hineingeben. Die Butter in Stücken, Salz, Zucker und Zitronenschale hinzufügen. Alles mit 1–2 Eßlöffeln Wasser zu einem glatten Teig verkneten. Zugedeckt etwa 45 Minuten ruhen lassen.

Die Form buttern und mehlen. Den Teig zwischen zwei Bogen Klarsichtfolie etwas größer als die Form ausrollen. Die Form mit dem Teig auskleiden. Zugedeckt 15 Minuten ins Tiefkühlfach stellen.

Die Äpfel waschen, schälen, vierteln, vom Kerngehäuse befreien und in Scheiben schneiden. Mit dem Zucker vermischen. Crème fraîche, Eier, Eigelbe, Mehl, Zukker und Vanillezucker miteinander verrühren.

Den Backofen auf 200° vorheizen. Die Apfelscheiben auf dem Teig verteilen. Den Guß darüber gießen. Den Kuchen im Ofen (unten) in etwa 45 Minuten goldgelb backen. Den Kuchen aus dem Ofen nehmen, in der Form auf einem Kuchengitter auskühlen lassen.

Mohn-Aprikosen-Kuchen

Gut vorzubereiten

Zutaten für eine Springform von 26 cm ø (ergibt etwa 12 Stück)
Für den Teig:
280 g Mehl · 80 g Zucker
1/2 Teelöffel Zimt · 1 Prise Salz
1 Ei · 125 g kalte Butter
Für die Füllung:
200 ml Milch · 25 g Butter
200 g feingemahlener Mohn
2 Eßlöffel Semmelbrösel
500 g Aprikosen · 2 Eßlöffel Rum
3 Eßlöffel Zuckerrübensirup
1/2 Teelöffel Zimt
1 Teelöffel abgeriebene Schale von 1 unbehandelten Zitrone
2 Eier
Für die Arbeitsfläche: Mehl
Zum Bepinseln: 2 Eßlöffel Milch
2 Eßlöffel Aprikosenkonfitüre

Pro Stück: 1600 kJ/ 380 kcal
10 g E · 21 g F · 33 g Kh
Zubereitungszeit:
2 Stunden 20 Minuten
Ruhezeit: 30 Minuten

Aus Mehl, Zucker, Zimt, Salz, Ei und Butter in Stückchen rasch einen geschmeidigen Teig kneten, 30 Minuten kühl stellen.

Milch und Butter aufkochen. Mohn und Semmelbrösel mischen. Die Milch darüber gießen, zugedeckt 30 Minuten quellen lassen. Die Aprikosen waschen, halbieren und entsteinen.

Den Ofen auf 200° vorheizen. 3/4 des Teiges auf einer bemehlten Fläche ausrollen, die Springform damit auskleiden, einen 3 cm hohen Rand formen. Den Teigboden mehrmals mit einer Gabel einstechen und im Backofen (Mitte) 15 Minuten backen.

Rum, Zuckerrübensirup, Zimt, Zitronenschale und Eier unter die Mohnmasse ziehen. Diese auf dem Teigboden verteilen, die Aprikosenhälften hineindrücken.

Restlichen Teig auf bemehlter Fläche ausrollen, 1 cm breite Streifen schneiden, gitterförmig auf die Mohnfüllung legen, mit Milch bepinseln. Den Ofen auf 180° zurückschalten. Den Kuchen 45 Minuten backen, dann 10 Minuten im abgeschalteten Ofen stehen lassen. Die Konfitüre erwärmen und den Kuchen damit bepinseln.

Gugelhupf

Berühmtes Rezept

Zutaten für eine Napfkuchenform von 25 cm ø (ergibt etwa 8 Stück)
500 g Mehl
125 ml Milch
1 Würfel Hefe (42 g)
60 g Zucker
Salz
7 Eier
250 g weiche Butter
80 g Rosinen
6 Eßlöffel Kirschwasser
Für die Form:
Butter
Mehl
etwa 30 Mandelkerne, geschält
Zum Bestäuben: Puderzucker

Pro Stück: 2700 kJ/ 650 kcal
14 g E · 36 g F · 61 g Kh
Zubereitungszeit: 1 1/2 Stunden
Kühlzeit: 12 Stunden

Das Mehl in eine Schüssel sieben. In die Mitte eine Mulde drücken. Die Milch erwärmen. Die Hefe zerbröckeln und in der Mulde mit der Milch und dem Zucker verrühren. Nach und nach das Mehl einrühren. Salz, die Eier und die Butter dazugeben und verrühren, bis der Teig Blasen wirft und sich vom Schüsselrand löst. Den Teig zugedeckt mindestens 12 Stunden kühl stellen.

Die Rosinen waschen, trockentupfen und in eine Schüssel geben. Das Kirschwasser darüber gießen und die Rosinen quellen lassen. Die Napfkuchenform mit Butter ausstreichen, mit Mehl ausstreuen und die Rillen am Boden mit Mandelkernen auslegen.

Die Teigschüssel 10–15 Minuten in heißes Wasser stellen, damit der Teig wieder weich wird. Die Rosinen mit dem Kirschwasser unter den Teig ziehen. Den Teig in die Form füllen.

Die Form in den kalten Backofen (Mitte) stellen. Den Gugelhupf bei 180° in etwa 50 Minuten goldbraun backen. Den Kuchen aus dem Ofen nehmen, noch heiß auf ein Kuchengitter stürzen und abkühlen lassen. Mit Puderzucker bestäuben. Am besten schmeckt der Gugelhupf lauwarm mit einem Glas Wein oder Sekt.

Variante:

Neben dem süßen gibt es auch einen salzigen Gugelhupf: Einen Hefeteig wie beschrieben zubereiten, dabei nur 1 Teelöffel Zucker und 150 g Butter verarbeiten. Statt der Rosinen werden nach der Ruhezeit 100 g ausgelassene Räucherspeckwürfel sowie 100 g in kleine Würfel geschnittener Emmentaler in den Teig eingearbeitet.

Ein elsässischer Klassiker – der Gugelhupf

Bienenstich

Für Gäste

Zutaten für ein Backblech (ergibt 24 Stück)
Für den Teig:
1 Würfel Hefe (42 g)
125 ml Milch · 120 g Zucker
1 Ei
1 Prise Salz
abgeriebene Schale von einer unbehandelten Zitrone
180 g Margarine
500 g Mehl
Für die Füllung:
1 Päckchen Vanillepuddingpulver
1/2 l Milch · 40 g Zucker
50 g Butter · 1 Prise Salz
1 Stück Vanilleschote
abgeriebene Schale von einer unbehandelten Zitrone
250 g Sahne
2 Eigelb
Für den Belag:
3 Eßlöffel Honig
125 g Sahne · 100 g Zucker
200 g Mandelblättchen
Für die Arbeitsfläche: Mehl
Für das Blech: Backpapier

Pro Stück: 1300 kJ/ 310 kcal
6 g E · 18 g F · 32 g Kh
Zubereitungszeit:
1 Stunde 35 Minuten
Ruhezeit: 1 Stunde 10 Minuten

Die Hefe mit der Milch und 1 Eßlöffel Zucker verrühren, dann etwa 15 Minuten an einen warmen Ort stellen. Danach den restlichen Zucker, das Ei, das Salz und die Zitronenschale mit der Hefemilch verrühren, das Fett dazugeben und das Mehl darüber sieben. Alles einige Minuten kneten, dann den Teig zugedeckt an einem warmen Ort knapp 1 Stunde gehen lassen.

Für die Füllung das Puddingpulver mit 4 Eßlöffel Milch anrühren. Die übrige Milch mit Zucker, Butter und Salz aufkochen. Die Vanilleschote aufschlitzen, das Mark herausschaben. Mit der Zitronenschale unter die Milch mengen. Den Pudding in die kochende Milch rühren, aufkochen lassen. Eigelbe unterrühren und unter Rühren auskühlen lassen. Den Ofen auf 200° vorheizen.

Den Teig nochmals durchkneten und auf Blechgröße ausrollen, auf das mit Backpapier ausgelegte Blech geben.

Für den Belag den Honig mit Sahne und Zucker in einem Topf aufkochen. Die Mandeln unterrühren und die Masse gleichmäßig auf dem Teig verstreichen. Im Ofen (Mitte) in 25–30 Minuten goldgelb backen.

Den kalten Kuchen in vier Platten schneiden. Diese dann quer in Ober- und Unterhälften schneiden.

Für die Füllung die Sahne steif schlagen*, unter den erkalteten Pudding heben. Die Masse auf die Unterhälften streichen. Die Oberhälften in Stücke schneiden, auf den Pudding legen. Den Bienenstich ganz durchschneiden.

Eierschecke

Braucht etwas Zeit

Zutaten für ein tiefes Backblech (ergibt 20 Stück)
Für den Teig:
400 g Mehl
125 ml Milch
1 Würfel Hefe (42 g)
100 g Zucker
150 g Margarine
1 Prise Salz
abgeriebene Schale von einer unbehandelten Zitrone
Für die Puddingmasse:
375 ml Milch
1/2 Päckchen Vanillepuddingpulver
200 g Butter
100 g Zucker
4 Eier
Für den Quarkbelag:
1 kg Magerquark
100 g Zucker
1 Päckchen Vanillezucker
2 Eier
abgeriebene Schale von einer unbehandelten Zitrone
1 Prise Salz
100 g Mandelblättchen
50 g Rosinen
Zum Bestreichen:
60 g Butter
50 g Zucker
Für das Blech: Butterschmalz

Pro Stück: 1700 kJ/ 410 kcal
13 g E · 23 g F · 39 g Kh
Zubereitungszeit:
2 Stunden 40 Minuten
Ruhezeit: 1 Stunde 10 Minuten

Die Hefe mit der Milch und 1 Eßlöffel Zucker verrühren, dann etwa 15 Minuten an einen warmen Ort stellen. Danach den restlichen Zucker, das Salz und die Zitronenschale mit der Hefemilch verrühren, das Fett dazugeben und das Mehl darüber sieben. Alles einige Minuten durchkneten, dann den Teig zugedeckt an einem warmen Ort knapp 1 Stunde gehen lassen.

Inzwischen den Pudding wie auf dem Päckchen beschrieben zubereiten. Die Butter und den Zucker in der heißen Milch schmelzen lassen.

Für den Belag Quark mit Zucker und Vanillezucker verrühren. Die Eier trennen. Das Eigelb zum Quark geben und das Eiweiß für den Pudding aufheben. Die Zitronenschale, Salz und Mandelblättchen unterrühren.

Den Teig auf einer bemehlten Arbeitsfläche kneten und auf Blechgröße ausrollen. Das tiefe Blech ausfetten und den Teig darauf legen. Die Quarkmasse über den Teig streichen, Rosinen darüber streuen.

Für die Puddingmasse die Eier trennen und das Eigelb unter die abgekühlte Masse rühren. Die Eiweiße und die beiseite gestellten Eiweiße steif schlagen und unter den Pudding heben. Creme über den Quarkbelag streichen.

Die Eierschecke im Ofen bei 160° (Mitte) in etwa 1 Stunde 10 Minuten goldgelb backen. Die Butter zerlassen und den noch heißen Kuchen damit bestreichen. Mit dem Zucker bestreuen und abkühlen lassen.

Zwetschgendatschi

Braucht etwas Zeit

Zutaten für ein Backblech (ergibt 12 Stück)
Für den Teig:
1/2 Würfel Hefe (20 g)
200 ml lauwarme Milch
60 g Zucker
1 Ei
1 Prise Salz
60 g weiche Butter
400 g Mehl
Für den Belag:
1 kg Zwetschgen
Zum Bestreuen:
100 g gehackte Mandeln
Zimt und Zucker
Für das Backblech: Butterschmalz

Pro Stück: 1300 kJ/ 310 kcal
6 g E · 10 g F · 46 g Kh
Zubereitungszeit:
1 Stunde 15 Minuten
Ruhezeit: 1 1/2 Stunden

Die Hefe mit der Milch und 1 Teelöffel Zucker verrühren, dann etwa 15 Minuten an einen warmen Ort stellen.

Den restlichen Zucker, das Ei und das Salz mit der Hefemilch in einer Schüssel verrühren, die Butter dazugeben und das Mehl darüber sieben.

Die Zutaten einige Minuten kneten, dann den Teig zugedeckt an einer warmen Stelle etwa 45 Minuten gehen lassen.

Das Blech fetten, den Teig noch einmal kräftig kneten und auf dem Blech ausrollen.

Die Zwetschgen waschen, halbieren und entsteinen. Beim Halbieren der Zwetschgen darauf achten, daß die Frucht nicht ganz durchgeschnitten wird. Die Zwetschgen fächerartig, dicht nebeneinander auf den Teig legen. Mit den Mandeln, Zucker und Zimt bestreuen. Zugedeckt etwa 30 Minuten gehen lassen. Im Backofen (Mitte) bei 200° etwa 35 Minuten backen.

Johannisbeerschnitten

Fruchtig

Zutaten für 8 Schnitten
4 Eier · 1 Prise Salz · 100 g Zucker
1 Päckchen Vanillezucker
100 g Mehl · 50 g Speisestärke
1 Teelöffel Backpulver
600 g rote Johannisbeeren
3 Eßlöffel Zucker
150 g rotes Johannisbeergelee
2 Eßlöffel Crème de Cassis (Johannisbeerlikör) nach Belieben
200 g Sahne · 250 g Mascarpone
2 Eßlöffel Gelin (Flüssig-Geliermittel, oder 3 Blatt Gelatine)
2 Eßlöffel Puderzucker
Für das Blech: Backpapier

Pro Stück: 2000 kJ/ 470 kcal
7 g E · 26 g F · 53 g Kh
Zubereitungszeit: 1 Stunde

Den Backofen auf 200° vorheizen. Ein Blech mit Backpapier auslegen. Die Eier trennen, die Eiweiße mit Salz steif schlagen*. Die Eigelbe mit Zucker und Vanillezucker schaumig rühren. Mehl mit Speisestärke und Backpulver mischen, auf die Eigelbcreme sieben und den Eischnee unterheben.

Die Biskuitmasse mit einem Spatel auf das Blech streichen und im Backofen (oben) 12–14 Minuten backen. Auf ein Küchentuch stürzen und abkühlen lassen. Die Johannisbeeren waschen, mit Küchenpapier trockentupfen, 8 Rispen zum Garnieren zurückbehalten. Die restlichen Beeren von den Rispen streifen und 2 Eßlöffel Zucker untermischen. Das Gelee mit dem Likör verrühren. Die Sahne steif schlagen. Mascarpone mit dem restlichen Zucker und Gelin verrühren, die Schlagsahne unterziehen*.

Die Biskuitplatte quer halbieren. Eine Hälfte mit Gelee bestreichen, die Beeren darauf verteilen und die Sahnecreme darüber streichen. Den Teigdeckel in 8 gleich große Stücke schneiden und auf die Sahnecreme legen. Den Kuchen in 8 Teile schneiden, mit Puderzucker bestäuben und mit je 1 Johannisbeerrispe garnieren.

Biskuitroulade

Klassiker

Zutaten für 1 Roulade (ergibt etwa 8 Stück)
Für den Teig:
4 Eiweiße
200 g Puderzucker · 1 Prise Salz
1 Eßlöffel Vanillezucker
8 Eigelbe · 50 g Mehl
50 g Speisestärke
Für die Füllung:
250 g Sahne
abgeriebene Schale von 1/2 unbehandelten Orange
2 Eßlöffel frisch gepreßter Orangensaft
2 Eßlöffel Orangenmarmelade
Zum Bestäuben:
2 Eßlöffel Puderzucker
Für das Blech: Backpapier

Pro Stück: 1400 kJ/ 330 kcal
6 g E · 16 g F · 43 g Kh
Zubereitungszeit: 30 Minuten
Backzeit: 10 Minuten

Den Backofen auf 210° vorheizen. Das Backblech mit Backpapier auslegen.

Für das Biskuit die Eiweiße mit 100 g Puderzucker, dem Salz und dem Vanillezucker schnittfest schlagen. Die Eigelbe unterziehen. Die mit dem Mehl gemischte Speisestärke locker mit dem Schneebesen untermengen.

Den Teig auf das Backblech streichen und im Backofen (Mitte) etwa 10 Minuten backen.

Ein Küchentuch mit Zucker bestreuen und die heiße Biskuitplatte darauf stürzen. Das Backpapier abziehen. Mit einem feuchten Küchentuch bedecken.

Für die Füllung die Sahne steif schlagen*, mit dem restlichen Puderzucker, Orangenschale und -saft und der Marmelade gründlich verrühren.

Das feuchte Tuch entfernen. Die Sahne auf das Biskuit streichen und dieses mit Hilfe des darunterliegenden Tuches aufrollen. Die Roulade mit dem Puderzucker bestäuben.

Johannisbeerschnitten – ein fruchtiger Blitzkuchen

Schwarzwälder Kirschtorte

Braucht etwas Zeit

Zutaten für eine Springform von 26 cm ø (ergibt 16 Stück)
Für den Teig:
4 Eier · 150 g Zucker
abgeriebene Schale von einer unbehandelten Zitrone
80 g Mehl · 80 g Speisestärke
30 g Kakaopulver
1 Teelöffel Backpulver
Für die Füllung:
1 Glas entsteinte Sauerkirschen (etwa 800 g)
350 ml Sauerkirschsaft (Glas)
25 g Speisestärke
750 g Sahne
1 Eßlöffel Vanillezucker
6 Eßlöffel Kirschwasser
16 frische Sauerkirschen
Zum Bestreuen:
50 g Schokoladenraspel
Für die Form:
Butter und Pergamentpapier

Pro Stück: 1300 kJ/ 305 kcal
5 g E · 18 g F · 31 g Kh
Zubereitungszeit: 2 Stunden

Für den Teig die Eier trennen. In einer Rührschüssel die Eiweiße mit den Quirlen des Handrührgeräts steif schlagen. Den Zucker und die abgeriebene Zitronenschale vermischt unterheben.

Das Handrührgerät auf die niedrigste Schaltstufe stellen. Die Eigelbe nacheinander unter den Eischnee rühren.

Das Mehl mit der Speisestärke, dem Kakao und dem Backpulver vermischen, auf die Eiermasse sieben und vorsichtig unterziehen.

Den Backofen auf 180° vorheizen. Den Boden einer Springform fetten und mit rund zugeschnittenem Pergamentpapier auslegen. Den Teig darin glattstreichen.

Die Form auf den Rost in den Backofen (unten) stellen und den Tortenboden etwa 40 Minuten backen. Nach Ende der Backzeit ein Holzstäbchen in die Mitte des Tortenbodens stecken. Bleiben keine Teigspuren am Holzstäbchen haften, ist der Boden durchgebacken. Den fertigen Tortenboden herausnehmen.

Den Tortenboden nach etwa 10 Minuten aus der Form lösen, auf ein Kuchengitter legen und erkalten lassen.

Inzwischen für die Füllung die Sauerkirschen in ein Sieb abgießen und abtropfen lassen. Den Saft auffangen. 1/4 l davon abmessen und in einem Topf mit der Speisestärke verrühren. Die Kirschen untermischen und unter Rühren einmal auf- und dick einkochen. Vom Herd nehmen und abkühlen lassen.

In einer Rührschüssel die Sahne mit Vanillezucker steif schlagen. Den Tortenboden zweimal waagerecht durchschneiden. Den unteren Boden auf eine Platte legen, dünn mit Sahne bestreichen und die eingekochten Sauerkirschen darauf glattstreichen. Den zweiten Boden darauf legen.

Weitere 100 ml Kirschsaft mit dem Kirschwasser vermischen. Mit etwa der Hälfte der Flüssigkeit den zweiten Tortenboden tränken. Etwa zwei Drittel der Sahne darauf streichen und mit dem oberen Tortenboden abdecken. Diesen mit der restlichen Saftmischung tränken.

Die Torte üppig mit Sahne überziehen und mit 16 Sahnetupfen garnieren. Die frischen Kirschen auf die Tupfen legen. Die Raspelschokolade auf die Torte streuen.

Variante:

Himbeertorte

400 g Sahne halb steif schlagen. 50 g Zucker und 1 Teelöffel Vanillezucker dazugeben und dabei weiter schlagen, bis die Sahne steif ist. Den gebackenen, ausgekühlten Tortenboden einmal waagerecht halbieren. Die untere Hälfte mit 50 g Himbeergelee und 3 Eßlöffeln Sahne bestreichen. Mit 200 g verlesenen Himbeeren belegen. Die obere Hälfte darauf legen und leicht andrücken. Die Torte mit dem Rest der Sahne überziehen. Weitere 300 g verlesene Himbeeren auf der Torte verteilen und mit Schokostreuseln bestreuen.

Prinzregententorte

Braucht etwas Zeit

Zutaten für eine Springform von 26 cm ø (ergibt 16 Stück)
Für den Teig:
12 Eier
400 g Zucker
250 g Mehl
Für die Creme:
140 g Zartbitter-Schokolade
250 g weiche Butter
6 Eier
150 g Zucker
Für die Form:
Butter und Mehl
Zum Überziehen:
400 g Schokoladenglasur

Pro Stück: 2500 kJ/ 600 kcal
11 g E · 38 g F · 58 g Kh
Zubereitungszeit: 3 Stunden

Den Backofen auf 200° vorheizen. Die Eier trennen.

In einer großen Rührschüssel die Eiweiße mit den Quirlen des Handrührgeräts steif schlagen*. Den Zucker nach und nach unterrühren.

Das Handrührgerät auf die niedrigste Schaltstufe stellen. Die Eigelbe nacheinander unter den Eischnee rühren.

Das Mehl auf die Eiermasse sieben und vorsichtig darunterziehen.

Das Bodenblech der Springform mit Pergamentpapier auslegen, fetten und dünn mit Mehl bestäuben. Für den ersten Teigboden den Teig etwa 1/2 cm dick darauf streichen.

Das Blech auf den Rost in den Backofen (Mitte) legen und den Tortenboden 4–6 Minuten backen, bis er hellgelb ist. Den Boden herausnehmen, etwa 2 Minuten abkühlen lassen, vom Blech lösen und auf einem Kuchengitter erkalten lassen.

Aus dem restlichen Teig auf dieselbe Art weitere 12 Tortenböden backen.

Für die Creme ein Wasserbad vorbereiten. Die Schokolade in Stücke brechen und in eine hohe Metallschüssel geben. Die Schüssel in einen Topf mit heißem Wasser stellen. Die Schokolade in diesem Wasserbad schmelzen und dann lauwarm abkühlen lassen.

In einer Rührschüssel die Butter mit den Quirlen des Handrührgeräts schaumig rühren, bis sie fast weiß und sehr locker ist. Die geschmolzene Schokolade eßlöffelweise untermischen.

Die Eier und den Zucker in eine andere Metallschüssel geben und mit den Quirlen des Handrührgeräts über dem Wasserbad zu einer dicken Creme aufschlagen; das dauert etwa 30 Minuten.

Diese Creme eßlöffelweise unter die Schokoladenbutter mischen.

Alle Tortenböden bis auf einen mit der Creme bestreichen und aufeinanderlegen. Den unbestrichenen Boden obenauf legen.

Die Schokoladenglasur im Wasserbad schmelzen und die Torte damit überziehen.

Die Torte vor dem Servieren etwa 1 Tag durchziehen lassen.

Tips!

Falls Sie zwei Springformen und einen Umluftherd haben, können Sie jeweils zwei Böden auf einmal backen.
Sie können die Böden auch sehr gut vorbereiten, das heißt, schon einen Tag vorher backen.
Diese klassische Torte wird traditionell schlicht mit einem Schokoladenguß überzogen. Wer Abwechslung wünscht, kann sie jedoch auch einmal mit goldenen Zuckerperlen verzieren, das sieht besonders festlich aus.

Spritzkuchen

Gelingt leicht

Zutaten für etwa 12 Stück
Für den Teig:
250 ml Wasser · 60 g Butter
1 Prise Salz · 150 g Mehl
4 Eier · 1 Teelöffel Backpulver
Zum Formen:
Pergamentpapier und Fett
Zum Ausbacken:
750 g Kokosfett
Für die Glasur:
100 g Puderzucker
3 Teelöffel Zitronensaft
eventuell einige Tropfen Rum

Pro Stück: 1100 kJ/ 255 kcal
4 g E · 19 g F · 18 g Kh
Zubereitungszeit: 1 1/2 Stunden

Für den Teig Wasser, Butter und Salz in einem Topf aufkochen und kochen lassen, bis die Butter zerlaufen ist. Das gesamte Mehl unter Rühren hinzugeben. Bei schwächster Hitze so lange weiterrühren, bis sich die Masse zu einem Kloß zusammenballt und sich am Boden des Topfes eine weiße Schicht bildet. Den Teig in eine Schüssel geben. 1 Ei mit den Knethaken des Handrührgeräts untermischen. Den Teig lauwarm abkühlen lassen, dann die restlichen Eier und das Backpulver daruntermischen.

12 Stücke Pergamentpapier von etwa 12 x 12 cm Größe zuschneiden und mit weicher Butter oder mit Öl bestreichen.

Den Teig in einen Spritzbeutel mit großer Sterntülle füllen. Auf jedes Papierstück einen Teigring spritzen. In einer Friteuse das Fett erhitzen. Die Teigringe mit dem Papier umdrehen und hineingleiten lassen. Die Spritzkuchen an der Unterseite in etwa 3 Minuten goldgelb backen, vorsichtig wenden und auf der zweiten Seite fertig ausbacken*. Herausnehmen, auf Küchenpapier abtropfen und erkalten lassen.

Den Puderzucker mit dem Zitronensaft und eventuell dem Rum zu einer dickflüssigen Glasur verrühren. Die Spritzkuchen damit bestreichen, sofort servieren, wenn die Glasur eingezogen ist.

Windbeutel mit Beerenquark

Erfrischend

Zutaten für etwa 24 Stück:
Für den Brandteig:
60 g Butter · 1 Prise Salz
1 Päckchen Vanillezucker
150 g Mehl · 4 Eier
Für die Füllung:
200 g Brombeeren
200 g rote Johannisbeeren
200 g Himbeeren · 100 g Zucker
250 g Magerquark
3 Eßlöffel Gelin (pflanzliches Flüssig-Geliermittel, oder 3 Blatt Gelatine)
200 g Sahne
Zum Bestäuben:
1 Eßlöffel Puderzucker

Pro Stück: 490 kJ/ 120 kcal
4 g E · 6 g F · 13 g Kh
Zubereitungszeit: 1 Stunde
Backzeit: 20 Minuten

Den Backofen auf 220° vorheizen. Butter mit 150 ml Wasser, Salz und Vanillezucker zum Kochen bringen. Das Mehl hineinschütten. Den Teig rühren, bis sich ein Kloß gebildet hat. Den Teig in eine Rührschüssel geben. Nach und nach die Eier untermischen. Den Brandteig in einen Spritzbeutel mit großer Sterntülle füllen.

24 pflaumengroße Häufchen auf ein kalt abgespültes Backblech spritzen. Im Ofen (Mitte) in 20 Minuten goldgelb backen. Etwas abkühlen lassen, dann quer durchschneiden.

Brombeeren und Johannisbeeren waschen und trockentupfen. Johannisbeeren von den Rispen zupfen, Himbeeren verlesen. Die Hälfte der Himbeeren mit 50 g Zukker pürieren. Die übrigen Beeren mit restlichen Zucker mischen.

Den Quark mit Himbeerpüree und Gelin verrühren. Die Sahne steif schlagen, unter den Quark ziehen. Die Windbeutel mit der Beerenmischung füllen. Den Himbeerquark mit einem Spritzbeutel mit großer Sterntülle aufspritzen. Die Teigdeckel locker daraufsetzen und mit Puderzucker bestäuben.

Windbeutel mit Beerenquark – luftig und fruchtig!

Vanillewaffeln

Gelingt leicht

Zutaten für etwa 10 Waffeln von 18 cm ø
150 g weiche Butter
60 g Zucker
2 Päckchen Bourbon-Vanillezucker
3 Eier
200 g Mehl
1/2 Teelöffel Backpulver
250 ml Milch
Für das Waffeleisen: Öl
Zum Bestäuben: Puderzucker

Pro Stück: 1200 kJ/ 285 kcal
5 g E · 19 g F · 24 g Kh
Zubereitungszeit: 1 Stunde
Ruhezeit: 20 Minuten

Die Butter in Stücke schneiden und in eine Schüssel geben. Den Zucker und den Vanillezucker hinzufügen und alles mit den Quirlen des Handrührgerätes zu einer sehr schaumigen Masse schlagen. Die Eier einzeln dazugeben und unterrühren.

Das Mehl mit dem Backpulver vermischen und abwechselnd mit der Milch einarbeiten. Den Waffelteig etwa 20 Minuten quellen lassen.

Das Waffeleisen auf der mittleren Stufe vorheizen. Beide Backflächen dünn mit Öl einstreichen. 3–4 Eßlöffel Teig auf die untere Backfläche geben und das Waffeleisen schließen. Die Waffeln nacheinander in je 3–5 Minuten goldbraun backen. Mit Puderzucker bestäubt servieren.

Espressowaffeln mit Amarettosahne

Für Gäste

Zutaten für etwa 8 Waffeln von 18 cm ø
Für den Teig:
150 ml Milch
30 g Instant-Espressopulver
1 Päckchen Vanillezucker
100 g weiche Butter
75 g Zucker
3 Eier
150 g Mehl
1 Messerspitze Backpulver
Für die Amarettosahne:
250 g Sahne
1 Päckchen Vanillezucker
50 g Amarettini (italienische Mandelmakrönchen)
1 Eßlöffel Amaretto
Für das Waffeleisen: Öl
Zum Bestäuben: Puderzucker

Pro Stück: 1600 kJ/ 380 kcal
6 g E · 25 g F · 31 g Kh
Zubereitungszeit: 1 1/4 Stunden
Ruhezeit: 20 Minuten

Die Milch mit dem Espressopulver und dem Vanillezucker in einen Topf geben. Alles langsam aufkochen und bei schwacher Hitze 2–3 Minuten unter Rühren weiterköcheln lassen. Die Espressomilch vom Herd nehmen und abkühlen lassen.

Die Butter und den Zucker in eine Schüssel geben und mit den Quirlen des Handrührgerätes cremig rühren. Die Eier einzeln dazugeben und so lange weiterschlagen, bis eine schaumige Masse entstanden ist.

Das Mehl mit dem Backpulver vermischen, zu dem Eierschaum geben und gut einarbeiten.

Zum Schluß die Espressomilch nach und nach dazugießen. Alles mit den Quirlen des Handrührgerätes zu einem glatten Teig verarbeiten. Den Teig zugedeckt etwa 20 Minuten quellen lassen.

Das Waffeleisen auf der mittleren Stufe vorheizen. Beide Backflächen dünn mit Öl einstreichen. 3–4 Eßlöffel Teig auf der unteren Backfläche verteilen und das Waffeleisen schließen. Die Waffeln in je 3–5 Minuten backen.

Die Sahne steif schlagen*, dabei den Vanillezucker einrieseln lassen. Die Amarettini mit der Teigrolle grob zerbröseln und mit dem Likör vorsichtig unter die Sahne heben.

Die Waffeln mit Puderzucker bestäuben, die Sahne dazu servieren.

Tip!

Diese aromatischen Waffeln können sowohl als Dessert als auch zum Nachmittagskaffee serviert werden.

Nuß-Blätterteig-Pastete

Aus Arabien

Zutaten für eine Auflaufform von etwa 30 x 21 cm (ergibt 12 Portionen)
2 Packungen tiefgekühlter Blätterteig (600 g)
100 g abgezogene Mandeln
300 g Haselnuß-, Walnuß- und Pistazienkerne, gemischt
175 g Butter
4 Eßlöffel Honig · 1 Ei
1 Teelöffel Zimtpulver
1 Päckchen Vanillezucker
200 g Zucker
Saft von 1 Zitrone

Pro Portion: 2400 kJ/ 570 kcal
8 g E · 41 g F · 41 g Kh
Zubereitungszeit: 1 1/2 Stunden

Die Blätterteigscheiben nebeneinander auf einer bemehlten Arbeitsfläche auftauen lassen. In der Zwischenzeit die Nüsse im Blitzhacker grob hacken oder mahlen und in eine Schüssel geben.

125 g Butter in einer kleinen Pfanne zerlassen und mit dem Honig, dem Ei, dem Zimt und dem Vanillezucker zu den Nüssen geben und alles gut vermischen. Den Backofen auf 200° vorheizen.

Die restliche Butter in einem Topf zerlassen. Jeweils 2 Blätterteigscheiben aufeinanderlegen. Auf bemehlter Arbeitsfläche auf die Größe der Form dünn ausrollen.

Die Form mit flüssiger Butter einfetten. Eine Lage Blätterteig in die Form geben, mit flüssiger Butter bestreichen und ein Drittel der Nußmasse darauf glattstreichen. Es folgt wieder eine Lage Blätterteig, flüssige Butter, Nußmasse. Die oberste Schicht ist wieder eine Lage Blätterteig.

Die Pastete mit Wasser besprenkeln und im Backofen (Mitte) in etwa 30 Minuten goldbraun backen.

In der Zwischenzeit den Zucker mit 1/4 l Wasser in einen Topf geben und in etwa 10 Minuten zu einem leicht dickflüssigen Sirup einkochen*. Den Topf vom Herd nehmen und den Zitronensaft unter den Sirup rühren.

Den Sirup langsam mit einem Eßlöffel über der Pastete verteilen. Immer wieder warten, bis der Sirup aufgesogen ist. Die abgekühlte Pastete in portionsgerechte Rauten oder Quadrate schneiden. Das Gebäck schmeckt nur ganz frisch!

Sesam-Halva

Aus Griechenland

Zutaten für 4 Personen
150 g ungeschälte Sesamsamen (Reformhaus oder Bioladen)
2 Eßlöffel Zitronensaft
100 g heller Honig
1/2 Vanilleschote
Öl für die Form
kleine Papierförmchen

Pro Portion: 1300 kJ/ 310 kcal
6 g E · 20 g F · 30 g Kh
Zubereitungszeit: 20 Minuten
Kühlzeit: 1 Stunde

Den Sesam in einer trockenen Pfanne unter Rühren einige Minuten goldfarben rösten. Sofort von der Herdplatte nehmen und kurz abkühlen lassen. Im Mixer mit Zitronensaft zu einer leicht stückigen Masse pürieren.

Den Honig in einen Topf gießen, die Vanilleschote aufschlitzen und das Mark auskratzen, unter den Honig mischen, vorsichtig erhitzen. Mit dem Sesampüree vermischen, unter Rühren erhitzen, bis die Masse zähklebrig wird.

Ein flaches Schüsselchen ölen, das heiße Sesammus einfüllen, festdrücken und glattstreichen. Etwa 1 Stunde abkühlen lassen.

Zum Servieren mit einem geölten Messer in kleine Rechtecke oder Würfel schneiden und in Papierhütchen setzen.

Marzipanring

Raffiniert

Zutaten für eine Kranzform von 24–26 cm ø (ergibt 12 Stück)
150 g Magerquark
6 Eßlöffel Sonnenblumenöl
4 Eßlöffel Milch
150 g Zucker
1 Päckchen Vanillezucker
abgeriebene Schale von 1 unbehandelten Zitrone
300 g Mehl
1 Päckchen Backpulver
200 g Marzipanrohmasse
1 Ei
200 g gemahlene Mandeln
2 Eßlöffel Mandellikör
4 Eßlöffel Crème fraîche
150 g Aprikosenmarmelade
30 g ungesalzene Pistazienkerne

Pro Portion: 1800 kJ/ 425 kcal
10 g E · 19 g F · 53 g Kh
Zubereitungszeit: 2 1/2 Stunden

Den Quark in einem Sieb etwa 1 Stunde abtropfen lassen.

Das Öl, die Milch, 75 g Zucker, den Vanillezucker und die Zitronenschale mit dem Quark gut verrühren. Das Mehl mit dem Backpulver mischen und unterkneten.

Die Marzipanrohmasse mit dem Ei, den Mandeln, dem restlichen Zucker, dem Mandellikör und der Crème fraîche verrühren.

Die Backform einfetten. Den Backofen auf 200° vorheizen.

Den Quark-Öl-Teig auf wenig Mehl knapp fingerdick zu einem Rechteck von etwa 25 x 40 cm Größe ausrollen. Die Marzipanmasse darauf verteilen.

Die Teigplatte aufrollen und mit der Nahtstelle nach unten in die Form legen. Die Oberfläche mit einer Küchenschere zickzackförmig rundherum einschneiden.

Den Marzipanring im heißen Ofen (unten) in 40–45 Minuten goldbraun backen.

Die Marmelade erhitzen und durch ein Sieb streichen. Den heißen Ring mit der Marmelade bestreichen. Die Pistazien grob hacken und darüber streuen.

Tip!

Mischen Sie unter die Marzipanfüllung nach Belieben 100 g eingeweichtes und kleingeschnittenes Trockenobst und ersetzen Sie dann den Mandellikör durch Rum.

Gar nicht kompliziert und dabei optisch sehr ansprechend und mit verführerischem Duft – der Marzipanring schmeckt besonders gut zum Kaffee oder Tee an kalten Wintertagen.

In diesem Register finden Sie alle Rezepttitel sowie die Varianten.

A

B

C

D

E

I & J

K

L

M

Q

R

S

T

U & V

W

Z

Redaktion: Stefanie Poziombka, Susanne Maß
Lektorat: Claudia Schmidt
Layout: BuchHaus Gigler GmbH
Umschlaggestaltung, Innentitel, Kapitelaufmacher: Sybille Engels
Fotos: Odette Teubner; Fotostudio Reiner Schmitz (S. 113, 137, 231, 235); Georg Wunsch (S. 12, 15, 19, 29, 168, 256); Manfred Manke (S. 20, 21, 22, 23, 46, 68, 70, 71, 86, 99, 204, 205, 224, 240); Deutsches Teigwaren-Institut (S. 6)
Herstellung: Ina Hochbach
DTP-Satz: Edith Mocker
Reproduktion: Fotolito Longo, Bozen
Druck: Appl, Wemding
Bindung: Großbuchbinderei, Monheim

ISBN 3-7742-1076-4

Auflage: 4. 3.
02 01

Das Original mit Garantie

Ihre Meinung ist uns wichtig. Deshalb möchten wir Ihre Kritik, gerne aber auch Ihr Lob erfahren. Um als führender Ratgeberverlag für Sie noch besser zu werden. Darum: Schreiben Sie uns! Wir freuen uns auf Ihre Post und wünschen Ihnen viel Spaß mit Ihrem GU-Ratgeber.

Unsere Garantie: Sollte ein GU-Ratgeber einmal einen Fehler enthalten, schicken Sie uns das Buch mit einem kleinen Hinweis und der Quittung innerhalb von sechs Monaten nach dem Kauf zurück. Wir tauschen Ihnen den GU-Ratgeber gegen einen anderen zum gleichen oder ähnlichen Thema um.

Ihr Gräfe und Unzer Verlag
Redaktion Kochen
Postfach 86 03 25
81630 München
Fax: 089/41981-113
e-mail: leserservice@graefe-und-unzer.de

Koch